U0560455

国家社科基金
后期资助项目
GUOJIA SHEKE JIJIN HOUQI ZIZHU XIANGMU

人力资本与地区发展不平衡研究

Research on the Relationship between Human Capital and Regional Development Imbalance

张海峰　著

ZHEJIANG UNIVERSITY PRESS
浙江大学出版社
·杭州·

图书在版编目(CIP)数据

人力资本与地区发展不平衡研究 / 张海峰著. -- 杭州：浙江大学出版社，2024.9
ISBN 978-7-308-24932-4

Ⅰ．①人… Ⅱ．①张… Ⅲ．①人力资本－影响－区域经济发展－研究－中国 Ⅳ．①F127

中国国家版本馆 CIP 数据核字(2024)第 091840 号

人力资本与地区发展不平衡研究

张海峰　著

责任编辑	汪淑芳
责任校对	闻晓虹
封面设计	周　灵
出版发行	浙江大学出版社
	（杭州市天目山路 148 号　邮政编码 310007）
	（网址：http://www.zjupress.com）
排　　版	浙江大千时代文化传媒有限公司
印　　刷	杭州宏雅印刷有限公司
开　　本	710mm×1000mm　1/16
印　　张	13
字　　数	226 千
版 印 次	2024 年 9 月第 1 版　2024 年 9 月第 1 次印刷
书　　号	ISBN 978-7-308-24932-4
定　　价	68.00 元

版权所有 侵权必究　印装差错 负责调换

浙江大学出版社市场运营中心联系方式：(0571)88925591；http://zjdxcbs.tmall.com

国家社科基金后期资助项目
出版说明

后期资助项目是国家社科基金设立的一类重要项目，旨在鼓励广大社科研究者潜心治学，支持基础研究多出优秀成果。它是经过严格评审，从接近完成的科研成果中遴选立项的。为扩大后期资助项目的影响，更好地推动学术发展，促进成果转化，全国哲学社会科学工作办公室按照"统一设计、统一标识、统一版式、形成系列"的总体要求，组织出版国家社科基金后期资助项目成果。

全国哲学社会科学工作办公室

序

自改革开放以来,中国经济持续快速增长,实现了 14 亿人口的全面脱贫,创造了人类经济史上的发展奇迹。与此同时,区域发展不平衡,不同地区、不同部门、不同群体和个体间收入分配差距扩大的问题凸显。党的十九大报告指出,中国特色社会主义进入新时代,我国社会主要矛盾已经转化为人民日益增长的美好生活需要和不平衡不充分的发展之间的矛盾。党的二十大报告重申发展不平衡不充分问题仍然突出,业已成为当前我国经济发展亟待解决的重大问题。理解和解释发展不平衡不充分的原因是有效解决这一难题的前提。

张海峰教授的专著《人力资本与地区发展不平衡研究》从人力资本理论和集聚经济理论视角系统地研究了我国地区发展不平衡问题。基于大量微观调查数据和宏观统计资料,借助多种现代计量经济分析方法,该书深入考察了人力资本的分布、数量、质量和结构及其对我国地区发展不平衡的影响,并从集聚外部性视角探讨了人力资本的影响机制。

该书将明塞尔方程应用到宏观人力资本测度中,提出了一种新的人力资本测度方法,并结合个体人力资本投资收益率等参数和人口普查微观数据估算构建了一套反映我国省级地区人力资本的面板数据。在对人力资本经济效应的分析中,作者首次引入"有效教育"概念,进一步考察了人力资本的数量和质量差异对经济发展的影响,丰富了人力资本对我国地区发展影响的研究。作者从人力资本视角拓展了人口结构变化的增长效应分析,构建了两个基于劳动年龄人口的人力资本变量——人均劳动年龄人口数量和人力资本结构变量,考察了人力资本的规模效应和结构效应在地区发展不平衡中的作用,这是对传统人口红利文献的有益补充。在对人力资本空间分布的分析中,该书基于企业微观视角系统考察了人力资本的集聚外部性,并创新性地从实证上识别了两类人力资本集聚外部性——马歇尔外部性和雅格布斯外部性——在我国企业生产率发展中的相对重要性。

该书以张海峰的博士学位论文为基础扩展和修订而成。作为他研究生期间的指导老师,我很高兴看到他的研究成果付梓出版。当前我国经济发展正面临前所未有的挑战,发展新质生产力是推动高质量发展的内在要求,也是应对挑战的有效举措。加快发展新质生产力是中国式现代化新征程的重要标志和强劲动能。马克思主义生产力理论认为,人是生产力中最活跃、最具决定性的因素。人的全面发展既是发展的目的,也是发展的手段。如何持续提升和高效运用蕴含于劳动者身上的人力资本对于发展新质生产力,促进我国经济高质量发展至关重要。期待该书的出版能为新时期解放和发展新质生产力提供有价值的参考,助益中国的持续稳定增长和区域协调发展。

姚先国

2024 年 8 月

目　录

第一章　绪论

第一节　问题的提出

自改革开放以来,中国经济发展取得了举世瞩目的成就,人均国内生产总值(per capita GDP)从 1978 年的 385 元稳步快速地增长到 2018 年的 64644 元,年均实际增长率达 8.24%,创造了经济增长奇迹。同期,城乡居民的恩格尔系数[1]也分别从 57.5% 和 67.7% 下降到 27.7% 和 30.1%[2]。按世界银行关于极端贫困的标准[每人每天支出小于 1.9 美元(2011 年购买力平价)为贫困人口]计算,我国贫困发生率则从 1981 年的 88.3% 大幅度地下降到 2005 年的 18.7%,再到 2013 年的 1.9%(World Bank,2016)。[3]特别是得益于党的十八大以来一系列精准扶贫计划的开展,即使按世界银行现行更高的贫困标准(每人每天支出小于 3.1 美元),2013—2018 年我国累计减少贫困人口超过 8000 万,2018 年底贫困发生率已降低至 1.7%,并最终于 2020 年取得了全国脱贫攻坚的决定性成效,创造了人类发展历史上的减贫奇迹。

与经济奇迹与减贫奇迹并存的是,地区发展的不平衡也日益显现,且仍然突出。发展不平衡的一个突出表现是地区和城乡间经济发展的不平衡。联合国开发计划署发布的《中国人类发展报告》曾形象地描述了中国地区发展不平衡状况:"如果贵州是一个国家,那么它的人类发展指数与非洲的纳米比亚相差无几,但是如果上海是一个国家,其人类发展指数则与发达国家葡萄牙相当。"(UNDP,2005,第 59 页)表 1.1 报告了 1980—2020 年我国四

---

[1] 恩格尔系数(Engle's coefficient)是德国统计学家恩格尔提出的具有较强可比性的反映一个地区居民生活水平的重要指标。它根据食物消费支出占消费总支出的比率计算获得。一般认为,恩格尔系数在 60% 以上表明居民生活非常贫穷,而发达国家/地区居民的恩格尔系数普遍在 30% 以下。

[2] 笔者根据《中国统计年鉴》相关数据计算。

[3] 2008 年世界银行对贫困的标准做了修订,最新的贫困人口标准为每人每天支出小于 1.9 美元或 3.1 美元(2011 年购买力平价)。如果以 3.1 美元标准计算,2013 年,我国仍有 11.09% 的人口(约 1.5 亿)属于贫困人口。如果以 1.9 美元标准计算,2013 年,我国贫困发生率为 1.9%。

大区域人均生产总值以及区域间发展不平衡程度的变化。从表中可见，1980—2000 年，最发达的东部十省（市）和欠发达的西部十二省（区、市）的经济发展水平持续上升。2000 年，按 1980 年可比价计算，东部地区实际人均生产总值 5003 元，西部地区仅为 1649 元，东部是西部的 3.03 倍。与改革开放初期的 1980 年相比，东西部经济发展水平差距不仅没有缩小，甚至有一定程度的扩大。最发达的上海市实际人均生产总值达 12435 元（1980年价），是欠发达地区贵州省人均实际生产总值的 13.5 倍。以地区人均生产总值衡量的地区经济发展水平似乎呈现出一种富者越富穷者越穷的"马太效应"。进入 21 世纪以来，得益于西部大开发和党的十八大以来一系列旨在平衡地区经济发展的政策措施的实施，地区间发展不平衡情况有所缓解，但东西部之间的人均收入差距仍在 2 倍以上。

表 1.1　四大区域人均生产总值和区域间发展不平衡程度的变化（1980—2020 年）

单位：元

地区	1980 年	1990 年	2000 年	2010 年	2020 年
东部地区	864	1775	5003	12311	22369
中部地区	361	736	1843	5585	12034
东北地区	647	1271	2812	7214	13889
西部地区	355	714	1649	4958	10581
东部与西部地区之比	2.43	2.48	3.03	2.48	2.11
东部与中部地区之比	2.39	2.41	2.71	2.20	1.86
东部与东北地区之比	1.34	1.40	1.78	1.71	1.61

注：本表中的人均生产总值系区域内各省（区、市）人均生产总值（1980 年不变价）的算术平均值。东部地区包括北京、天津、河北、上海、江苏、浙江、福建、山东、广东、海南等 10 个省（市）；中部地区包括山西、安徽、江西、河南、湖北、湖南等 6 个省；西部地区包括内蒙古、广西、重庆、四川、贵州、云南、西藏、陕西、甘肃、青海、宁夏、新疆等 12 个省（区、市）；东北地区包括辽宁、吉林、黑龙江等 3 个省。

党的十九大报告深刻指出，"中国特色社会主义进入新时代，我国社会主要矛盾已经转化为人民日益增长的美好生活需要和不平衡不充分的发展之间的矛盾"。党的二十大报告重申，"发展不平衡不充分问题仍然突出，推进高质量发展还有许多卡点瓶颈，科技创新能力还不强"。地区经济发展缘何如此不平衡？如何才能有效地消除地区经济发展的不平衡？这不仅是新时代我国经济发展过程中仍需回应的现实问题，也是长久以来理论研究的一个核心问题。自古典经济学家亚当·斯密（Adam Smith）以来，经济学家对这一问题提出了各种不同的理论解释。新古典增长理论十分强调物质资本积累在人均产出水平决定中的作用。由于技术进步被假定为外生给定，受制于要素边际报酬递减规律，新古典增长理论预言各经济体人均收入在长期中将收敛于同一水平。现实情况与新古典理论预期相反：一是人均收入水平没有收敛迹象，反而显得日益不平衡；二是资本要素不是从发达地区流向欠发达地区，而是反之(Lucas，1990)。1960年前后，美国经济学家西奥多·舒尔茨(Theodore W. Schultz)、加里·贝克尔(Gary S. Becker)等人指出，传统理论对现实缺乏解释力的原因在于它过分地强调了有形的物质资本，以至于忽视了另一种重要的无形资源——人力资本。人力资本有助于解释收入不平等以及发展不平衡问题(Becker，1962)。舒尔茨则在《穷国的经济学》中进一步指出，"改进穷人的福利之关键因素不是空间、能源和耕地，而是提高人口质量，提高知识水平"(1990，第40页)。人力资本概念的提出及其理论的发展为主流经济分析注入了新的活力。受这一富有洞见性的思想启发，以保罗·罗默(Paul Romer)和罗伯特·卢卡斯(Robert Lucas)为代表的新增长理论阐明了源于知识溢出的内生技术变迁和人力资本外部性使要素投入报酬递增成为可能，而报酬递增则是经济持续增长的基础。

解释中国经济市场化转型过程中的发展不平衡问题可以为经济增长理论提供来自发展中国家的经验。制度主义者批评新古典增长理论和新增长理论都没有给予经济增长赖以发生的制度环境足够的重视。在解释经济绩效差异方面，制度主义者强调以产权保护为基础的制度差异的根源性因素。朝鲜和韩国的发展差异以及德国统一之前联邦德国和民主德国的发展差异是支持制度决定论的最典型个案。诚然国家之间的经济制度或许存在显著的差异，一国内部至少在基本经济制度方面是几乎无差异的，但是，以中国为例，如前所述，我们仍然观察到显著的地区经济发展不平衡现象。因此，对中国经验的分析有助于为理论争论提供证据。与此同时，厘清中国地区经济发展不平衡问题也有助于更好地理解中国经济增长的主要原因和动力，并为新常态下的中国经济发展提供启示和思路。

尽管人力资本的重要性已为越来越多的学者所认可，但是长期以来中国的人力资本投资处于较低的水平，以财政性教育经费支出占国内生产总值之比衡量，中国的人力资本投资率甚至不及世界的平均水平(Heckman，2003、2005)。在理论界，有关人力资本与中国经济增长关系的探索差不多在2000年之后才逐渐成为热点问题。这些与中国经验相关的文献主要使用入学率(如，董先安，2004)、成人识字率(如，蔡昉和都阳，2000)、生均教育经费支出(如,邹薇和张芬,2006)、各级文化程度人口比率(如,林毅夫和刘明兴,2003;杨建芳等,2006;Fleisher et al.,2010)、平均受教育年限(如,赖明勇等,2005;陆铭等,2005;万广华等,2005;黄燕萍等,2013)等衡量人力资本,研究这些变量在中国地区经济增长中的作用。总体来看,已有的实证研究对人力资本的经济效应及其作用机制仍存争议。例如,蔡昉和都阳(2000)的实证研究认为人力资本是地区经济差异的主要原因之一。林毅夫和刘明兴(2003)的回归分析显示人力资本对经济增长不存在促进作用。万广华等(2005)和陆铭等(2005)对中国省区差异的研究认为教育发展尽管对地区差距有影响,但影响较小。邹薇和张芬(2006)对农村地区省际收入差异的考察分析认为,中学教育对农村人均收入的影响较大,而小学教育的影响则较小。张勇(2020)对我国 1978—2017 年经济增长的分析显示,人力资本对样本增长贡献率仅在 10.8%。近年来的研究聚焦于人力资本空间和部门配置对经济发展的影响。李世刚和尹恒(2017)基于 2005 年 1‰人口抽样数据的分析显示,政府与企业的人力资本配置显著影响地区经济发展速度,越偏离政府—企业部门人力资本最优配置比的地区,经济增长越慢。

之所以会有不同的研究发现,笔者认为个中原因是多方面的。首先是实证研究所依赖的理论假设和模型存在差别。例如,新古典增长理论和新增长理论尽管都强调人力资本在经济发展中的作用,但对其中的影响机制有不同的解释。前者主张人力资本是一种生产要素投入,突出了人力资本对当期人均收入水平的影响,而后者则主张初始人力资本积累对后续人均产出的增长有重要影响。其次是对人力资本变量的测度不一。人力资本概念理论内涵丰富,从学校教育获取的知识和技能是最重要的方面,但显然无法全面反映这一理论概念的内涵。由于数据和统计资料方面的限制,前述大部分研究的人力资本变量仅涉及教育。这些研究使用的人力资本变量各不相同,有些是人力资本积累率(流量),有些是人力资本存量。以人口或劳动力的受教育程度衡量人力资本在实证处理中简单可行,但至少存在三个方面不足:一是这一测度没有考虑教育质量对人力资本产生的影响(Hanushek and Woessmann,2016),很难相信不同时期不同地区额外一年学校教育形成的人力资本(如认知能力和非认知能力)是一样的;二是它假定了不同受教育程度的劳动力之间是完全替代的;三是它没有反映劳动力市场经验这一形式的人力资本。最后是处理人力资本变量内生性的研究方法不同。人力资本是蕴含在劳动力身上的,劳动力跨区域和跨部门流动意味着人力资本的流动和再配置。我国地区间人口流动规模数以亿计,显著地影响了人力资本的空间分布。劳动力流动一般而言内生于不同地区的收入和就业机会,因而研究人力资本与经济增长的关系一般会面临较严重的内生性威胁(Bils and Klenow,2000),需要使用合适的方法去克服潜在的内生性偏误。此外,计量经济学理论表明,人力资本变量的测量误差本身也是参数估计不一致的重要原因。

第二节　研究内容和研究贡献

如前所述,鉴于理解人力资本在经济发展中的作用和机制对我国人力资本战略和劳动力市场政策有重要的政策启示,21世纪以来已有不少文献研究了人力资本与中国地区经济发展的关系。本书承袭这些研究,以人力资本理论、集聚经济理论和经济增长理论为基础,运用统计和计量经济分析手段,首先运用经济普查和人口普查等数据探讨了人力资本影响地区经济发展的两种机制,然后基于省级地区加总数据分析不同人力资本测度(数量、质量和结构)在地区经济发展中的作用。人力资本是影响创新和劳动生产率的重要因素,而后者已被许多经济理论认为是经济发展的核心驱动力。人力资本天然蕴涵于劳动力身上,劳动力的空间流动和分布也意味着人力资本的空间流动和分布。与已有文献和研究相比,本书的可能贡献主要表现在以下几个方面:

(1)本书将微观明塞尔方程与宏观人力资本测度联系起来,提出一种新的人力资本测度方法,并结合人力资本投资收益率等参数,利用历次人口普查微观数据,构建了1990—2010年中国省级地区人力资本面板数据。与之前其他研究的估计值的相关分析表明,本书的人力资本估计值是稳健的,可以为后续研究提供数据支撑。各地区平均人力资本经历了较为显著的增长,但是地区分布表现出明显的不平衡。更重要的是,这种地区人力资本分布不平衡呈上升态势,一定程度上出现强者恒强、弱者恒弱的"马太效应"。

(2)本书将劳动经济学文献的微观发现与宏观经济分析联系起来,引入一个有效教育概念,提出并基于师生比率构建了一个可比的省级教育质量指标,首次讨论人力资本质量因素在地区经济发展中的作用。研究表明,通过学校教育积累的人力资本数量扩展对经济发展的影响不仅取决于受教育数量,也与教育质量的提升有关。这一研究发现表明,在教育资源有限的前提下,教育的数量扩展和质量提高之间存在权衡。过于快速的教育数量扩张而不增加教师供给可能并不是最有效率的教育资源配置方式。

（3）本书认为人口年龄是人力资本的一个重要方面，不同年龄人口的规模和结构一定程度上反映了人力资本的规模和结构。基于发展核算分析框架，本书从人力资本理论视角探讨了人口年龄结构变化对经济发展的影响，这是对传统人口红利理论的有益补充。研究结果表明人力资本结构至少与抚养率一样有助于解释地区发展不平衡，忽略这种结构差异将低估人口因素在经济增长中的作用。

（4）本书提出并构建了三种密度指标来衡量经济活动的集聚程度，即人力资本密度、非农就业密度和企业密度，并进一步在同一实证框架内将经济密度指标分解为跨行业密度和同行业密度，以分别表征源于行业多样性的雅格布斯外部性和源于行业专业化的马歇尔外部性。基于人口普查数据和经济普查数据，本书运用工具变量和分位数回归等方法，从集聚外部性视角实证研究了人力资本和经济活动的空间集聚对不同企业劳动生产率的异质性影响。

第三节　研究方法和数据资料

在研究手段方面，本书采用以规范定性分析和实证定量分析相结合、以定量分析为主的研究策略。主要采用的研究方法包括：

（1）规范定性分析。人力资本理论对许多新古典经济理论产生了革命性的影响。本书将围绕研究主题，以人力资本为主线系统地梳理人力资本及相关理论研究，并基于中国经济转型这一制度背景，从数量、质量和结构等视角分析人力资本与劳动生产率和地区经济增长之间的关系。

（2）统计分析。人力资本测度是本书研究内容的一个主要方面。本书综合运用多个公开的宏观统计资料和人口普查等微观数据资料，估算测度人力资本、人力资本质量、人力资本集聚等变量和统计指标，并将估算结果与已有的研究进行比较。

（3）计量经济分析。在有关人力资本的实证研究中，内生性是一个不可回避的问题，本书将针对不同的实证识别问题应用不同的计量分析方法。主要包括：应用工具变量法处理人力资本变量的内生性问题；应用广义矩方法处理动态面板分析中滞后因变量的内生性问题；应用分位数回归技术考察人力资本外部性对集聚企业劳动生产率的异质性影响。

本书的分析综合运用了多个大型微观数据库和跨期统计资料库，具体而言，涉及两部分：

一是公开出版的统计资料和年鉴。(1)国家统计局发布的《中国统计年鉴》《新中国六十年统计资料汇编》《中国劳动统计年鉴》《中国教育统计年鉴》《中国城市统计年鉴》,主要用以构建地区人均生产总值等社会经济变量。(2)Penn World Table 和 World Bank Indicator 等国内外公开的统计资料,主要用来获取国家间比较分析的经济变量。

二是企业和个体层面的微观数据。(1)1990—2015 年历次全国人口普查和 1‰人口抽样调查数据库,主要用来构建区域人力资本测度和人力资本集聚程度。(2)国家知识产权局发布的全国发明专利申请授权数据库,主要用来计算城市层面的创新绩效。(3)2004 年和 2008 年全国经济普查数据库,主要用来分析人力资本集聚对劳动生产率和区域创新的影响。(4)中国城镇住户调查数据库,主要用来计算不同年份的教育回报率。

第四节　章节安排

本书内容共九章,第一章绪论提出研究的问题,第二章介绍相关理论研究,第三章概述人力资本的实证测量方法,第四章和第五章侧重从集聚外部性视角探究人力资本影响劳动生产率与地区创新不平衡的机制,第六章、第七章和第八章着重从宏观视角研究人力资本的数量、质量和结构对地区创新和经济不平衡的影响。各章主要内容如下:

第一章,绪论。介绍研究背景和问题、研究方法和数据资料、研究贡献和章节安排。

第二章,人力资本及相关理论综述。以人力资本为主线梳理与研究主题相关的理论和研究文献。这些理论主要包括人力资本理论、经济增长理论、外部性与集聚经济理论。

第三章,人力资本测度。回顾了已有文献中人力资本测算的主要方法,基于微观明塞尔工资方程提出了一种地区平均人力资本测算方法。然后利用统计资料、中国城镇住户调查数据和人口普查微观数据估算了各省级区域的平均人力资本,并将估算结果与其他研究的估算结果做了比较分析。

第四章,人力资本集聚与劳动生产率。基于人力资本外部性与集聚经济理论,创新性地提出并构建了用以测度人力资本和经济活动空间集聚程度的密度指标,运用全国人口普查和经济普查微观数据分析人力资本空间集聚对企业劳动生产率的异质性影响。

第五章,人力资本集聚与地区创新不平衡。基于人力资本外部性理论,从地级市和县级区域层面,运用发明专利数据库和人口普查数据库实证分析了人力资本的空间集聚对区域创新活动和绩效的影响。

第六章,人力资本数量与地区经济不平衡。基于新古典增长理论,采用广义矩估计方法,研究人力资本数量扩展对地区劳动生产率的影响。同时,实证检验增长理论的条件收敛假说。

第七章,人力资本质量与地区经济不平衡。地区平均人力资本不仅取决于受教育数量,也与受教育的质量高低有关。借鉴教育/人力资本生产理论,首次提出并基于现有统计资料构建了一个可比较的教育质量调整系数,并将之引入对人力资本与地区人均收入关系的分析。研究表明,人力资本数量扩展对地区人均收入影响的大小部分取决于人力资本质量的高低。

第八章,人力资本结构与地区经济不平衡。从人力资本理论视角指出劳动力年龄人口的规模和结构一定程度上反映了人力资本的规模和结构。在发展核算框架下系统地研究了这种人力资本规模和结构的经济效应。同时考察了人力资本结构对地区经济发展不平衡的贡献。

第九章,研究总结与政策启示。首先总结本研究的主要发现,然后基于研究结论讨论了相关政策建议,最后探讨了研究不足,并概述了未来进一步研究的方向。

第二章　人力资本及相关理论综述

自20世纪60年代美国经济学家西奥多·舒尔茨、加里·贝克尔和雅格布·明塞尔（Jacob Mincer）等人的奠基性成果发表以来，人力资本理论日趋成熟，已成为主流经济学的一个重要分支，并对许多经济学分支的发展产生了革命性的影响，为传统经济分析注入了新的活力。人力资本提供了"解决长期困扰经济增长、相对收益结构以及个人收入分配等一系列问题的线索"（舒尔茨，1990，第17页）。在本章中，笔者将以人力资本为主线简要地回顾与研究主题相关的理论文献。第一节概述人力资本理论及其新进展，第二节梳理与人力资本相关的经济增长理论，第三节介绍人力资本外部性与集聚经济理论，第四节对这些理论文献做简要的评价。

第一节　人力资本理论

一、人力资本与人力资本投资的概念内涵

人力资本（human capital）是通过投资获得的蕴含在人身上的具有经济价值的一种资本。狭义地看，它包括人所拥有的知识、资历、技能、经验和健康。人力资本的思想渊源至少可以追溯到古典政治经济学的萌芽时期。英国古典政治经济学创始人威廉·配第（William Petty）的著名论断"劳动是财富之父，土地是财富之母"暗含了人在财富创造中的重要作用。经济学鼻祖亚当·斯密在其巨著《国民财富的性质和原因的研究》中也认为一国居民的所有后天获得的能力是资本的一部分，强调这种资本对社会财富形成的重要性。他提到的"劳动者的技巧因业专而日进"，以现代经济学的观点来看，实际上就是专业化有助于提高劳动者的人力资本。法国古典经济学家让-巴蒂斯特·萨伊（Jean-Baptiste Say）进一步强调了有特殊才能的企业家人才在生产过程中的重要作用，并指出教育是一种资本形式，可以促进生产力的发展。新古典经济学集大成者阿尔弗雷德·马歇尔（Alfred Marshall）在《经济学原理》一书中也指出"所有的投资中，最有价值的是对人本身的投资"。

尽管古典经济学家看到了人在生产率和财富创造中的作用以及对人自身的投资的重要性,但是对人自身的投资却很少出现在主流经济学的分析之中。一直到 1960 年前后,美国经济学家、1979 年诺贝尔经济学奖获得者西奥多·舒尔茨,1992 年诺贝尔经济学奖获得者加里·贝克尔以及现代劳动经济学奠基人之一雅格布·明塞尔等人的一系列开创性工作奠定了人力资本作为一个分析概念在新古典经济分析中的重要地位。[①]

1929 至 1959 年美国的国民收入经历了一个快速增长的过程,其增长率远高于同一时期土地、资本和劳动等用于生产的要素投入的增长率。这一现象无法用传统增长理论解释,按照新古典经济理论,要素投入受边际报酬递减规律制约,国民收入增长速度不可能高于要素投入的增长速度。对此,舒尔茨认为原因主要在于传统的核算方法没有充分地考虑到投入要素质量的改进,特别是对人的能力的提升的忽视。如果考虑这期间美国劳动力所掌握的知识和技能的提升,那么快速的国民收入增长不足为奇。在诺贝尔经济学奖获奖演讲中,舒尔茨进一步指出"改进穷人的福利之关键因素不是空间、能源和耕地,而是提高人口质量,提高知识水平"(舒尔茨,1990,第 40 页)。在舒尔茨看来,这种蕴含在人身上的知识和技能也是一种资本形态(Schultz,1961)。舒尔茨(1975)进一步指出人的经济才能体现在五个方面:(a)学习能力,(b)做有用工作的能力,(c)活动能力(abilities to play),(d)创新能力,(e)应付经济失衡的能力[②]。与物质资本一样,人力资本是具有经济价值的,同时,"人的经济才能并非全都是生来具有的",在很大程度上"是通过带有投资性质的活动逐步发展起来的"(舒尔茨,1990,第 17 页)。

那么什么样的活动才算是人力资本投资呢?在 1960 年美国经济学会年会的主席演讲中,舒尔茨认为"很多我们称之为消费的东西实际上是对人力资本的投资"(Schultz,1961)。贝克尔(Becker,1964)的《人力资本》

---

① 在现代经济学文献中,人力资本这个词作为一个分析概念出现于 1960 年前后,舒尔茨、贝克尔和明塞尔是人力资本概念早期的主要推动者。明塞尔(Mincer,1958)突出了人力资本在个人收入决定中的作用。舒尔茨(Schultz,1960)在"Capital Formation by Education"开篇指出,教育是一种对人的投资,教育形成的成果是一种资本形式,也就是人力资本。在 1960 年美国经济学会年会上,舒尔茨(Schultz,1961)以"人力资本投资"为题发表了主席演讲。贝克尔(Becker,1962)较系统地阐述了人力资本投资理论。在舒尔茨和贝克尔等人的推动下,《政治经济学杂志》分别于 1962 年、1974 年和 1990 年出版了有关人力资本研究的专辑(Ehrlich and Murphy,2007),人力资本理论日趋成熟,并影响了许多经济学分支的发展。2007 年,《人力资本杂志》创刊号发布。

② 陈凌和姚先国(1997)认为这种应付非均衡状况的能力"可以被定义为人们感知、正确地把握和采取行动重新配置资源"。

（*Human Capital*）一书对人力资本投资做了更一般的分析。他开篇就指出，人力资本投资是"通过增加人的资源而影响未来的货币收入和物质收入的各种活动"。"这种投资包括正规学校教育、在职培训、医疗保健、迁移以及收集价格与收入的信息等多种形式。……这些投资都提高了技术、知识或健康水平，从而增加了货币或心理收入。"①

在所有人力资本投资活动中，正规学校教育通常被认为是人力资本投资的主要方面。如马歇尔指出的："在学校中得到的进步之所以重要，除了由于它本身的缘故之外，更多的是因为学校教育所给予的将来进步的能力。"（马歇尔，1987，第226页）学校教育的主要功能应该是一种质量投资，是提高国民素质和劳动者能力的重要途径，是一种生产性支出，而不是传统理论上的消费性支出。在舒尔茨（1990）看来，"尽管在某种程度上教育可以说是一项消费活动……但它主要是一项投资活动，其目的在于获得本领……增加此人作为一个生产者的未来收入"。对正规学校教育的投资成本包括政府、社会团体对教育基础设施方面的支出以及个人的教育支出两方面。个人的教育支出又可以分为两部分②：一是支付的教育费用，包括学杂费、生活费等有形的直接支出；二是个人为接受教育耗费的时间成本或机会成本，即在接受教育的这段时间里所放弃的其他方面的收入。"放弃的收入是中等教育、高等教育和成人正规学校教育的一种主要成本。"（Becker，1964，第35页）

在对在职培训这一人力资本投资行为的考察中，贝克尔（Becker，1964）创新性地细分了两种类型的在职培训，即一般培训（general training）和特殊培训（specific training）。一般培训是指提高受培训者在任何企业工作的生产率的培训，而特殊培训是指提高受培训者在提供培训企业工作的生产率，但不影响受培训者在其他企业工作的生产率的培训。与人力资本投资行为的两分法相对应，劳动者通过投资获得的人力资本可分为一般性（通用性）人力资本和特殊性（专用性）人力资本。③ 对在职培训的区分有助于解释员工流动、生产率、失业率和工资差别等许多现象。贝克尔进一步论证，从在职培训分析中得出的结论，也同样适用于对正规学校教育、医疗保健等

---

① 这些投资活动与舒尔茨（Schultz，1961）列举的人力资本投资活动几乎一致。

② 教育投资的社会成本也可分为两部分：一是有形的教育经费支出，二是放弃的社会生产劳动。

③ 此外，这种区分也推动了企业理论、合同理论和激励理论等其他新古典经济理论的发展（Hart and Moore，1988、1999）。

其他人力资本投资行为的分析。① 贝克尔的分析表明,如果培训产生的人力资本是完全一般性的,那么培训成本都将由受培训者承担。现实世界中很少有企业愿意为员工支付正规学校教育的支出,其主要原因是正规学校教育是一种一般性人力资本投资。不过,与贝克尔的理论预期不同,许多研究者注意到现实世界中不少企业仍然愿意为一般培训支付成本(典型的例子如德国的学徒制),其中的一个重要原因在于劳动力市场的信息不对称(Katz and Ziderman,1990;Chang and Wang,1996;Acemoglu and Pischke,1998)。例如,Acemoglu and Pischke(1998)认为新聘的年轻员工在能力方面存在差异,这将使得他们接受培训后的效果也大相径庭。企业对其现有员工的能力拥有事前的信息优势,这种事前的信息优势使得企业可以获得培训员工产生的额外租金,从而有动力为其员工提供在职培训。

二、人力资本投资回报率

人力资本概念的提出很大程度上源自传统经济理论无法解释的生产率增长之谜。在解释生产率增长方面,人力资本理论在宏观和微观两个方向上均促进了传统理论的发展:一是在宏观上将人力资本与增长理论相结合,研究人力资本在人均收入增长中的作用;二是在微观上将人力资本与个体收入相联系,研究人力资本的私人收益率。本章第二节将集中讨论第一个方面,本节侧重讨论第二个方面。如贝克尔指出的,"唯一决定人力资本投资量的最重要因素可能是这种投资的有利性或收益率"。对人力资本投资回报率的研究是人力资本理论的一个重要方面。人力资本投资回报率有助于解释广泛观察到的个人与个人之间、地区与地区之间的收入差别。这方面的一个重要议题是如何科学地估算人力资本投资收益率。明塞尔和贝克尔对此做了奠基性工作。明塞尔(Mincer,1958)首先提出了一个揭示教育与工资关系的工资决定方程,贝克尔(Becker,1964)和明塞尔(Mincer,1974)进一步将培训和工作经验引入分析,丰富完善了工资决定方程。明塞尔工资方程(Mincerian wage equation)现已成为估算人力资本投资收益率的基础。附录B介绍了明塞尔工资方程的假设条件和数学推导。明塞尔工资方程揭示了人力资本与个人工资收入之间的关系,如式(2.1)所示,

$$\log[w(s,x)] \approx \alpha + \rho_s s + \beta_1 x + \beta_2 x^2 \tag{2.1}$$

---

① 一般认为,正规学校教育属于典型的一般性人力资本投资,在医疗保健方面的投资也大多属于一般性人力资本投资。

明塞尔工资方程自提出以来,已成为研究人力资本投资收益率的基准模型。[①] 大量实证研究在这一方程基础上利用不同国家不同时期的各种微观调查数据估算了人力资本投资收益率。[②] 早期的实证研究多以普通最小二乘估计人力资本投资回报率,但这一估计方法面临的最大挑战是测量误差、能力误差和反向因果性等导致的内生性问题(Griliches,1977;Card,1999)。后续的相关实证研究尝试使用更科学的工具变量、双胞胎等估计方法(例如,Angrist and Krueger,1991;Duflo,2001;Behrman et al.,1996;Bonjour et al.,2003;Zhang et al.,2007)。[③] 总体上,这些文献大多发现劳动力的人力资本与收入之间存在高度相关性,以学校教育为例,平均而言,额外一年教育投资的回报率在5%~10%。

尽管明塞尔工资方程为现代劳动经济学提供了一个重要分析框架,但其不足也是显然的。首先,它仅考虑了私人回报率,没有考虑社会收益率。根据 Lucas(1988)的理论,人力资本投资的好处不仅限于个人的收入增长,也将有利于社会其他成员的收入增长。其次,它没有考虑人力资本投资的非货币性收益。一些研究表明,受教育程度的提升有助于降低犯罪率。鉴于本书的研究主题,我们将在本章第二节中集中讨论人力资本在宏观生产率增长中的作用。

三、人力资本理论研究新进展

传统人力资本理论揭示了劳动力的异质性,强调了诸如学校教育、培训以及医疗保障等投资都有助于提高人力资本,但是对于这些投资是如何促进个人人力资本发展这一问题,早期的研究几乎没有涉及。一个显而易见的事实是,人力资本生产是一个复杂的过程,简单地使用受教育时间或培训时间无法全面地反映人力资本形成。过去十多年来,以芝加哥大学经济学家詹姆斯·赫克曼(James Heckman)和斯坦福大学经济学家埃里克·哈努谢克(Eric Hanushek)等人为代表的研究者围绕人力资本形成这一黑箱开展了大量研究,初步形成了一个"基于能力发展的新人力资本"理论框架。

传统人力资本理论认为,个人能力很大程度上是一种不随时间而变化

① 明塞尔工资方程也为考察劳动力市场歧视、收入不平等、劳动关系等其他问题提供了一个基准分析框架。

② 有关的国际比较研究参见 Psacharopoulos and Patrinos(2004)和 Card(1999)等的综述。有关中国教育投资收益率的研究综述可参见张车伟(2006)。

③ Angrist and Krueger(1999)综述了有关的实证方法及其局限。

的先天禀赋。尽管个人的先天能力无法通过后天投资而得到改善,但它是后天人力资本生产的一种重要投入要素,影响个人受教育和培训等人力资本投资的数量。理论上,高禀赋的个体既有可能投资更多的教育,也可能投资更少的教育。① 早期的文献将个人能力限于认知能力,而忽视了诸如性格、情绪、自我控制和时间偏好等非认知能力在人力资本形成中的作用。2000 年诺贝尔经济学奖得主詹姆斯·赫克曼教授及其合作者在一系列论文中认为,"先天的"能力其实并非全由基因决定而不变,基因和环境及其交互作用都会影响个体的能力形成。家庭尤其是母亲在个人能力形成中发挥了举足轻重的作用,这种能力在上学年龄前就已形成(Cunha and Heckman,2006、2007;Cunha,2005;Cunha et al. ,2006;Heckman,2006;Heckman et al. ,2006;Cunha et al. ,2010;Heckman et al. ,2013;Heckman and Mosso,2014;Heckman and Corbin,2016)。个体能力不仅包括认知能力,也包括非认知能力。不同类型能力的形成时期有所差别,例如,IQ 基本在 10 岁左右就趋于稳定,而性格在青年时期可能还具有可塑性。Cunha and Heckman(2006)的发展能力形成框架认为个体一生掌握的技能涉及许多维度,个体在生命周期的不同阶段都在进行不同类型的能力投资。技能和能力生产有两个重要特性:一是技能具有自我生产性,即一种技能形成后有助于提高获取另一种技能的能力;二是技能具有互补性,先期形成的技能有助于提高后续能力投资的效率。这两个特征有着重要的政策含义,对孩子早期的能力投资是最有效率的,早期的干预政策也有助于改善成人时期的能力差异。大量实证研究发现个体在早期形成的认知能力和非认知能力对后续的一系列社会经济特征(例如健康状况、受教育程度、职业发展、社会信任、婚姻、犯罪行为等)都具有重要影响(Cunha et al. ,2006;Heckman et al. ,2006;Almond and Currie,2011)。

与赫克曼及其合作者更多关注微观效应不同,斯坦福大学经济学家哈努谢克及其合作者在一系列研究中更多地从宏观角度强调了学校教育积累的认知能力对于国家发展的重要性(Hanushek,2006、2011;Hanushek and Woessmann,2008、2012、2016;Hanushek et al. ,2017)。他们关注教育质量等因素在人力资本形成中的影响。他们的核心观点认为以学习成绩衡量的知识资本是比受教育数量更重要的人力资本。学习成绩不仅反映了教育数

---

① 一方面,高禀赋意味着学习成本更低,从而会导致更多的生产(人力资本投资)。另一方面,如果学校教育所教授的内容大部分可以通过自学获得,自然地,高禀赋的个体无需通过"待在学校"这一方式去增加人力资本。

量,也反映了教育质量。[1] Hanushek and Woessmann(2016)对东亚和拉美各国的国际比较研究发现,知识资本显著地与经济增长相关,当考虑国家之间的知识资本差异后,教育年限对经济增长的影响趋于消失。

第二节　人力资本与经济增长理论

一个经济体如何才能实现人均产出持续增长? 这是经济学研究最核心和最具争议的问题。古典经济学家亚当·斯密在《国民财富的性质和原因的研究》中开篇就指出:"劳动生产力上最大的增进,以及运用劳动时所表现的更大的熟练、技巧和判断力,似乎都是分工的结果。"(亚当·斯密,1997,上卷第5页)他以制针工厂的例子生动地论述了劳动分工在促进劳动生产力发展中的决定性作用。同时,斯密也指出,分工起因于人类特有的交换本性,因此,劳动分工的程度受制于交换能力——或者说市场容量的扩展(从而自由贸易和市场竞争对于国民财富增长是重要的)。扬格(Young,1928)进一步发展了斯密的劳动分工理论。他认为,"产业的不断分工和专业化是报酬递增得以实现的过程的一个基本组成部分……报酬递增取决于劳动分工的发展"。但是在这之后,劳动分工理论没有取得重大的进展[2]。相比之下,斯密的"看不见的手"理论在经阿尔弗雷德·马歇尔发展后而形成的以均衡价格为核心的新古典理论占据了现代主流经济学的主导地位,成为研究经济增长问题的基本分析框架。

一、人力资本与新古典增长理论

由于索洛(Solow,1956)在新古典经济增长理论方面的开创性工作,传统新古典增长模型称为"索洛模型",有时也称为"索洛—斯旺模型"[3]。在索洛—斯旺模型中,技术进步率是外生给定的,生产过程仅包括资本和劳动

---

[1]　赫克曼等人认为,学习成绩的好坏不仅受认知能力的影响,也与非认知能力和环境有关。

[2]　关于劳动分工理论,杨小凯和波兰得(Yang and Borland,1991)提出一个内生比较优势概念,认为专业化分工导致了内生比较优势。Becker and Murphy(1992)则提出了协调成本概念,用来分析分工深化与经济增长的关系。长期来看分工与经济增长相互促进,但是分工深化的程度除了受限于市场容量外,还受到由于专业化导致的协调成本上升的影响。罗默(Romer)在1986年美国经济学会年会上提交的论文在某种程度上模型化了扬格(Young,1928)的思想。罗默认为经济增长是由劳动专业化分工深化所支持的,而随着经济的进步,更大的市场又会进一步提高劳动、资本的生产率,从而保证了经济的持续增长。

[3]　斯旺在同一时期也提出了类似索洛模型的观点,因此索洛模型也叫"索洛—斯旺模型"。更早的其他增长模型有哈罗德—多马模型、卡斯—库布斯曼模型等。

这两种生产要素,资本深化程度(人均资本存量)决定了人均产出水平。由于资本边际报酬递减规律的作用,在平衡增长路径上不同经济体的资本深化程度将趋于收敛,最终各经济体都将拥有相同的人均产出水平。因此,如果没有外生的技术进步,那么由于报酬递减规律的作用,一国经济增长最终将停止(在稳定状态)。这意味着,经济增长能否持续取决于技术进步与否。索洛模型的一个重要推论是"收敛假说"(convergence hypothesis),即一国初始的经济条件(如初始收入水平)不会影响未来的人均产出水平,长期中所有国家的人均产出将会收敛于同一水平①。然而,传统的索洛—斯旺模型并不能很好地解释观察到的跨国收入差别的重要特征(Mankiw et al.,1992)。1950—1980 年,41 个发展中国家的人均产出水平的中位数增长率大概为 2.3%,这一增长率明显低于同期经济合作与发展组织(OECD)国家人均产出水平的中位数增长率(Reynolds,1983)。同时,许多研究发现,储蓄率和人口增长率这两种要素积累能解释 50%以上的跨国收入水平差异,这意味着仍有近一半的跨国收入差异归因于全要素生产率的差异。不仅如此,卢卡斯(Lucas,1988)还发现各国的资本劳动比率和要素价格也没有像新古典增长模型所预示的那样趋于均等化,因此卢卡斯认为索洛—斯旺模型并不是一个有用的经济增长理论。

传统的新古典增长理论在解释现实数据时遇到了前所未有的困境,使得一些经济学家认为应该摒弃传统模型而发展更有解释力的新理论。针对新古典增长理论面临的质疑,一些学者提出应该拓展模型中的"资本"概念,其中最有影响力的研究是 Mankiw et al. (1992)。受人力资本理论启发,Mankiw et al. (1992)认为,传统的索洛模型没有考虑人力资本的作用。他们将中学入学率作为人力资本积累的代理变量引入索洛增长模型。估计结果显示,引入人力资本因素后,储蓄率和人口增长率的参数估计均有明显下降。同时,他们也发现这一包含人力资本的拓展的索洛模型(augmented Solow model)可以解释约 80%的跨国收入差别。基于此,Mankiw(1995)认为大部分跨国生活水平的差距可以为包括人力资本的要素积累的差异(而不是生产率差异)所解释。Mankiw et al. (1992)认为他们的研究结论有力

---

① 此即为"绝对收敛"(absolutely convergence)。

地反驳了对新古典增长模型的批评。[①]

不过,Mankiw et al.(1992)的结论也遭到一些学者的批评(如 Klenow and Rodríguez-Clare,1997b;Prescott,1998;Bils and Klenow,2000;Hendricks,2002)。批评之一主要针对他们使用的人力资本变量的测度过于粗略,可能存在较大的测量误差(如 Klenow and Rodríguez-Clare,1997b)。Klenow and Rodríguez-Clare(1976)认为仅使用中学入学率作为人力资本的测量可能导致测量误差,做出这一判断的证据是 Mankiw et al.(1992)的结论对于参数选择较为敏感。他们的研究进一步讨论了人力资本测量问题,并用一种不同于 Mankiw et al.(1992)的方差分解方法定量地分析了各因素对人均产出的贡献度。第一个修正是除了使用中学入学率外,也考虑了小学入学率和大学升学率。修正后的估计显示要素积累对人均产出的贡献下降为 40%,而生产率的贡献上升到 60%[②]。第二个修正是结合明塞尔方程进一步考虑了学校教育质量对人力资本生产的影响。在做了这一调整后,要素积累和全要素生产率的贡献分别为 53% 和 47%。因此,Klenow and Rodríguez-Clare(2005)认为,就对跨国收入差异的解释力而言,全要素生产率要比要素积累更显著。随后的一些经验研究,如 Prescott(1998),Hall and Jones(1999),Bils and Klenow(2000)和 Acemoglu and Zilibotti(2001)也都证实全要素生产率的提高是更重要的因素。比如,Bils and Klenow(2000)的实证研究发现,即使考虑了溢出效应,人力资本对于解释跨国收入差距仍然小于 1/3。不过即便如此,国内学者陈晓光(2005)认为上述关于人力资本的测量都没有考虑人力资本的向下兼容性,即高水平的人力资本可以从事低水平的人力资本从事的工作,但反之则不可以。陈晓光的研究发现如果将这种兼容性考虑到人力资本测量中,那么人力资本的解释力会显著增强。

对 Mankiw et al.(1992)的结论的另一个批评集中于技术外生性假设。Mankiw et al.(1992)提出的拓展的索洛模型仍然遵循了新古典传统,假设技术与回归自变量不相关。然而,观察到的现实似乎倾向于支持技术变化是内生的。例如,在过去几十年中,美国技能型工人的相对供给急剧地增

[①] 在 Mankiw et al.(1992)的论文发表后,引发了一系列跟进研究,试图检验生产率与要素积累在人均收入水平决定中的相对重要性。例如,Young(1995)对东亚四小龙的经济发展经验的研究发现,这些国家(地区)的经济增长主要由劳动和资本投入增长推动,而不是由全要素生产率的增长引起。事实上,同一时期四小龙的全要素生产率并没有提高很多(Young,1994)。Jones(1995)的研究认为发达国家中研发投入资源的大幅度增加并未带来经济增长的相应提高。

[②] Mankiw et al.(1992)的估计发现,要素积累的贡献为 78%,而全要素生产率的贡献仅为 22%。

长,但是他们的工资却并没有像传统理论预期的那样出现明显下降,反而有持续的上升趋势。战后以自动化为代表的大多数技术进步是朝着有利于技能型工人的方向变化的,也就是所谓的技能偏态技术进步假说(Autor et al.,1998;Acemoglu,2002),近十年来以人工智能为代表的新兴技术更具有技能偏态特征。

二、人力资本与新增长理论

受人力资本理论的启发,20 世纪 80 年代中后期,经济增长理论的另一发展思路是试图寻找克服或缓解边际报酬递减规律的机制以修正索洛—斯旺模型①,形成了所谓的"新增长理论",也称为"内生增长理论"。保罗·罗默(Paul Romer)和罗伯特·卢卡斯(Robert Lucas)的研究工作极大地推动了对新增长理论和经验的研究。总的来看已有研究主要围绕两条紧密联系的思路:一是存在要素溢出的外部性模型(如 Romer,1986;Lucas,1988),二是技术进步内生化模型(如 Romer,1990;Grossman and Helpman,1991;Aghion and Howitt,1992)。考虑到本书的主旨聚焦于人力资本,笔者简单介绍与人力资本相关的新增长理论,分别是罗默(1986)的知识溢出模型、卢卡斯(1988)的人力资本溢出模型等外部性模型以及罗默(1990)的内生技术进步模型。②

(一)外部性模型

外部性模型是内生增长理论研究的一个主要方向,主要包括罗默(1986)的知识溢出模型和卢卡斯(1988)的人力资本溢出模型。③ 罗默(1986)借鉴阿罗(Arrow,1962)的"边干边学(learning by doing)"模型思想④,在生产函数中引入了知识要素。罗默认为尽管新知识的生产本身服从边际报酬递减规律,但是由于知识的非竞争性,单个厂商的知识生产对其他厂商具有正的外部效应。此外,包含知识投入的消费品生产也会表现出递增的报酬。也就是说,知识要素可能有递增的边际报酬。因此,在罗默看

---

① 最简单的修正是 AK 模型,通过直接假定资本的边际报酬不变,实现经济的内生增长。

② 新增长理论的其他模型可参见阿吉翁和霍依特(Aghion and Howitt,1998、2004)及潘士远和史晋川(2002)的综述。

③ 在这些研究基础上,经济学家在几个方面做了进一步的改进和完善,比如,Azariadis and Drazen (1990)在跨期迭代框架下对卢卡斯模型的改进,Rebelo(1991)则将物质资本引入卢卡斯的人力资本生产方程,但模型的思想本质是一致的。

④ 阿罗认为生产过程中具有学习效应,因此技术进步的增长可以通过以前的生产经验和外部学习来实现。

来,知识积累是经济增长的主要驱动因素。罗默(1986)模型习惯上称为知识溢出模型。

与罗默(1986)的知识溢出模型类似,卢卡斯(1988)主要借鉴宇泽弘文(Uzawa,1965)①的思路提出了关于经济发展的另一种思路:人力资本具有内部效应(internal effect)和外部效应(external effect)。卢卡斯特别强调了人力资本外部效应——人力资本有利于经济整体效率的提高以及两种类型资本的收益增加——对经济发展的作用。卢卡斯的人力资本溢出模型和罗默的知识溢出模型都属于内生增长理论的外部性模型。

考虑一个拥有无限生命周期的代表性个体,个体每个时期 t 都要选择在生产和获取人力资本(例如,受教育或培训)间分配时间,获取人力资本有助于提高未来时期的生产力。那么在不考虑工人间的人力资本溢出时,代表性个体的生产和资本积累可以用下述四个式子表示:

$$y = Ak^{\beta}(uh)^{1-\beta}h_a^{\gamma} \tag{2.2}$$

$$h_a = \int_0^{\infty} hN(h)\mathrm{d}h/N \tag{2.3}$$

$$\dot{k} = y - c \tag{2.4}$$

$$\dot{h} = \delta h(1-u) \tag{2.5}$$

其中,y 为产出,k 和 h 分别为物质资本和人力资本投入,A 为技术水平,$N(h)$ 表示拥有 h 人力资本的人口数量,c 表示消费。式(2.4)和(2.5)分别为资本和人力资本积累方程,($u<1$)为第 t 期用于生产活动的时间比例,$\delta>0$。②

卢卡斯对索洛模型做了两个关键性假设。一是允许人力资本的溢出效应,即劳动力获取人力资本不仅有利于自身劳动生产率的提高,也有助于整个社会劳动生产率的提高。这一点体现在生产方程(2.2)包含的一项社会平均人力资本 h_a。二是引入一个人力资本生产或积累方程,并假定为投入时间的线性函数。根据人力资本积累方程(2.5),如果 $u=1$,即没有进行人力资本积累活动,则人力资本存量增长为 0。相反,如果 $u=0$,则人力资本存量增长率达到最大值 δ。更重要的,式(2.4)意味着人力资本本身的生产没有表现出报酬递减,也即无论 h 多大,$\dot{h}/h$ 都为常数。

在卢卡斯模型中,尽管物质资本和人力资本的生产过程都服从边际报

① 宇泽弘文(Uzawa,1965)假定技术进步是人均人力资本的函数,因此学校教育等人力资本的内生增长将带来人均产出的持续增长。

② 卢卡斯还分析了边干边学方式的人力资本积累,此时,人力资本积累方程(2.5)变为 $\dot{h}=\delta hu$。这里我们只考虑以教育方式进行的人力资本积累。

酬递减规律,但人力资本自身生产表现为报酬不变甚至递增,同时由于存在人力资本的溢出效应,在总量上物质资本的边际报酬也可能出现递增,从而人均产出水平将会持续增长。[①] 需要指出,卢卡斯模型强调的是人力资本对人均产出的水平效应,即产出增长是由人力资本积累推动的。与卢卡斯模型稍有不同,Nelson and Phelps(1966)也强调了教育等人力资本对技术进步(从而经济增长)的重要作用,不过他们认为人力资本存量对于增长更重要。笔者将在第四章利用我国的省级面板实证检验这两种理论假说。

人力资本积累方程(2.5)是卢卡斯模型对传统索洛模型的重要改进之一,其隐含的假设是人力资本投资的回报在整个生命周期内保持不变。这一假设似乎与许多微观劳动经济学文献发现的经验证据相悖。根据贝克尔(Becker,1964)的理论,在劳动力整个生命周期内,其教育和工作经验的私人回报率表现为先上升后下降的趋势。从这一点来说,卢卡斯模型至少是有待进一步完善的。

针对卢卡斯模型面临的困境,Azariadis and Drazen(1990)提出了一个在迭代框架下的卢卡斯模型(以下简称 A-D 模型)。在 A-D 模型中,代表性个体将存续两个阶段(年轻期和年老期),并且年老一代在 $t-1$ 期积累的人力资本可以由第 t 期的年轻一代继承,也即,

$$h_{1,t} = h_{2,t-1} \qquad (2.6)$$

其中,下标 1 和 2 表示年轻期和年老期。于是,人力资本积累方程变为

$$h_{2,t} = h_{1,t} + \gamma(v_{t-1}) \cdot v_t^\theta \cdot h_{1,t} \qquad (2.7)$$

其中 v_t 是第 t 期年轻人投资人力资本的时间比例,$\gamma(\cdot)$ 为非递减函数,表示前一代耗费的人力资本投资时间对后一代人力资本积累的影响。

为简化起见,若进一步假定拥有人力资本 h 的个体边际产出与其工资挣得相等,且都为 h,则第 t 期年轻人的效用最大化的投资决策可以表示为

$$\max(1-v)h_{1,t} + \rho h_{2,t} \qquad (2.8)$$
$$\text{s.t. } h_{2,t} = (1+\gamma v^\theta)h_{1,t} \qquad (2.9)$$

其中,ρ 为贴现因子。可以解得最优的用于人力资本投资的时间分配 $v^* = (\rho\theta\gamma)^{1/(1-\theta)}$。从而获得稳态的产出增长速度,

$$g^* = \frac{h_{2,t}}{h_{2,t-1}} = 1 + \gamma v^{*\theta} = 1 + \gamma(\rho\theta\gamma)^{1/(1-\theta)} \qquad (2.10)$$

特别的,Azariadis and Drazen(1990)指出,v_{t-1} 的不同水平将会影响经

---

① 卢卡斯还用人力资本外部效应来解释国际资本没有从富国流向穷国等观察到的事实(Lucas, 1990)。

济的不同发展状态。如果前一代年轻人没有耗费太多时间投资于人力资本，从而 v_{t-1} 很小[意味着 $\gamma(v_{t-1})$ 也很小]时，前一代的行为将不利于后一代的年轻人的技能获取，从而后一代也缺乏足够的人力资本积累。如此，经济发展就可能形成恶性循环，陷入低水平锁定的发展陷阱。除非某一代人出于某种原因（比如政府干预）进行了大量人力资本积累，否则经济就不可能走出困境。A-D 模型对于解释"为什么初始的人力资本存量对其后续经济增长有显著作用"提供了理论分析框架。许多实证增长研究都提供支持性证据（如，Barro,1990）。A-D 模型的政策启示一目了然，它表明政府部门可以通过发展教育等人力资本投资促进政策，避免低水平锁定的发展陷阱，促进经济的持续发展。

此外，Becker et al.（1990）发展了一个与 A-D 模型类似的模型，不过他们的模型还考虑了生育率。Becker et al.（1990）认为如果人力资本回报随人力资本增加而增加，那么经济就可能存在多重均衡。均衡之一表现为高人口增长率与低人力资本水平和增长率，即为低水平锁定的发展陷阱；另一均衡可能表现为低人口增长率与高人力资本水平和增长率。

（二）内生技术进步模型

内生增长理论的另一条研究路径是内生技术进步模型。该模型受约瑟夫·熊彼特（Joseph Schumpeter）在经济发展理论中的"创造性毁灭"的思想启发，将技术进步内生化于经济增长过程。代表性文献是 Romer(1990)的中间产品模型、Grossman and Helpman(1991) 以及 Aghion and Howitt(1992)的 R&D 创新模型等。

罗默（1986）、卢卡斯（1988）、Rebelo(1991) 以及 Becker et al.（1990）的人力资本增长模型实际上都基于完全竞争市场假设。在这些模型中，人力资本是竞争性的（rival）和排他性的（excludable）要素投入。然而，技术以及知识的本质特性决定它们不可能像经济物品那样具有完全的竞争性，也不像公共物品那样基本不具有排他性。技术和知识是非竞争性的（non-rival）但同时又是可以为私人或企业排他占有的。技术和知识的这一特征对于增长理论而言有着特殊且重要的意义，这也是罗默（1990）模型分析的出发点。

罗默（1990）吸收借鉴了迪克西特和斯蒂格利兹（Dixit and Stiglitz,1977）的垄断竞争框架，发展了一个内生技术进步的单部门增长模型，其核心思想是技术进步是经济增长的源泉但它又内生于经济增长。该模型包括四种投入要素（劳动、资本、人力资本和技术）和三个生产部门（知识研究部门、中间产品生产部门和最终产品生产部门）。罗默模型的核心假定是明确地对人力资本和知识做了区分和界定。同时,新知识(比如一项新产品设计)生产的要素投入包括人力资本和已积累的旧知识。于是,知识积累方程可表示为

$$\dot{A} = \delta H_A A \qquad (2.11)$$

其中,H_A 是研发部门人力资本投入总量,A 是经济中的知识总量,δ 表示知识生产参数。生产出来的新知识一方面为中间产品生产部门利用生产中间产品,另一方面增加了社会知识总量,从而进一步生产新知识。

罗默认为,由于人力资本是内含于特定个体的,因此它在模型中仍然被假定为是竞争性的和排他性的要素投入,并且它可以有效地由私人的人力资本积累提供以及在竞争性市场上出售。而知识(包括旧知识和生产出来的新知识)则是非竞争性的,因为知识独立于特定个体,并且知识的生产只需在生产它时花费固定的成本,在以后的使用中无须再花费额外的成本①。这一区分和界定对增长理论有着重要意义。首先,从人均的观点看,知识可以无限地积累,而人力资本则不然(因为当个人死亡后,其所拥有的人力资本和技能也将不复存在)。其次,知识的非竞争性使得知识溢出效应成为可能,从而对知识而言,生产函数可能表现为凸性。也就是说,包含知识的生产可能出现规模报酬递增②。此外,知识和技术的非竞争性和排他性决定了知识生产企业会以高于边际成本的价格出售知识和技术,从而使生产知识和技术也是有利可图的。大部分的知识和技术变化实际是研发企业受市场激励而进行利润最大化活动的结果。正是在这种意义上,知识增长和技术变化是内生的。

式(2.11)包含了两个重要的贴近现实的性质:(1)更多的人力资本投入有助于更多新知识生产;(2)更重要的是,已有旧知识的存量会影响新知识生产的效率。这两个性质可以解释一个广为观察到的现象:一个受过相同教育的劳动力,其数年前的生产率和现在的生产率可能相差很多。③④

罗默模型有一些重要的政策启示:首先,它表明对研发活动的补贴是促

---

① 罗默特别指出,法律途径(如版权保护)在一定程度遏制了知识的传播,但这不影响对两者进行区分的本质特征。从简起见,这里不考虑这些因素。

② 假设生产函数包括知识(A)和竞争性投入(X)两种要素投入,即 $F(A, X)$。若对于竞争性要素投入生产过程服从规模报酬不变,则 $F(A, \lambda X) = \lambda F(A, X)$。由于知识的非竞争性,必然有 $F(\lambda A, \lambda X) = \lambda F(\lambda A, X) > \lambda F(A, X)$。

③ 按照罗默的意思,除了有工作经验积累的因素外,主要是现在比以前有更多可以获得的知识总量。

④ 这一点对于如何科学地测量人力资本有重要的启示。本书第三章将重点讨论人力资本的实证测量。

进经济增长的最优政策。其次,对人力资本投资活动的补贴政策也是一种不错的选择。规模效应主要源于一个经济体中的人力资本存量而不是人口规模,因而罗默模型的另一启示是人力资本总量水平高的经济体将会有更快的经济增长速度。这一点与观察到的现实是基本符合的。最后,国际贸易和对外开放通过扩大已有知识和技术的存量,加快了新知识和技术的积累速度,因而也有助于经济增长。

上述这些内生增长模型都暗示,不同地区的人均收入水平并不必然趋于收敛,相反人均收入水平可能会趋于发散。人力资本(或知识)生产很大程度上受已有人力资本水平(或知识)的影响,比如那些初始人力资本较低的经济体一般更难生产人力资本[①]。低人力资本水平的落后地区更可能具有更低的增长率。因此,人均收入水平可能会出现富者越富穷者越穷的"马太效应"。

三、经济制度与人力资本积累

新古典增长理论强调资本积累对增长的重要性,而新增长理论认为更重要的是知识和人力资本积累。但是,这些理论都暗含地假定技术进步与要素积累所依赖的经济制度是外生给定的。在诺斯和托马斯(诺斯和托马斯,1973;诺斯,1990)看来,这些理论所研究的资本和劳动等要素投入仅仅是增长本身而已,并非导致增长的根本因素。如果人均收入差异主要归因于要素积累和生产率差异,那么自然的问题便是:为什么有些地区会有更多的资本投资(包括人力资本)呢?以及为什么这些地区的生产更富有效率呢?增长理论研究的另一条思路倾向于从更深层次的角度去解释观察到的人均收入差异,认为经济制度决定了包括人力资本在内的要素积累率和要素使用效率。换言之,经济制度才是长期经济发展的决定性因素。

什么样的经济制度才有利于经济增长?麻省理工学院经济学家达龙·阿西莫格鲁(Daron Acemoglu)及其合作者在一系列研究中认为好的经济制度的最重要特征是有效的私有产权保护机制、较少的扭曲政策以及均等的资源获取机会(Acemoglu et al.,2001、2005;Acemoglu and Robinson,2012)。[②] 产权保护机制之所以重要是因为它影响社会的激励机制,进而影响市场微观主体的投资决策。如果产权不能得到有效保护,那么企业和个

[①] 在发达经济体则相反,人们很容易相对便宜地获得教育机会。本书第三章提供了一些来自我国省级人力资本发展的证据。

[②] 诺斯(North,1990)在更广泛的意义上将制度看作是一套游戏规则,它制约着人类的行为。

人就没有动力去进行生产性投资(包括物质资本投资和人力资本投资),技术发明和创新也会受到遏制。机会均等是指社会中每一个个体都有机会获取社会资源,但无法独享社会资源。它本质上也是为了保障产权制度的有效实施。Knack and Keefer(1997)研究了社会信任与经济绩效的关系。他们认为社会信任至少从几个方面影响一国的经济绩效。社会的信任度越高,人们就可以耗费更少的成本去防止在经济交易时被欺诈,同时交易也更少依赖于合约安排等正式制度的完善程度。反之,低信任度的社会遏制企业家的创新性活动,也不利于人力资本积累。

在一篇很有影响的论文中,Acemoglu et al. (2005)比较分析了朝鲜和韩国的经济发展经历。[①] 1945 年前,朝鲜半岛长期由日本占领和殖民统治。1948 年,朝鲜半岛南北分别建立大韩民国和朝鲜民主主义人民共和国。但两国大部分人口为朝鲜族,因此,没有理由认为朝鲜和韩国在历史和文化上有很大的差异。除此以外,南北方在地理特征、资源矿藏和气候等先天因素方面也相差无几。从经济发展水平看,南北方也很接近。佩恩表(Penn World Table)数据显示,1950 年韩国的人均 GDP 大概为 876 美元,朝鲜为643 美元,略低于韩国。简言之,朝鲜和韩国在 20 世纪 50 年代可以看作是"双胞胎兄弟"。然而,经过几十年的发展,朝鲜和韩国的人均收入差距急剧扩大,且至今仍没有缩小的趋势。2000 年,韩国人均 GDP 达 16100 美元,跻身高收入国家行列,相比之下朝鲜的情况却显得很糟糕,人均 GDP 仅为1000 美元[②]。他们认为朝鲜半岛南北方之所以在过去 50 年中经历了如此迥异的发展路径,唯一令人信服的解释是它们在 20 世纪 50 年代后建立了截然不同的经济制度。韩国采取了市场导向鼓励要素积累的经济制度,而朝鲜则采取了代价高昂的计划集权主义经济制度。

朝鲜半岛自然实验以其令人信服的结果支持了经济制度决定论的观点[③],不过,它们终究只是两个极端的个案。经济制度是否在普遍意义上对增长有决定性的作用?答案只能取决于利用大样本获得的实证证据。随着一些高质量历史数据库的建立,研究者在这方面做了大量尝试(如 Knack and Keefer,1995、1997;Barro,1999;Hall and Jones,1999;Acemoglu et al. ,

---

① 朝鲜和韩国在经济发展方面取得的迥异成就使得经济地理学理论的解释显得无力[参见 Bloom and Sachs(1998),Sachs(2003)等关于地理因素如何影响增长的讨论]。

② 1950—1990 年,朝鲜人均产出也经历了缓慢上升,1990 年达到人均 2259 美元,然而在苏联解体和东欧剧变之后朝鲜人均产出经历了大幅的倒退。

③ 类似的,联邦德国和民主德国在二战后统一前的发展经验也可看作另一个自然实验。

2001；Dollar and Kraay，2003；Glaeser et al.，2004；Acemoglu and Robinson，2012）。比如，Knack and Keefer(1997)通过对 29 个国家的实证考察发现，那些产权和合约权利能得到有效保护的国家普遍拥有较完善的社会信任和合作规范。在一篇广为引用的文献中，Hall and Jones(1999)根据 127 个国家的跨国数据，考察了社会性基础设施[①]对经济绩效的影响。Hall and Jones 的实证分析发现，人均产出与社会性基础设施之间存在着很强的相关性，那些腐败严重、政府干预过多以及合约难以实施的国家通常很难实现高水平的人均产出。他们认为表面看来国家间的增长差异源自资本积累与生产率方面的差异，但本质上与国家间社会性基础设施，如经济制度、政府政策等方面的差异密切相关，因为后者决定了个人的人力资本投资和企业的资本投资所依赖的经济环境。Acemoglu et al. (2001、2012)利用 16 世纪殖民主义实验估计了经济制度对增长的影响。根据历史资料记载，在 16 世纪初期殖民主义盛行前，像印度、秘鲁以及其他一些热带国家在当时是世界的富裕地区，至少比同时期美国、澳大利亚的文明程度要高得多。然而几百年后，世界各国的财富分布发生了翻转。16 世纪的落后地区的人均产出如今已数倍于那些原先富裕的地区的人均产出。Acemoglu et al. (2001)认为，这些殖民地国家的经济发展之所以经历如此戏剧性的逆转，其根源在于欧洲殖民者在不同殖民地国家实施了大相径庭的殖民政策，而这些早期的殖民政策一旦形成就会延续并影响几百年后的经济制度。在资源富裕且以土著居民为主的殖民地，殖民者倾向于建立掠夺式的殖民统治以尽可能从土著居民那里获取殖民利益。因此，这些地区的私有产权不可能得到有效保护。相反，在其他有大量殖民者定居的殖民地国家，为了保护殖民者自己的财产，殖民者就有动力去实施有效的产权保护制度。Acemoglu et al. (2001)将殖民时期殖民者在殖民地的死亡率作为现行经济制度的工具变量，运用二阶段最小二乘估计方法(2SLS)，结果发现一旦控制了经济制度的内生影响，那些落后的非洲国家的收入水平其实不低。这表明，影响人均收入差异的主要因素是经济制度。

　　经济制度形成的另一种解释则认为，好的制度之所以能在某些国家形成和发展主要得益于人均收入水平和人力资本的提高。这一假说由 Lipset (1960)提出，也称为李普塞特假说（Lipset's hypothesis）。李普塞特认为

---

① 　Hall and Jones(1999)认为社会性基础设施（social infrastructure）包括制度和政府政策。针对制度和政策变量的内生性问题，他们使用地理纬度作为社会性基础设施的工具变量。

"越富裕的国家,越可能走向民主"。而人口受教育程度的提高则是实现民主的前提条件。因为公众的受教育程度越高,那么对于利益冲突和争议更可能通过协商和投票的方式而不是暴力方式来解决。一些实证研究结论支持这一假说(如 Barro,1999;Glaeser et al. ,2004)。Glaeser et al. (2004)按照 Barro(1999)的方法,在制度方程中引入初始的教育水平,而在教育方程中引入初始的制度变量。他们的结论似乎更支持李普塞特假说。

四、经济增长的经验研究

自 20 世纪 90 年代以来,经济学文献涌现了大量关于人力资本和经济增长关系的实证研究。[①] 这些实证研究主要集中于检验两个密切相关的命题:一是不同地区的人均收入水平是否存在收敛趋势?[②] 二是人均收入增长的决定因素是生产率增长、资本积累(包括人力资本)还是其他因素?

实证增长文献主要有两个分析框架,即增长回归框架(Barro,1991)和增长核算框架(Hall and Jones,1999;Caselli,2005;Hsieh and Klenow,2010)。前者侧重研究人均收入水平是否趋于收敛以及收敛条件(经济增长的影响因素),后者侧重研究人均收入水平的决定因素及其相对重要性。

Baumol(1986)最早对新古典收敛假说进行了实证检验,但是直到Barro(1991)和 Barro and Sara-i-Martin(1992、1995)的研究发表后,增长收敛的实证研究才开始日益增多。在实证增长文献中,增长回归框架的经典设定一般可表示为

$$g_i = \frac{1}{T} \cdot \log\left(\frac{y_{i,t_0+T}}{y_{i,t_0}}\right) = -\left(\frac{1-e^{-\beta T}}{T}\right) \cdot \log(y_{i,t_0}) + Z\gamma + u_i \quad (2.12)$$

其中,y_{i,t_0} 表示地区 i 初始的人均收入水平,g_i 表示从 t_0 到 t_0+T 的平均增长率,Z 为经济处于稳定状态时的控制变量,u 为干扰项。如果 $\beta > 0$,表明各地区的人均收入水平趋于收敛,β 即为收敛速度,反之,$\beta < 0$ 则常被认为是支持新增长理论的证据。由于哈佛大学经济学家罗伯特·巴罗

---

① 有影响力的研究包括但不限于:Barro(1991),Mankiw et al. (1992),Barro and Sala-i-Martin (1992、1995),Benhabib and Spiegel(1994),Young(1995),Islam(1995),Caselli et al. (1996), Klenow and Rodriguez-Clare(1997a,1997b),Hall and Jones(1999),Bils and Klenow(2000)等。

② 除了"绝对收敛"外,经济学家还提出了"条件收敛"(conditional convergence)和"俱乐部收敛" (club convergence)。如果不同经济具有相同的结构参数,如偏好、技术进步和人口增长率等,那么不管它们的初始收入水平是否一样,最终将会收敛于同一水平,此即"条件收敛"。而"俱乐部收敛"认为具有相同的结构参数的不同经济只有初始收入水平接近时才会在长期中收敛于同一收入水平。一般认为,条件收敛与俱乐部收敛是支持新增长模型的证据。关于绝对收敛、条件收敛以及俱乐部收敛的更多讨论请参见 Galor(1996)。

(Robert Barro)首先使用式(2.12)的模型设定开展了经验研究,式(2.12)有时也称为"Barro 回归方程"。

增长核算框架一般设定如式(2.13)或(2.14),

$$\log(y) = \log(A) + \alpha\log(k) + (1-\alpha)\log(h) + \varepsilon \qquad (2.13)$$

$$\log(y) = \frac{\alpha}{1-\alpha}\log(A) + \frac{\alpha}{1-\alpha}\log\left(\frac{k}{y}\right) + \log(h) + \varepsilon \qquad (2.14)$$

其中,A 为全要素生产率,k 为人均物质资本,h 为平均人力资本。Hall and Jones(1999)认为式(2.13)中的资本产出比在大多数时候是稳定的,相对而言,与人均物质资本存量相比更可能是外生的,因而以式(2.14)作为核算分析较少受内生性偏误的影响。文献中,有时也将式(2.14)称为发展核算分析(Caselli,2005)。

Barro(1991)的开创性工作也掀起了研究者对收入水平收敛和收敛条件(增长因素)的研究。Barro(1991)对 1960—1985 年 98 个国家的跨国回归发现在控制了稳定状态变量后,各国人均收入水平存在明显的收敛迹象($\beta = 0.0184$)。同时,Barro 发现以中小学入学率衡量的人力资本积累对人均收入增长极其重要。大多数研究在这些模型基础上进一步引入研究者关心的增长因素,如人力资本、地理气候、经济制度、产业结构、国际贸易、资源环境以及收入分配等等。[1] 人力资本无疑是一个最重要的增长因素。总体说来,大多数增长实证研究都强调人力资本在经济增长中的积极意义,但是对于人力资本如何测量以及人力资本如何影响经济增长,现有的经验证据尚未有一致意见(Temple,1999a;Lange and Topel,2006;Hanushek and Woessmann,2016)。[2]

Benhabib and Spiegel(1994)分别在增长回归和增长核算框架下估计人力资本对经济增长的影响。在包含人力资本的增长核算框架下,Benhabib and Spiegel(1994)发现人力资本并没有像预期那样显著促进产出增长,相反地对经济增长有一个不利的影响,而且,敏感性分析都表明这种不利影响是稳健的。他们认为增长核算分析可能存在模型误设问题。随后,Benhabib and Spiegel(1994)根据 Nelson and Phelps(1966)的技术扩散思想,在增长回归框架下检验了人力资本的作用。对新模型的检验表明,初始

---

[1] Durlauf et al.(2005)在其论文的附录部分对此做了一个概述。

[2] 如前所述,涉及人力资本的增长理论也存在争议。例如卢卡斯模型认为经济增长应主要取决于人力资本积累速度。而罗默(Romer,1990)和 Nelson and Phelps(1966)模型则认为经济增长主要由初始的人力资本水平决定。

人力资本水平会对后续人均收入增长率有显著的积极影响,但人力资本积累却没有这种效应。Benhabib and Spiegel(1994)的发现引起其他学者的关注。比如,Griliches(1997)认为这个模糊结果的原因可能在于积累的人力资本大部分为经济中的非生产性公共部门所吸收了。他对以色列 1970—1990 年增长经验的分析发现 80% 以上的高文化程度劳动力都在公共或者服务机构等非生产性部门工作。而这些部门的产出实际是没有被包含在现行的总产出核算中的,它们属于未计量部门。根据佩恩表跨国数据库,Griliches(1997)认为大多数欠发达国家的高文化劳动力的就业情况都类似于以色列。Temple(1999b)则给出了另一个解释。他认为个别异常值可能对 Benhabib and Spiegel(1994)的结果产生了重要影响。在删除这些异常国家的观察值后,他发现人力资本积累仍然是重要的增长因素。Topel(1999)则认为在 Benhabib and Spiegel(1994)的研究中,人力资本变量的系数不显著且为负的原因可能在于双对数的函数形式设定。Bils and Klenow(2000)则从人力资本测度和反向因果关系角度研究人力资本与经济增长的关系。他们认为先前研究发现的人力资本与经济增长之间的正相关关系很可能是由反向因果性导致的。

这些研究结果同时也暗示总量生产函数参数同质性假定可能会导致严重的问题,不同地区的总量生产函数很可能有很大的差异。换言之,省略了某些地区效应以及解释变量的内生性都可能会导致有偏的参数估计。但是受限于样本数量,这类问题基本不可能在单截面回归框架下得到有效的解决。Islam(1995)首先将面板数据方法应用到实证增长研究中以克服潜在的省略变量误差。Evans(1998)也使用类似的方法。为了使用面板数据方法,需要将增长区间划分为较短的几个子区间①,然后就可以通过差分变换或者去均值变换等面板数据方法有效地消除未观察到的固定效应,从而得到参数的无偏和一致估计。Islam(1995)发现他的研究结论与单截面回归的结论有较大的差别。一是估计的收敛速度要远高于单截面回归估计的结果;二是资本的产出弹性要低于通常的估计值。从计量经济学的观点看,面板数据方法估计获得结果由于解决了潜在的省略变量误差,应当比单截面回归估计更可靠,但这并不意味着面板数据估计结果就一定是一致的。例如,Caselli et al.(1996)认为即使做了差分变换,部分解释变量仍然有可能

---

① 不过,如何选择合适的子区间时间跨度并没有严格的理论可循。一般的做法是将 5 年划为一个区间[如 Islam(1995)]。

是内生的,因而需要发展其他估计方法来获得一致估计。Caselli et al.(1996)认为 Arellano and Bond(1991)发展的广义矩估计程序可以有效地克服潜在的内生性问题。

总体而言,研究者在实证研究方面取得了很大进步,也达成了一些共识,但是争议仍然广泛存在。这一方面缘于长时期高质量跨国数据仍然缺乏,比如人力资本测量。另一方面缘于计量技术发展的相对滞后。

第三节　人力资本外部性与集聚经济理论

自从卢卡斯(Lucas,1988)首次提出人力资本外部性概念以来,后续文献从两个方面对人力资本外部性进行了广泛的理论和实证研究。一是在经济增长理论中引入人力资本外部性,以解释经济增长的内生动力。有关的理论已在第二节做了讨论。二是估计人力资本外部性,并解释外部性的实现机制。经济学家普遍认同人力资本外部性是报酬递增的一个重要源泉,外部性或溢出效应依赖于人口和经济活动在空间集聚过程中产生的集聚经济。人口和经济活动向特定地区集聚的过程实际是城市形成和城市化的过程,自 Krugman(1991)的奠基性论文发表后,对经济集聚问题的研究逐步形成了经济学的一个分支——新经济地理和城市集聚经济理论。① 有关集聚经济产生的原因,至少可追溯到马歇尔。马歇尔讨论了集聚经济的三种来源,即劳动力蓄水池效应、中间产品和生产性服务的规模经济以及专业技术和知识的溢出效应(韩峰和柯善咨,2012)。Fujita and Krugman(2004)进一步概念化了这三种机制,即所谓的联系效应、厚市场和知识溢出。同样受马歇尔思想的启发,Duranton and Puga(2004)重点讨论了集聚经济的三种微观机制:(1)共享机制,包括对不可移动要素的共享、各种中间产品供应的共享以及风险的共享等;(2)匹配机制,包括生产要素匹配概率和质量的提高以及投资套牢问题(hold up problem)的缓解;②(3)学习机制,包括知识的积累和扩散。

---

① Krugman(1991)在垄断竞争框架下提出了一个"中心—外围"发展模型,解释了劳动力和企业的空间集聚现象。新经济地理学引入运输成本、规模经济、外部性等概念研究了产业的空间集聚和经济活动的空间分布,并以此解释经济发展的地区差异。新经济地理和集聚经济相关的理论和实证文献,可参见 Duranton and Puga(2004),Rosenthal and Strange(2004),Moretti(2004c,2011)。李世杰等(2014)对有关中国产业集聚的研究做了综述。

② Acemoglu and Zilibotti(2001)的研究显示生产技术与劳动力人力资本匹配程度可以解释不同地区的生产率差异。

　　对集聚经济的实证研究聚焦于相互联系的两个方面。一是从产业演化出发,研究企业的区位选择以及产业的空间集聚对生产率的影响。在一项奠基性的工作中,Ellison and Glaeser(1997)研究了美国制造业的区域分布,发现企业的空间集聚源于雅格布斯外部性。Henderson(2003)的研究却发现在消除了不可观测的地区效应后,企业生产率显著受益于马歇尔外部性。Greenstone et al.(2010)研究了大型企业集团在新区域设立新工厂这一经济活动是否有助于提高当地企业的生产率。他们的分析也发现与新工厂使用相似的劳动力和技术的当地企业更多地受益于新工厂设立活动。也有不少文献研究了我国产业的空间集聚现象(Lu and Tao,2008;余佩和孙永平,2011;韩峰和柯善咨,2012;文东伟和冼国明,2014a、2014b;赵伟和隋月红,2015;王永进和张国峰,2016)。Lu and Tao(2008)的研究采用Ellison Glaeser的集聚指标衡量产业集聚程度,发现我国制造业的空间集聚程度在1998—2005年显著上升。他们同时发现地方保护主义政策阻碍了制造业的空间集聚。类似的结论也体现在韩峰和柯善咨(2012)对地级市制造业集聚的研究中。Au and Henderson(2006b)的研究认为中国对乡—城人口流动的体制性障碍一定程度上限制了经济活动的集聚以及农村工业部门和城市生产率的提高。余佩和孙永平(2011)研究了集聚效应如何影响世界500强跨国公司在中国的区位选择。理论上,集聚企业的生产率可能同时受集聚经济和区位选择的影响,王永进和张国峰(2016)以开发区为例实证考察了集聚效应与选择效应对企业生产率的影响。研究发现当前我国开发区企业的短期生产率优势主要源于集聚效应,但开发区企业的长期生产率优势则主要源于选择效应。

　　二是从人口流动和城市化出发,研究人力资本外部性对生产率和经济增长的影响(Moretti,2004c、2011)。具体而言,对人力资本外部性的研究又可分为两个方向。一个方向是在拓展的明塞尔方程基础上研究人力资本的空间集聚对个人工资收入的影响(Acemoglu and Angrist,2000;Moretti,2004a;Fu,2007)。Acemoglu and Angrist(2000)使用美国各州童工法和义务教育法的实施作为地区平均教育年限的工具变量。他们发现地区平均教育年限对该地区个人工资收入的外部效应在统计上不显著。一种可能的原因是外部效应主要源于高技能劳动力的空间集聚。同样使用工具变量方法,Moretti(2004b)估计了高等教育的社会收益率。他发现高中辍学生、高中毕业生以及其他大学毕业生的工资显著受益于该城市大学毕业生的集聚。按此思路,有两项研究考察了我国城市人力资本的溢出效应(Liu,

2007；Glaeser and Lu，2014）。Liu（2007）利用 1988 年和 1995 年的中国家庭收入调查（China Household Income Project，CHIP）数据，发现中国城市教育的社会收益率为 10％～16％。使用更新的 CHIP 数据，Glaeser and Lu（2014）的研究发现城市平均受教育年限的外部收益率在 20％以上。

另一个方向是基于企业生产函数框架分析人力资本集聚对企业生产率的影响（Moretti，2004b；张海峰和姚先国，2010；Liu，2014；梁文泉和陆铭，2016）。Moretti（2004a）基于美国制造业普查数据考察了人力资本外部性对企业生产率的影响。他的研究证实存在产业间的人力资本外溢效应，并且这种人力资本的溢出效应随着产业的相似程度下降而递减。在最近的一项研究中，梁文泉和陆铭（2016）遵循 Moretti（2004b）的分析思路研究了人力资本空间集聚对服务业企业生产率的影响。研究发现大企业从人力资本集聚中受益更多，同时人力资本外部性的影响大小还与城市规模有关。

第四节　本章小结

传统的经济分析实际上暗含了劳动力的同质性假定，劳动力被认为是无差异的，因而是可以完美替代的。然而这一假定显然与真实世界不符，劳动力的知识、技能和健康状况显然存在差异，不同的劳动力具有不同的知识和技能，因而也具有不同的生产能力。人力资本概念的提出实际是显性化了劳动力的异质性。这一概念不仅有助于人们理解尚未得到解释的劳动生产率提高的原因，也有助于理解世界范围内广泛存在的收入差距问题。人力资本理论对新古典经济学也产生了革命性的影响，为传统经济分析注入了新的活力。

在技术进步外生性条件下，新古典增长模型认为人均收入水平主要取决于资本深化程度，于是，受制于边际报酬递减规律，各经济体最终将收敛于同一收入水平。但是，无论是国家之间还是一国内部，观察到的事实似乎并不支持新古典增长模型的理论预期。一种修正是将人力资本作为一种要素投入引入跨国收入差别分析，这在一定程度上提高了要素积累在收入差别中的解释力。另一种更革命的修正是以罗默和卢卡斯为代表的新增长理论。该理论认为人力资本外部性或知识溢出有助于克服资本边际报酬递减规律，实现技术进步的内生化。新增长理论暗示人力资本存量较大的经济体将会有更快的后续增长。

尽管大多数理论文献都强调了人力资本在经济增长中发挥着重要作

用,但从现有实证研究结论来看,这种作用的显著性程度仍存一些争议。笔者认为造成争议的原因可能有四个方面。

首先是模型设定。根据不同的理论假说,人力资本与经济增长的实证研究有两种分析框架,即增长回归框架和发展核算框架。前者主张初始人力资本积累对后续增长有重要影响,而后者则主张人力资本存量是一种生产要素投入,突出了人力资本对当期人均产出的影响。

其次,估计方法。早期的研究多采用截面数据回归,无法排除地区固定效应的影响。面板数据方法和动态面板数据方法一定程度上有助于减少由于地区效应导致的估计偏误。

再次,对人力资本外部性作用机制的解释。人力资本外部性或溢出效应在理论上是实现报酬递增的一种重要机制,但是,在实证上对这一效应因果性的识别仍然存在争议。

最后,也是笔者认为最重要的,是如何测量人力资本。根据舒尔茨等人的阐述,人力资本概念具有丰富的内涵,学校教育是一个最重要的方面,但显然不是全部。由于数据方面的限制,大部分宏观研究仅涉及正规的学校教育。即便仅考虑教育,文献也大都只是分析了教育数量(如入学率、平均教育年限等)。以教育数量衡量人力资本虽然简单,但存在两方面不足,一是它没有考虑学校教育的质量差异对人力资本生产的影响,二是它假定了不同受教育程度的劳动力之间是完全替代的。一些证据显示广泛使用的各国平均教育年限数据可能存在较大的测量误差。Barro and Lee(1993)与Kyriacou(1991)都估算了很多国家的平均教育年限,但是以1985年为例,两种数据的相关系数只有0.65(Krueger and Lindahl,2001)。此外,以学校教育衡量的人力资本无法涵盖其他形式投资活动所增进的人力资本,如劳动力市场经验、健康和迁移。

第三章　人力资本测度

人力资本概念和理论的提出增强了许多新古典经济理论的现实解释力。准确地测量人力资本对于许多理论的实证检验至关重要。不少研究者运用不同的数据和测算方法估计了中国省或市级地区人力资本存量,为相关的实证研究提供了数据支持。然而由于人力资本概念的内涵丰富,现有有关人力资本测算的研究在方法和估算结果上仍然存在比较大的差异。本章首先回顾了现有的人力资本测算的主要方法,然后基于微观明塞尔工资方程提出了一种地区平均人力资本测算方法,利用历年人口普查微观数据估算了各省(区、市)的平均人力资本,并将笔者的估算结果与其他研究的估算结果做了比较分析。

第一节　教育数量法

学校正规教育被认为是一种最重要的人力资本投资活动,自然的,一个地区人口的受教育程度可以被用来估算该地区的人力资本存量。在文献中,这一人力资本估算方法通常被称为"教育法""教育成果法"或"教育数量法"。受限于数据的可获得性,早期的跨国增长文献多以较易获得的中小学入学率、成人识字率等较粗略的受教育程度指标反映一个国家或地区的人力资本存量。例如,实证增长领域的两项奠基性研究 Barro(1991)和 Mankiw et al.(1992)均使用这些指标来衡量一国的人力资本。前者使用初中入学率和小学入学率作为初始人力资本的代理变量,后者仅使用了初中入学率。[①] 随着人口统计数据尤其是人口普查数据的日益增加,利用人口受教育数据估算更科学、更详细的人力资本存量成为可能。以人口普查/抽样调查年份(主要是 15 岁以上人口)的受教育程度分布为基础,结合历年各级教育入学率和按年龄分组的人口结构等信息,Barro and Lee(1993)提出

---

① 早期有关我国地区经济增长收敛的文献大多也在这一框架下研究了人力资本的作用。例如蔡昉和都阳(2000)、林毅夫和刘明兴(2003)等。笔者将在本书第四章对这些文献做更详细的讨论。

了一种相对简单的基于永续盘存技术的地区平均人力资本估算方法,并估算报告了全世界 129 个国家 1960—1985 年 5 年间隔的以人口平均教育获得数量衡量的人力资本存量数据。[①]

教育数量法的基本思想是假定每一年学校教育形成相等的人力资本,因而劳动力在学校期间的累计学习时间(教育年限)反映了其所拥有的人力资本存量。利用各类受教育程度劳动力人数和完成各教育阶段的累计学习年限,很容易就可以估算一个地区以教育年限衡量的总人力资本(H)和平均人力资本(h)。用公式可以表示为

$$H = \sum_s L_s \times E_s \tag{3.1}$$

$$h = H/L = \frac{\sum_s L_s \times E_s}{L} \tag{3.2}$$

其中,L_s 表示完成 s 级教育的劳动力数量,E_s 表示完成 s 级教育的累计学习年限,L 是劳动力总数。从式(3.2)可知,平均教育年限是以各类受教育程度劳动力比重为权重对不同教育阶段累计学习年限的加权平均值。[②]

由于教育数量法所依赖的基础数据采集相对容易,国家统计局人口和就业统计司出版的《中国人口统计年鉴》(2007 年后更名为《中国人口和就业统计年鉴》)自 1987 年开始都会报告各省(区、市)6 岁以上人口的受教育程度构成。利用这些数据,许多国内文献基于类似的方法估算了我国各地区的平均人力资本存量(陈钊等,2004;石庆焱和李伟,2014)。[③] 陈钊等(2004)利用公开的统计资料首次构建了一个跨期 15 年(1987—2001)的省级人力资本数据集。对于其中部分年份教育变量的缺失值,他们使用回归方法进行了线性推算。

在人口普查/抽样调查年份,很容易获得各类受教育程度劳动力的权重数据,因而利用式(3.1)和(3.2)很容易估算某一地区的总人力资本和平均人力资本。但是,在其他年份,权重数据无法直接获得,一般可以通过各级学校入学率、分年龄死亡率等流量数据进行推算。Barro and Lee(1993)较早地提出了一种类似于永续盘存技术的方法来估算非普查年份的权重数

[①] Kyriacou(1991)在一项未发表的论文中最早报告了 78 个国家的平均受教育年限数据。

[②] Cohen and Soto(2007)采用了类似的加权平均法估算平均人力资本。他们按 5 岁间隔的年龄组人口比重作为权重,将之与相应年龄组的平均受教育年限相乘,然后求和获得。他们的权重分组与式(3.2)不同,但本质上两种加权方法没有差别。

[③] 除了使用平均教育年限外,一些有关中国地区经济增长的研究也曾使用高中及以上毕业生比率(Ran et al.,2007)、初中和小学毕业生比率(Démurger,2001;Fleisher et al.,2010)、识字率(Zhang and Zhang,2003)等来衡量地区人力资本存量。

据。该方法可以用公式表示如下，

$$H_t^0 = H_{t-5}^0(1-m_t) + L_{t,15} \times (1-E_{t-5}^{\text{pri}}) \tag{3.3}$$

$$H_t^1 = H_{t-5}^1(1-m_t) + L_{t,15} \times (E_{t-5}^{\text{pri}} - E_t^{\text{sec}}) \tag{3.4}$$

$$H_t^2 = H_{t-5}^2(1-m_t) + L_{t,15} \times E_t^{\text{sec}} - L_{t,20} \times E_t^{\text{high}} \tag{3.5}$$

$$H_t^3 = H_{t-5}^3(1-m_t) + L_{t,20} \times E_t^{\text{high}} \tag{3.6}$$

其中，H_t^s 表示 t 期完成 s 级教育的劳动力人数。Barro and Lee(1993) 考虑四级教育，即文盲($s=0$)、小学($s=1$)、初中($s=2$)和高中及以上($s=3$)。m_t 表示死亡率，$L_{t,15}$ 和 $L_{t,20}$ 分别表示 15～19 岁的人口数和 20～24 岁的人口数。[①] E_t^{pri}、E_t^{sec} 和 E_t^{high} 分别为 t 期的小学入学率、初中入学率和高中入学率。利用式(3.3)～(3.6)、普查年份的基准数据、入学率和死亡率等流量数据，Barro and Lee(1993)推算了非普查年份的人力资本。[②] 这一人力资本数据在发布后受到了广泛引用。他们在后续研究中对这一数据集进行了多次更新和完善(Barro and Lee,1996、2001、2013)，最新的数据集已涉及跨度 60 年(1950—2010)共 146 个国家。但由于入学率信息是估算的，该方法的估计值对参数的选择较为敏感。

为了考察"文化大革命"对我国人力资本积累的影响，蔡昉和都阳(2003)以教育年限法为基础，使用新增人力资本的累加法估算了"文化大革命"前后的人力资本存量。他们假设，每年新增的人力资本(ΔH_t)是不同教育阶段的净毕业生人数(等于毕业生人数减去继续升学的毕业生人数)与完成该教育阶段的累计学习年数之乘积，即，

$$\Delta H_t = \sum_s (g_s - e_{s+1}) \times E_s \tag{3.7}$$

其中，g_s 为 s 阶段教育的毕业生人数，e_{s+1} 为完成 s 阶段教育后继续进入 $s+1$ 阶段教育的毕业生人数，E_s 为完成 s 阶段教育的累计学习年数。s 包括小学、初中、高中、大学和研究生等五个教育阶段。统计资料公布了每年各教育阶段的毕业生人数和招生人数。理论上，蔡昉和都阳(2003)的方法可以估算每年的新增人力资本，结合普查年份的基准数据，也可以推算其他年份的平均人力资本。不过，这种推算的一个重要假定是没有劳动力的跨地区流动。这一假定对国家层面的估计是可行的，但在地区层面是一个很强的假定。

---

① 他们假定，15～19 岁的人口在 5 年前都是初中学龄人口，20～24 岁的人口在 5 年前都是高中及以上学龄人口。

② Barro and Lee(1993)假定不同年龄段和受教育程度的人口死亡率相同。Cohen and Soto(2007) 的估算放松了这一假定。

第二节 收入法

以教育年限法为代表的教育数量法简单、可行性高,在文献中被广为采用,但该方法也存在一些明显的不足(Mulligan and Sala-i-Martin,2000)。首先,不同教育阶段毕业的劳动力之间并非可以完美替代。比如,小学毕业生与大学毕业生这两类劳动力一般而言难以完全替代。其次,不同类型劳动力的替代弹性是可变的。再次,每年学校教育产生的人力资本可能存在差异。Mulligan and Sala-i-Martin(1997)提出了一种基于劳动收入的人力资本估算方法。这一方法的基本思路是从生产过程出发假定劳动力人力资本与其市场工资率相关。一般认为,在竞争性市场下市场工资率反映了劳动力生产率。Mulligan and Sala-i-Martin 认为简单地对个体人力资本加总不能反映同样受教育程度的个体在不同时期和不同地区的劳动生产率可能是不同的。一个劳动力的受教育程度很高,但如果其通过教育积累的知识和能力对生产过程没有太多价值(从而获得较低的市场工资),那么他所拥有的生产性人力资本数量可能仍是很少的。他们认为在估算一个地区的人力资本存量时应该给那些高生产率(高工资率)的劳动力更多的权重。根据这一思路,一个地区 r 在 t 期的人力资本存量(H_{rt})可表示为

$$H_{rt} = \int_0^\infty \theta_{rt}^E L_{rt}^E \mathrm{d}E \tag{3.8}$$

其中,L_{rt}^E 是接受 E 年教育的劳动力数量,θ_{rt}^E 为该类劳动力的效率参数。平均人力资本(h_{rt})可以定义为总人力资本除以劳动力总数,即,

$$h_{rt} = \frac{H_{rt}}{L_{rt}} = \int_0^\infty \theta_{rt}^E l_{rt}^E \mathrm{d}E \tag{3.9}$$

其中,$l_{rt}^E = L_{rt}^E / L_{rt}$,表示 r 地区 t 期的劳动力中受过 E 年教育的劳动力比率。

由式(3.8)和(3.9)可见,收入法的核心是确定效率参数 θ_{rt}^E,该参数决定了一个受 E 年教育的劳动力的人力资本。理论上,θ_{rt}^E 意味着同样的受教育年限在不同时期不同地区可能具有不同的人力资本。从人力资本生产过程来看,不同时期不同地区的学校教育在课程设置、师资质量、物质资本投入等方面存在明显差别,导致不同的人力资本生产效率。θ_{rt}^E 一定程度上反映了这种人力资本生产效率的差别。笔者将在第五章讨论教育质量对人力资本生产的影响。

特别地,如果 θ_{rt}^E 为常数 1,则基于式(3.9)计算的平均人力资本即为平

均受教育年限。换句话说,教育数量法估算的平均教育年限是收入法的一种特例。

在具体估算时,Mulligan and Sala-i-Martin(1997)首先将没有接受过教育的劳动力(无技能劳动力)的效率参数(θ_n^0)标准化为 1,然后再将其他劳动力市场工资率除以无技能劳动力的工资获得各类受教育程度劳动力的效率参数,即,

$$\theta_n^E = \frac{w_n^E}{w_n^0} \tag{3.10}$$

其中,w_n^E 和 w_n^0 分别为接受 E 年教育的劳动力的市场工资和接受 0 年教育的劳动力的市场工资。[①] 利用美国历次人口普查微观数据,Mulligan and Sala-i-Martin(1997)估算了美国各州的人力资本指数。

Jeong(2002)认为 Mulligan and Sala-i-Martin(1997)的估算方法的一个主要不足在于没有考虑学校教育之外通过其他形式积累的人力资本。在Mulligan and Sala-i-Martin(1997)的基础上,Jeong(2002)提出了另一种基于收入的人力资本估算方法。Mulligan and Sala-i-Martin(1997)假设接受 0 年教育的劳动力工资在不同地区是相同的,因此可以将这些劳动力的工资标准化。Jeong(2002)认为更合理的做法是假设不同地区的产业工人拥有相同的平均人力资本。利用其他工人的平均工资与产业工人的平均工资信息,就可以估算不同地区的人力资本。

假定所有地区的生产技术是相同的,且服从

$$Y_r = A_r H_r^\alpha \tag{3.11}$$

其中,Y_r 是 r 地区的总产出,H_r 是总人力资本,A_r 是其他生产要素,$\alpha \in (0,1)$ 是人力资本份额。总人力资本是各个劳动力人力资本的线性加总。根据式(3.11),定义 r 地区单位人力资本的工资率 $\overline{W}_r$,

$$\overline{W}_r = \alpha A_r H_r^{\alpha-1} \tag{3.12}$$

假定工资率与人力资本成比例关系,则一个人力资本为 h_r^j 的劳动力的工资为

$$w_r^j = \overline{W}_r h_r^j \tag{3.13}$$

基于式(3.11)和式(3.13),总人力资本可以表示为

$$H_r = \int_j h_r^j \mathrm{d}j = \int_j \frac{w_r^j}{\overline{W}_r} \mathrm{d}j = \frac{\int_j w_r^j \mathrm{d}j}{\overline{W}_r} = \frac{\alpha Y_r}{\overline{W}_r} \tag{3.14}$$

[①] Jones(2014)的方法可以看作是该估算方法的一般化。

根据式(3.14),一个地区的总人力资本可以表示为劳动者报酬总额(αY_r)除以单位人力资本的工资($\overline{W}_r$)。Jeong(2002)假定,单位人力资本的工资($\overline{W}_r$)等价于产业工人平均工资。一般而言,劳动者报酬总额很容易从公开的统计资料中获取,[①]因而只要获得产业工人平均工资数据,理论上就可估算总人力资本和平均人力资本。在实践中,一般可以将各地区最低工资标准设定为单位人力资本工资率。

基于 Mulligan and Sala-i-Martin(1997)和 Jeong(2002)的收入法估计思路,一些国内学者也尝试估算了我国省区或城市的人力资本存量(朱平芳和徐大丰,2007;罗植和赵安平,2014)。朱平芳和徐大丰(2007)基于统计资料估算了我国 1990—2004 年各城市的人力资本存量。罗植和赵安平(2014)则估算了我国 1978—2010 年各省区的人力资本存量。在我国目前现有的统计资料条件下,收入法的主要挑战在于单位人力资本工资率的确定。与 Mulligan and Sala-i-Martin(1997)不同,这两项国内研究的主要贡献在于提出了一种利用统计资料估算单位人力资本效率工资(w^*)的方法,用公式可以表示为

$$w^* = \alpha k^{1-\alpha} \tag{3.15}$$

其中,α 为劳动收入占总收入的份额,k 为人均物质资本存量。

另一种基于收入的人力资本估算方法是 Jorgenson and Fraumeni(1989、1992)提出的终身收入法(而非当期收入)。该方法假定劳动力所拥有的人力资本价格是由其整个预期生命周期内收入流的现值决定的。Jorgenson and Fraumeni(1989)的基本思路是先将劳动力按照年龄、性别和受教育程度等分为不同的群体,估算各群体预期生命周期内未来收入流的现值,然后再将各群体的终身收入现值加总获得总人力资本存量。李海峥等(2010)、李海峥等(2013)和 Li et al.(2014)分别基于 Jorgenson and Fraumeni(1989)的方法估算了我国以及若干代表性省区的人力资本存量。

如前所述,收入法的核心假设是市场工资率是劳动力人力资本的反映。然而,劳动力获得的市场工资率不仅取决于人力资本的边际生产率,在许多时候也取决于其他生产要素的相对供给。因此,基于市场相对工资估算的人力资本可能仅仅是市场供求的反映(Wachtel,1997)。

---

① 如果没有直接的统计资料,理论上也可以通过总量生产函数估计获得劳动份额参数,然后将劳动份额参数乘以总产出,即可获得劳动者报酬总额。

第三节　成本法

　　人力资本理论认为,人力资本与物质资本一样也是通过不断的后天投资积累形成的,也存在折旧。[①] 因此,理论上,与物质资本存量的估算一样,人力资本存量也可以以累计投资额为基础,应用永续盘存技术估算获得。国内不少研究基于这一思路估算了我国不同时期不同地区的人力资本存量(如,张帆,2000;钱雪亚和刘杰,2004;钱雪亚等,2008;钱雪亚,2011、2012;焦斌龙和焦志明,2010;孟望生和王询,2014;等等)。文献中一般将这一人力资本估算方法称为成本法。钱雪亚及其合作者基于该方法做了大量工作。钱雪亚等(2008)认为采用永续盘存技术估算人力资本存量有一些优势。例如,由于物质资本存量一般采用永续盘存技术估算获得,如此,应用同样方法获得的人力资本存量在技术上就与物质资本存量具有可比性。

　　某一时期的人力资本存量可以分为两部分,其一是前一期人力资本存量经折旧后的剩余存量,其二是本期人力资本投资新形成的人力资本存量。如此,地区 r 在 t 期的人力资本存量 H_{rt} 可以表示为

$$H_{rt}=(1-\delta_{rt})H_{rt-1}+I_{rt} \tag{3.16}$$

　　其中,I_{rt} 为地区 r 在 t 期的人力资本投资额,δ_{rt} 为地区 r 在 t 期的人力资本折旧率。

　　式(3.16)是许多研究所使用的人力资本估算框架(张帆,2000;钱雪亚等,2008;焦斌龙和焦志明,2010)。上述估算框架的一个明显的不足在于隐含地假定了当年的人力资本投资全部转化为资本。例如,张帆(2000)基于这一框架估算了1953—1995年的人力资本存量,但他没有考虑当期人力资本投资的转化率问题。此外,他对有关数据和参数的选择没有明确讨论。这一假定与现实相去甚远。孟望生和王询(2014)进一步在式(3.16)的基础上引入人力资本投资转化率参数。假设地区 r 在 t 期的人力资本投资转化率为 θ_{rt},则当期新形成的人力资本存量(ΔH_{rt})与当期人力资本投资总额(I_{rt})之间的关系为

$$\Delta H_{rt}=\theta_{rt}I_{rt} \tag{3.17}$$

　　根据式(3.16)和(3.17),要估算地区 r 在 t 期的人力资本存量 H_{rt} 需要

[①]　在一定程度上,本章第一节讨论的教育年限法也是一种以(机会)成本为基础的人力资本估算方法(Wachtel,1997)。

估算初始的人力资本存量(H_{r0})、投资转化率(θ_{rt})、人力资本折旧率以及人力资本投资总额等重要参数和变量。此外,人力资本积累是一个长期的过程,不同时期的人力资本投资额之间无法直接进行比较。因此,在考虑当期人力资本投资转化率之前,还须用合适的物价指数将不同时期的人力资本投资额调整为特定时点不变价计算的实际值。

以永续盘存技术为基础的成本法尽管有它的优势,但这一方法也存在一些潜在的不足。首先,成本法所依赖的这些参数大多无法直接获得,而需要依赖于一些假设条件进行估算。例如,对于初始人力资本存量和折旧率的估计就涉及不少假设条件。也正因此,现有的研究虽然都基于同一框架对我国人力资本存量做了估计,但是由于对相关变量和参数的选择不同,所获得的人力资本存量估计值之间并不一致,有些差异还很大。其次,从人力资本生产过程来看,有许多实际发生的成本无法纳入人力资本投资总额。例如,以学校教育为例,与教育相关的投资成本不仅包括可计量的财政性支出和家庭投入(如学费),还包括家庭时间投入以及学校教育期间的机会成本等无法观测的投入。再次,成本法也没有考虑到个体差异。由于人的天生能力禀赋不同,同样的后天投资成本所形成的人力资本可能相差很大。最后,许多支出费用既有投资属性,也有消费属性。以教育和健康支出为例,成本法无法区分教育和健康支出的消费性与投资性。

第四节　明塞尔方程法

在这一节中,笔者将借鉴 Bils and Klenow(2000)的思路,基于劳动经济学文献中广泛使用的明塞尔工资方程提出一种人力资本估算方法。在某种程度上,这一估计方法也可看作是收入法的一个变种。与收入法一致,假设劳动力的市场工资 $w(h_{ri})$ 是其人力资本的线性函数,

$$w(h_{ri}) = \pi_r h_{ri} \tag{3.18}$$

其中,h_{ri} 是在 r 地的劳动力 i 的人力资本,π_r 为相应的比率参数。从简起见,$\pi_r \equiv 1$。劳动力的人力资本 h_{ri} 主要包括两个方面:受教育年限和工作经验。第二章的讨论表明,市场工资与教育年限、工作经验等人力资本变量之间可以表示为线性明塞尔方程形式,

$$\log w = \rho s + \gamma_1 * exp + \gamma_2 * exp^2 \tag{3.19}$$

其中,s 为教育年限,exp 为劳动力市场工作经验。一般地,工作经验可以根据年龄(a)和教育年限推算,即 $exp = a - s - 6$。对式(3.19)稍作变换

可得

$$w = e^{\rho s + \gamma_1 * (a-s-6) + \gamma_2 * (a-s-6)^2} \tag{3.20}$$

根据式(3.20)和式(3.18),一个教育年限为 s、年龄为 a 的劳动力的人力资本可以表示为

$$h_r^{s,a} = e^{\rho s + \gamma_1 * (a-s-6) + \gamma_2 * (a-s-6)^2} \tag{3.21}$$

一个核心假定是,在同一地区同一时期,如果两个劳动力的年龄和受教育年限相同,那么他们拥有相同的人力资本。如此,r 地区的平均人力资本(h_r)可根据下式加权获得,

$$h_r = \frac{\iint h_r^{s,a} L_r^{s,a} \mathrm{d}s \mathrm{d}a}{\iint L_r^{s,a} \mathrm{d}s \mathrm{d}a} \tag{3.22}$$

其中,$L_r^{s,a}$ 是教育年限为 s、年龄为 a 的劳动力数量。由式(3.21)可知,如果 ρ、γ_1 和 γ_2 已知,则很容易计算教育年限为 s、年龄为 a 的劳动力的人力资本。进一步地,如果知道 $L_r^{s,a}$,则很容易估算地区平均人力资本。一般地,ρ、γ_1 和 γ_2 可用微观数据基于明塞尔工资方程估计获得。对于 $L_r^{s,a}$,统计资料没有相应的详细报告。本节的估算主要以 1990—2010 年历次人口普查或 1‰ 人口抽样调查微观数据为基础。对于 1990—2000 年的 ρ、γ_1 和 γ_2,我们直接采用 Zhang et al.(2005)的估计值。笔者采用 Zhang et al.(2005)的模型设定,利用 2005 年和 2009 年中国城镇住户调查数据估计获得 2005 年和 2010 年的相关参数。[①] 附录 A 的附表 A1 的结果表明明塞尔收益率系数在样本期间有显著的变化。在具体估算各地区历年平均人力资本存量时,笔者分别采用相应年份的 ρ、r_1 和 r_2 的估计值。

基于式(3.21)和(3.22),附录 A 的附表 A1 报告了各普查年份(1990年、1995 年、2000 年、2005 年和 2010 年)各省级地区的平均人力资本存量。表 3.1 报告了各地区平均人力资本存量的分布和发展。1990—2010 年,各地区平均人力资本经历了较为显著的增长,年均增长率约为 3.49%。同时,表 3.1 也显示,各地区平均人力资本存量分布均有不小的差异,并且这种分布差异呈上升态势。第二章的新增长模型表明,人力资本生产很大程度上受已有人力资本存量的影响,初始人力资本较低的地区一般更难生产人力资本。因此,如果没有政策干预,有可能形成一种富者越富穷者越穷的"马太效应"。图 3.1 一定程度说明了这一理论预期,地区间平均人力资本

---

① 附录 A 的表 A1 的第(1)~(3)列报告了 Zhang et al.(2005)对 1990、1995 和 2000 年的参数估计值,第(4)和(5)列报告了笔者基于 2005 年和 2009 年国家统计局城镇住户调查数据的估计结果。

存量的发展似乎没有收敛的迹象。[①] 将 1990—2010 年的增长率对 1990 年初始人力资本存量的线性回归同样显示初始人力资本存量的系数显著为正（系数 0.985，标准误 0.267）。

表 3.1 各地区平均人力资本存量的分布和发展：1990—2010 年

年份	均值	标准差	最小值	最大值
1990	2.56	0.12	2.42	2.90
1995	2.67	0.18	2.42	3.16
2000	3.39	0.30	2.93	4.27
2005	3.58	0.30	3.06	4.49
2010	5.15	0.38	4.44	6.11
年均增长率(%)	3.49	0.20	3.00	3.74

数据来源：同图 3.1。

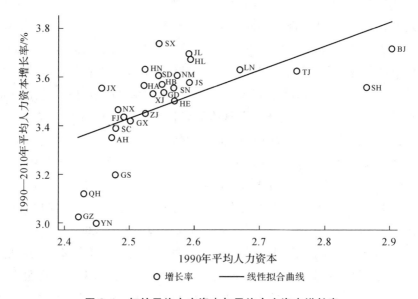

图 3.1 初始平均人力资本与平均人力资本增长率

数据来源：笔者根据附表 A2 估算结果计算。

---

① 朱平芳和徐大丰(2007)对 195 个城市的估计也发现类似的结果。

表 3.2　几种人力资本存量估计值的比较

	(1) 明塞尔法 本书的估计	(2) 教育数量法 平均教育年限	(3) 成本法 钱雪亚 (2011)	(4) 成本法 孟望生和王询 (2014)	(5) 收入法 罗植和赵安平 (2014)	(6) 收入法 Li et al. (2014)	(7) 教育数量法 陈钊等 (2004)
本书的估计	1.0000						
平均教育年限	0.9759 (<0.01)	1.0000					
钱雪亚 (2011)	0.8137 (<0.01)	0.7765 (<0.01)	1.0000				
孟望生和王询 (2014)	0.8655 (<0.01)	0.8404 (<0.01)	0.9478 (<0.01)	1.0000			
罗植和赵安平 (2014)	0.6203 (<0.01)	0.5772 (<0.01)	0.7871 (<0.01)	0.7917 (<0.01)	1.0000		
Li et al. (2014)	0.5521 (0.01)	0.5635 (0.01)	0.5770 (<0.01)	0.7277 (<0.01)	0.5040 (0.02)	1.0000	
陈钊等 (2004)	0.9353 (<0.01)	0.9679 (<0.01)	0.7102 (<0.01)	0.7871 (<0.01)	0.5057 (<0.01)	0.5533 (0.01)	1.0000

注：括号内为相关系数的显著性程度。平均教育年限系利用 2005 年 1% 人口普查数据，根据式 (3.2) 计算获得。

　　为了检验估计结果的可靠性，笔者还将估计值与其他代表性研究的估计值做了比较。表 3.2 报告了 2005 年前后不同方法获得的地区平均人力资本存量估计值之间的相关系数。这些估计值主要包括钱雪亚(2011)与孟望生和王询(2014)使用成本法报告的各省人力资本估计值，罗植和赵安平(2014)与 Li et al.(2014)使用收入法报告的各省人力资本估计值，以及陈钊等(2004)使用教育数量法报告的各省平均受教育年限。这些研究涉及的年份和地区数量不同，具体而言，陈钊等(2004)的估计值为 2000 年的分省数据，钱雪亚(2011)的估计值为 2006 年的分省数据，罗植和赵安平(2014)的估计值为 2007 年的分省数据，孟望生和王询(2014)与 Li et al.(2014)均为 2005 年估计值，其中 Li et al.(2014)仅涉及 22 个省区。

　　第(2)～(5)列分别是采用教育数量法、成本法和收入法计算的地区平均人力资本存量与其他方法获得的估计值的相关系数。第(1)列是笔者的估计值(明塞尔法)与其他研究估计值的相关系数。可以发现，尽管采用的方法、使用的数据和量纲不同，但这些估计值相关程度都较高，相关系数都在 0.50 以上。

第五节　本章小结

　　人力资本是经济增长实证研究中的基础变量。理论上，劳动力所掌握的所有生产性要素都可以看作是人力资本。对人力资本的测量一直是人力资本研究的一项重要内容。然而，源于人力资本概念的丰富内涵，至今尚未有一种方法能够全面反映。

　　本章概述了当前普遍使用的几种人力资本测量方法，并指出了各方法的优势和不足，在此基础上，笔者也尝试提出了一种基于明塞尔工资方程的人力资本测量方法。利用人口普查微观数据，笔者估算了普查年份各省级地区的平均人力资本存量。与其他研究的估计值的比较分析表明，笔者的估算方法有一定的可靠性。

第四章 人力资本集聚
与劳动生产率:基于微观数据的研究

劳动者之间的社会交互可以增加相互学习的机会,从而促进生产。这种现象后被罗伯特·卢卡斯(Lucas,1988)称为人力资本外部性或人力资本溢出效应。新增长理论认为人力资本外部性是克服资本报酬递减的因素之一。理论上,人力资本外部性是独立于人力资本内部效应的,这种溢出效应的产生有赖于人口和经济活动的空间集聚。然而,知识溢出是一个无形的潜移默化的过程,在实证研究中准确地识别人力资本外部性并非易事。如果存在人力资本外部性,那么在高人力资本水平的城市中,企业生产率和工人工资都会更高。大多数关于人力资本外部性的实证研究采用了间接的手段,也就是通过检验城市平均人力资本来考察其对工资和企业生产率的影响。

本章采用间接手段研究人力资本的空间集聚对企业劳动生产率的影响,从而揭示人力资本对地区发展的微观机制。利用经济普查企业层面的微观数据,本章研究了两类集聚外部性——雅格布斯外部性和马歇尔外部性——对微观企业劳动生产率的影响。第一节提出本章研究的问题;第二节讨论具体的计量模型和实证策略;第三节报告和解释使用全国经济普查数据的回归结果;第四节报告和解释使用浙江省经济普查数据的回归结果;第五节是对本章内容的小结。

第一节 人力资本集聚外部性

人力资本和经济活动的空间集聚是发展过程中的一个普遍现象。对集聚现象的经济分析至少可以追溯到阿尔弗雷德·马歇尔(Ciccone and Hall,1996)。马歇尔(1890)认为性质相似的企业在特定地区集聚有利于同行业工人间的相互学习和交流,促进创新和知识溢出,从而带来外部规模经济。经济学文献将这种行业内的外部规模经济称为"马歇尔外部性"[①]。与"马歇尔外部性"更强调产业专业化稍有不同,雅格布斯(Jacobs,1969)认为创新也可能来自跨行业的知识溢出,因而城市内的行业多样性对于实现报酬递增和经济增长是重要的(Quigley,1998)。在文献中,一般将行业多样性带来的外部经济称为"雅格布斯外部性"。在卢卡斯(Lucas,1988)以及Black and Henderson(1999)等人看来,现代城市之所以产生和发展的一个重要原因就在于人口集聚产生的信息溢出和人力资本的外部性。值得指出的是,马歇尔外部性和雅格布斯外部性并非两种相互排斥的报酬递增机制。也就是说,理论上集聚企业可能同时受益于这两类外部性。尽管如此,在实证上识别这两类集聚外部效应的数量大小对于地区产业发展具有重要的政策意义。

在外部性的实证研究方面,国外已有一大批文献利用各种数据和方法在生产函数框架[②]中估计了人口和经济集聚的生产率效应(参见 Henderson et al.,1995;Ellison and Glaeser,1997;Henderson,2003;Moretti,2004a;Greenstone et al.,2010;等等),并以此来解释劳动生产率的地区差异(Ciccone and Hall,1996;Keller,2002)。例如,Ellison and Glaeser(1997)对美国制造业集中区域的分析发现支持雅格布斯外部性的证据。然而,Henderson(2003)的研究却发现在消除了不可观测的地区效应后雅格布斯外部性并不显著,而马歇尔外部性仍是显著的。Moretti(2004a)的研究则集中考察了产业间的人力资本外部性。他发现人力资本的溢出效应随着产业的相似程度下降而递减,表明马歇尔外部性更明显。Greenstone et al.(2010)研究了大型企业集团在新区域设立新工厂这一经济活动是否有助于提高当地企业的生产率。他们的分析也发现与新工厂使用相似的劳动力和

---

① 在文献中,一般将这种由知识溢出、技术扩散以及人力资本溢出等导致的外部性称为"技术外部性"(technological externalities)。而事实上,即使没有这种"技术外部性",行业集聚还可能通过中间产品共享以及工人和企业间的匹配等途径实现"货币外部性"(pecuniary externalities)(参见 Acemoglu,1996;Henderson,2003;Duranton and Puga,2004)。

② 如第四章所述,人力资本外部性估计的另一种分析框架是扩展的明塞尔方法(Mincerian approach)。基本思路是在传统的明塞尔工资方程中引入地区人力资本变量,如果该变量的系数为正,则表明存在人力资本溢出,或说人力资本的社会收益率大于私人收益率。Rauch(1993)最早使用这一方法。他利用美国标准大都市统计区(Standard Metropolitan Statistical Areas,SMSAs)层次的数据估计了人力资本的溢出效应。Acemoglu and Angrist(2000),Moretti(2004b),Fu(2007)都在类似的框架下采用不同的数据估计了人力资本的溢出效应或者社会收益率。Liu(2007)则利用来自中国城镇的微观数据估计了这一方程,发现教育的外部收益率至少与私人收益率相当。感兴趣的读者可参见 Moretti(2004c)以及 Moretti(2011)对这些经验估计做的综述。

技术的当地企业更多地受益于新工厂设立活动。与这些研究稍有不同,Ciccone and Hall(1996)在一篇有影响力的论文中分析了经济活动的空间密度对地区劳动生产率的影响。他们的研究发现经济密度(以单位面积上的非农就业人员数量衡量)增加一倍有助于劳动生产率提高6%左右,并且美国各州间劳动生产率差异(方差)的一半以上可归因于经济密度差异。

近年来,一些学者遵循这些研究的思路分析了中国经济(工业)集聚的决定因素(如,白重恩等,2004;金煜等,2006;路江涌和陶志刚,2007),以及集聚的生产率效应(如,Au and Henderson,2006b;范剑勇,2006;刘修岩和殷醒民,2008;孙浦阳等,2013;彭文慧,2013)。从与本书相关的集聚经济文献来看,已有的经验研究大多使用的是城市级数据分析集聚对地区平均劳动生产率的影响[1],而从经济集聚视角考察劳动生产率差异的微观文献仍不多见。最近的几篇微观文献包括郑江淮等(2008)、陈良文等(2009)、傅十和和洪俊杰(2008)以及梁文泉和陆铭(2016)。郑江淮等(2008)利用江苏省开发区企业的调查样本发现上下游企业的空间集聚并没有促进开发区企业的绩效提升,也就是说企业空间集聚没有显著的外部经济。陈良文等(2009)以及傅十和和洪俊杰(2008)均利用第一次经济普查数据考察了经济集聚的生产率效应。前者类似于范剑勇(2006),利用北京市经济普查数据估计了街道的产出密度和就业密度对加总的街道劳动生产率的影响,发现劳动生产率对这些经济密度的弹性分别为11.8%和16.2%,高于范剑勇(2006)利用城市级数据估计获得的弹性(约8.8%)。后者利用全国经济普查数据探讨了企业规模和城市规模对企业集聚经济的影响,发现集聚经济对企业劳动生产率(以工业总产值衡量)的影响大小与企业规模和所在城市规模密切相关。

本章将在前人研究的基础上,利用全国第一次经济普查、第二次经济普查和浙江省第一次经济普查微观数据考察经济集聚对企业劳动生产率的影响,从实证上估计两类集聚外部效应的相对大小。与已有关于中国集聚经济的研究相比,本章的分析与以往研究有几处不同:(1)先前的研究一般使用城市人口规模或Ellison-Glaeser集聚指数来衡量多样性,用某行业就业人数占总就业人数比例来衡量该行业的专业化程度。笔者认为无论是马歇尔外部性还是雅格布斯外部性,其产生都与经济活动的空间密度相关,例如

---

① 例如,Au and Henderson(2006b)利用中国城市数据发现城市人均收入与城市就业人口规模呈现倒U形关系,人均收入一开始随城市就业规模扩大而迅速上升,过峰值后缓慢下降。他们同时发现大部分中国城市的就业规模太小以至于损失了部分集聚经济。

知识溢出(外部性的重要来源)更可能发生在人口密集的地区[①]。借鉴 Ciccone and Hall(1996)的密度概念,笔者使用经济密度来衡量经济活动的集聚程度[②]。不过与他们相比,除了非农就业密度(单位面积上的非农就业人数)外,笔者还引入了另两种经济密度指标,即人力资本密度(单位面积上的大专及以上文化程度人数)和企业密度(单位面积上的企业个数)。(2)为了区别两类集聚外部性,我们进一步将经济密度指标分解为跨行业密度(除本行业外的密度)和同行业密度(除本企业外的同行业密度),以分别表征行业多样性程度和行业专业化程度。(3)先前的研究对经济集聚的分析主要利用城市级的加总数据(如,范剑勇,2006)。笔者认为基于加总数据的估计固然能在一定程度上检验是否存在集聚经济,但无法揭示经济集聚对哪类企业更有利。在某种程度上识别经济集聚对不同类型企业的异质性影响对于区域产业政策制定可能更为重要,本章的分析将集中于经济集聚的微观效应。(4)为了识别经济集聚对企业劳动生产率的异质性影响,笔者采用了分位数回归方法(quantile regression),与传统均值回归相比,分位数回归估计可以获得经济集聚对整个劳动生产率分布上的企业的影响。

  本章的研究主要有以下三个方面发现:(1)雅格布斯外部性对企业劳动生产率有显著的正效应,而马歇尔外部性对企业劳动生产率的效应显著为正或并不明显。以非农就业密度为例,跨行业密度每上升1%有助于提高该地区企业劳动生产率0.027%~0.081%。也即企业劳动生产率对跨行业非农就业密度的弹性为2.7%~8.1%,全国层面数据得到的结果与范剑勇(2006)基于城市级数据的估计相似,但低于陈良文等(2009)基于街道数据的估计。相应的工具变量回归结果表明这一估计较少受变量内生性的影响。(2)无论使用哪种经济密度指标,相比于规模以上工业企业,跨行业密度(雅格布斯外部性)对规模以下工业企业劳动生产率的促进效应在数量上更显著。(3)此外,跨行业密度(雅格布斯外部性)的劳动生产率效应大小还与企业特征有关。总体上,对处于劳动生产率分布低分位点上企业的影响要远高于对处于高分位点上企业的影响。

---

① Carlino et al.(2007)的研究发现城市的专利强度(人均专利数)与城市就业密度密切相关。
② 在下文中,经济密度的含义即指经济集聚,也就是经济活动的空间集聚。

第二节　计量模型和实证策略

为了实证检验经济集聚对企业劳动生产率的外溢效应，笔者借鉴 Moretti(2004)等人的研究建立如下线性计量模型，

$$\log(w_{ijc}) = \alpha + \beta_J \log(D^J_{-j,c}) + \beta_M \log(D^M_{-i,jc}) + F_{ijc}\gamma + Z_c\delta + \mu_j + \varepsilon_{ijc} \quad (4.1)$$

其中，$\log(w_{ijc})$ 为在 c 市（县）j 行业中 i 企业人均劳动报酬的对数，表示企业劳动生产率；$\log(D^J_{-j,c})$ 为跨行业密度[c 市（县）除 j 行业外的密度]；$\log(D^M_{-i,jc})$ 为同行业密度[c 市（县）除 i 企业外的 j 行业的密度]；F_{ijc} 为一组企业特征变量，Z_c 为一组市（县）域特征变量，μ_j 为行业虚拟变量；ε_{ijc} 为误差干扰项。当方程(4.1)被准确识别时，参数 β_J 和 β_M 分别表示雅格布斯外部性和马歇尔外部性的大小。

我们首先用标准的均值回归方法估计方程(4.1)，以考察两类集聚外部性对企业劳动生产率的平均效应。值得指出的是，尽管在方程(4.1)中笔者尽可能控制了其他企业特征和地区特征，以减少对参数估计(β_J 和 β_M)的内生性偏误，但是单截面数据本质上很难消除所有的固定效应，也就是说，误差项仍可能包含与经济密度和劳动生产率相关的未观测因素，从而 β_J 和 β_M 的 OLS 估计是不一致的。克服内生性偏误的一种策略是寻找影响经济密度但不直接影响企业劳动生产率的外生变量，从而用工具变量或二阶段最小二乘估计识别方程(4.1)中的参数。但是，该方法的不足之处在于寻找外生的工具变量并非易事，并且外生性条件或排除性约束（exclusion restriction)本质上是无法通过计量检验的，只能在逻辑上合理假定。许多实证文献使用滞后变量（或滞后差分变量）作为相应内生解释变量的工具。笔者参照 Ciccone and Hall(1996)的做法使用滞后的密度变量作为当期的密度变量的工具[1]。对于全国层面经济普查数据，我们利用 2000 年人口普查数据计算 2000 年各地级单位的跨行业非农就业密度($D^J_{L,2000}$)和同行业非农就业密度($D^M_{L,2000}$)，并用这两个变量作为 2004 年和 2008 年各地级区域的跨行业非农就业密度(D^J_L)和同行业非农就业密度(D^M_L)的工具变量。对于浙江省经济普查数据，利用浙江省 1990 年人口普查 1‰抽样数据，我们计算了 1990 年各县级区域的跨行业非农就业密度($D^J_{L,1990}$)和同行业非农就业

---

[1]　Ciccone and Hall(1996)使用 1880 年的人口密度作为 1988 年的人口密度变量的工具变量。其基本假定是 1880 年的人口密度变量只能通过影响当期的人口密度来影响当期的劳动生产率。

密度($D_{L,1990}^{M}$)①,并用这两个变量作为 2004 年的跨行业非农就业密度(D_L^I)和同行业非农就业密度(D_L^M)的工具变量。也就是说,我们假定了 2004 年和 2008 年的企业劳动生产率与这些滞后变量是不相关的②。

其次,为了考察集聚外部性对不同劳动生产率企业的影响,我们运用 Koenker and Bassett(1978)发展的条件分位数回归模型(conditional quantile regression)估计线性方程(4.1)。条件分位数回归本质上是一种半参数技术,它通过最小化一个不对称损失函数(asymmetric loss function)的样本和来获得劳动生产率分布不同分位数处的参数估计值(Angrist and Pischke,2009)。

方程(4.1)中因变量的条件分位数函数表示为

$$Q_\tau(\log(w_i) \mid X_i) = X_i\beta_r \tag{4.2}$$

其中,X 表示为方程(4.1)中的所有右手变量,τ 表示分位数。根据 Koenker(2005),第 τ 分位数处的参数估计值 $\hat{\beta}_\tau$ 可通过最小化下述样本和公式获得

$$\hat{\beta}_\tau = \arg\min \sum_i \rho_\tau[\log(w_i) - Q_\tau(\log(w_i) \mid X_i)] \tag{4.3}$$

其中,$\rho_\tau(u)$ 为不对称损失函数,当 $u \leqslant 0$ 时,$\rho_\tau(u) = (1-\tau)\mid u\mid$,当 $u > 0$ 时,$\rho_\tau(u) = \tau\mid u\mid$。

易见,通过设定不同的 τ,我们可以获得整个劳动生产率分布上参数 β_I 和 β_M 的估计值(条件均值回归只能获得分布均值处的参数估计值),从而揭示集聚外部性对不同特征企业的异质性影响。此外,与传统条件均值回归相比,条件分位回归估计不需要假定误差的分布形式,也较少受异常值的影响(Buchnisky,1998;Koenker,2005)。在大样本条件下,条件分位回归系数的标准误可以通过 Bootstrap 方法获得。在这一章中,笔者将利用条件分位数回归方法,考察经济集聚对位于劳动生产率分布于不同分位数处的企业的异质

---

① 1990 年和 2004 年的部分县级区域和两位数产业划分发生了一些变化,为了保持口径一致,我们将区域划分和两位数产业分类统一调整到 1990 年标准。此外,笔者也尝试使用 1982 年人口普查数据计算有关的工具变量,但很遗憾,1982 年与 2004 年使用的国家标准行业代码发生了很大变化,很难保证口径一致。

② 这一假定合理与否的一个主要考虑是 1990 年劳动力跨县流动规模是否足够大以致会影响 1990 年各县的行业密度。根据浙江省 1990 年人口普查数据,笔者发现 1985—1990 年约 3% 的人口发生省内跨县迁移,其中由工作变动引起的人口流动只占 14%。也就是说,没有明显的证据表明劳动力跨县流动对 1990 年的行业非农就业密度有很大影响。1990 年的行业非农就业密度只能间接地通过影响 2004 年的行业非农就业密度来影响当期企业的劳动生产率,从而可以作为 2004 年的行业非农就业密度的一个有效工具。使用 2000 年人口普查数据计算的变量作为工具变量同理,我们只发现约 5.71% 有跨市流动行为。

性影响。我们代表性地选择了 0.1、0.25、0.5、0.75 和 0.9 等这个分位数。

第三节　人力资本集聚与劳动
生产率:基于全国经济普查数据

一、数据来源与核心变量定义

本章使用的数据主要来源于第一次和第二次全国经济普查数据、2000年人口普查数据、2005 年 1‰人口抽样调查数据和 2010 年人口普查数据,以及中国区域经济统计年鉴等统计资料。经济普查涵盖了中国境内从事第二产业和第三产业活动的全部法人单位、产业活动单位和个体经营户。2004 年经济普查共有从事第二、三产业的法人单位 516.9 万个。在我们的样本中只有规模以上工业企业,且我们将分析对象限于 2004 年处于营业状态的工业企业,在剔除掉数据缺失样本后共保留 269424 个样本。2008 年共有从事第二、三产业的法人单位 709.9 万个,在我们的样本中只有规模以上企业,且将分析对象限于 2008 年处于营业状态的工业企业,在剔除缺失样本后共保留 385320 个样本。我们对主要变量的解释如下。

企业劳动生产率:劳动生产率是指每单位劳动时间投入获得的产出数量。由于大多数情况下详细的劳动时间较难获得,一般文献中的劳动生产率即是指每工人的产出增加值(或劳均产出)。增加值的核算需要总产值、详细的中间投入以及增值税等数据。经济普查问卷涉及企业当年的工业总产值指标以及规模以上企业的中间投入和税收指标,但没有涉及规模以下企业的中间投入数据。此外,经济普查问卷没有涉及详细的劳动时间。因此,笔者使用人均劳动报酬[①]作为企业的劳动生产率指标[②]。

经济密度:如前所述,我们用三个经济密度指标来衡量经济集聚程度,即非农就业密度、人力资本密度和企业密度。非农就业密度定义为单位面积上的非农产业就业人员数量,人力资本密度定义为单位面积上的大专及

[①]　人均劳动报酬＝劳动报酬总额/工人数。范剑勇(2006)以及陈良文等(2009)也采用了类似的指标衡量劳动生产率。

[②]　劳动经济学文献一般用工资水平来衡量工人的劳动生产率。如果工人工资服从对数正态分布,可以证明人均劳动报酬对数值近似于个体工资对数的平均值。

以上文化程度的非农就业人员数量,企业密度①定义为单位面积上的企业数量。进一步地,我们将各经济密度指标分解为跨行业密度(除本行业外的密度)和同行业密度(除本企业外的同行业密度),以分别估计两类集聚外部性——雅格布斯外部性和马歇尔外部性。由于我们所使用的全国层面数据只有规模以上企业,因此本节只使用前两个经济密度指标来衡量经济聚集程度。且我们2004年经济普查数据中只包含工业企业,因此使用2004年经济普查数据所计算出的跨行业密度为工业行业中的跨行业密度。为纠正这种计算所带来的可能的问题,我们使用2005年1%人口调查数据计算跨行业非农就业密度(除本行业)以及同行业非农就业密度(匹配到2004年经济普查年鉴数据减去企业员工数)作为稳健性检验。具体来说,我们根据每个地级区域中两位数行业代码计算该地区每个行业的就业人数,乘以使用每个地区年末人口数除以人口调查的实际人口数所得到的权重,并以此为依据用该地区跨行业非农就业人数(去除本行业)除以该地区行政面积,最终得到该地区非农就业密度。在计算同行业非农就业密度时,我们先将2005年人口调查计算的各行业人口数匹配到2004年经济普查的数据中,然后减去每个企业的员工数即可得到同行业非农就业密度(除本公司)。这种方式计算的跨行业非农就业密度(除本行业)为所有其他行业非农就业的密度,弥补了2004年经济普查数据的不足,使用两种数据计算的指标之间呈显著正相关关系。而我们所使用的2008年经济普查数据中的工业企业没有具体的职工学历统计数据,因此2008年经济普查数据我们只能使用非农就业密度来衡量经济聚集程度。但同时我们以使用2005年和2010年人口调查所计算的跨行业非农就业密度(除本行业)以及同行业非农就业密度(除本公司)的平均值来代替使用2008年经济普查数据所计算的跨行业非农就业密度(除本行业)以及同行业非农就业密度(除本公司)作为稳健性检验,具体的计算过程同使用2005年人口调查数据计算的变量作为使用2004年经济普查数据计算变量的稳健性检验类似,不过在计算同行业非农就业密度(除本公司)时,使用人口调查数据计算的数值同2008年经济普查数据匹配并减去每个企业的员工数。基于两个数据来源计算的指标之间呈显著正相关关系。

为了尽可能减少遗漏变量引起的内生性偏误,我们在回归中还引入了

---

① 该变量类似于 Henderson(2003),他使用了本行业除本企业外的企业个数和除本行业外的企业个数这两个变量作为集聚指标。

三组控制变量，包括一组企业特征变量、一组地区特征变量和一组两位数行业虚拟变量。企业特征变量包括企业寿命、所在行业虚拟变量、所有制结构、控股类型、企业隶属关系、资本深化程度等；地区特征变量包括省份虚拟变量、人口迁入率和政府财政收入规模等。人口迁入率根据 2000 年人口普查 1‰ 抽样数据计算，并假定了 2004 年各市的人口流动规模与 2000 年大致相当。政府财政收入规模根据中国区域经济统计年鉴相关变量计算获得。

二、基于 2004 年全国经济普查数据的估计结果及其解释

在这一子节中，笔者首先报告了基于 2004 年全国经济普查数据和 2005 年全国 1‰ 人口抽样调查数据计算的经济集聚密度指标，以及企业劳动生产率等核心变量的统计描述，然后基于方程(4.1)报告人力资本集聚对劳动力生产率影响的平均效应，最后利用分位数回归方法考察了这一生产率效应的异质性。

1. 核心变量的描述性统计

表 4.1 报告了基于 2004 年全国经济普查数据计算的核心变量的统计特征。可以发现，样本企业的人均劳动者报酬大概为 14427 元，各个经济密度变量均有较大的标准差，这为计量识别提供了必要条件。此外，我们也利用 2005 年 1‰ 人口抽样调查计算了同行业(D_{L2}^M)和跨行业(D_{L2}^I)非农就业密度，两个变量与基于经济普查数据计算的同行业(D_{L1}^M)和跨行业(D_{L1}^I)非农就业密度的相关系数分别为 $0.865(p<0.01)$ 和 $0.738(p<0.01)$。

表 4.1　核心变量的统计特征(2004 年)

变量	定义	均值	标准差
w /元	人均劳动报酬	14427	11174
k /元	人均资产(资本深化程度)	350.74	6360.30
D^J	跨行业经济密度变量(除本行业外)		
D_{L1}^I	跨行业非农就业密度＝非农就业人数/面积(经济普查数据计算)	165.06	235.06
D_H^I	跨行业人力资本密度＝大专以上学历就业人数/面积	16.40	21.30
D_{L2}^I	跨行业非农就业密度＝非农就业人数/面积(人口调查数据计算)	272.79	245.72
D^M	同行业经济密度变量(除本企业外)		
D_{L1}^M	同行业非农就业密度＝行业就业人数/面积(经济普查数据计算)	11.61	17.92

续表

变量	定义	均值	标准差
D_H^M	同行业人力资本密度＝行业大专以上学历就业人数/面积	1.03	1.67
D_{L2}^M	跨行业非农就业密度＝非农就业人数/面积（人口调查数据计算）	9.16	13.15
IVs	非农就业密度的工具变量		
$D_{L,2000}^I$	跨行业非农就业密度（1990）	231.99	218.88
$D_{L,2000}^M$	同行业非农就业密度（1990）	7.60	11.27

注:样本规模为269255。

2.条件均值回归结果

在表4.2中,我们报告了对方程(4.1)的均值回归估计结果,以考察经济集聚对企业劳动生产率的平均效应。首先报告的是对全部工业企业的估计结果(表4.2)。第(1)列回归使用了非农就业密度作为经济集聚指标。估计结果显示,地区跨行业非农就业密度(D_{L1}^I)对企业劳动生产率的影响显著为正,平均来看,地区跨行业非农就业密度每增加1%有利于促进该地区的企业劳动生产率提高0.07%,即劳动生产率对跨行业非农就业密度的弹性为7%。同行业非农就业密度(D_{L1}^M)对企业劳动生产率也有积极的正效应,但其系数的大小和显著性水平均有大幅下降,平均来看,劳动生产率对同行业非农就业密度的弹性约为0.3%。这表明,跨行业集聚产生的外部经济要远大于同行业集聚产生的外部经济,也即雅格布斯外部性比马歇尔外部性更显著。

在第(2)列中,我们使用了人力资本密度。我们发现,与非农就业密度指标相比,同行业人力资本密度(D_H^M)的弹性系数有所上升(1.6%),但仍远低于跨行业人力资本密度(D_H^I)的弹性系数(约5.8%)。跨行业人力资本密度的弹性系数小于跨行业非农就业密度的弹性系数暗示除了人力资本溢出这一机制外,劳动池效应以及中间产品和资源共享等其他机制(参见Duranton and Puga,2004)可能也是导致集聚经济的重要原因。在第(3)列我们以使用2005年1%人口抽样调查数据计算的地区跨行业非农就业密度(除本行业)以及同行业非农就业密度(除本企业)来代替第(1)列所使用的经济普查数据所计算的指标,我们发现,跨行业企业密度和同行业企业密度的系数和显著性程度与第(1)列相比没有明显区别。

表 4.2　集聚外部性与企业劳动生产率均值回归估计

解释变量	被解释变量:$\log(w)$			
	(1) OLS	(2) OLS	(3) OLS	(4) IV
$\log(D^{J}_{L1})$	0.070***	0.058***	0.085***	0.099***
	(0.004)	(0.002)	(0.002)	(0.003)
$\log(D^{M}_{L1})$	0.003**	0.016***	0.002**	−0.001
	(0.003)	(0.001)	(0.001)	(0.001)
R-squared	0.202	0.203	0.202	0.204

注:(1)样本规模为 269255;(2)括号内为异方差稳健标准误;(3)其他控制变量还包括两位数行业虚拟变量、企业寿命、所有制结构、控股类型、企业隶属关系等企业特征变量以及省份虚拟变量、人口迁入率和政府财政收入规模等地区效应变量等;(4)OLS 和 IV 分别表示普通最小二乘估计和工具变量估计。

*** 、** 和 * 分别表示 1%、5% 和 10% 水平显著。

如前所述,尽管我们尽可能地控制了可观测的企业特征变量和地区特征变量以减少可能的遗漏变量偏误,但 OLS 估计仍可能受不可观测因素的影响而不一致。在第(4)列中,我们根据 2000 年人口普查数据库计算了 2000 年的非农就业密度($D^{J}_{L,2000}$ 和 $D^{M}_{L,2000}$),用这些滞后变量作为当期非农就业密度的工具变量重新估计了非农就业密度对企业劳动生产率的影响。结果表明①,跨行业非农就业密度的系数大小有些许增大,同行业非农就业密度的系数变为负但并不显著。一种解释是同行业集聚在产生外部经济的同时也可能形成同业竞争,而同业竞争可能使得企业不断压缩劳动报酬等生产成本②。

表 4.2 的均值回归估计结果表明,企业总体上显著受益于雅格布斯外部性带来的劳动生产率提高,马歇尔外部性对企业劳动生产率的影响并不显著。

3.异质性和稳健性分析

在这一子节中,笔者将利用条件分位数回归方法,考察经济集聚对位于劳动生产率分布不同分位数处的企业的异质性影响。同时,我们使用了多个衡量经济集聚程度的变量,以检验估计结果的稳健性。我们代表性地选择了 0.1、0.25、0.5、0.75 和 0.9 这五个分位数,表 4.3 报告了相关结果。

---

① 第一阶段结果(未报告)表明这些工具变量与相关变量是显著相关的,相应的 p 值均小于 1%。

② 这一点对于低附加值产业可能更明显。

　　表 4.3 的 A 部分使用非农就业密度作为经济密度指标。可以发现,跨行业非农就业密度(D_{L1}^I)对企业劳动生产率基本上表现为积极的正效应,不过这种效应随着企业劳动生产率水平的增加而有不同程度的降低。对于处于劳动生产率分布低分位数($\tau=0.1$)上的那些企业而言,其劳动生产率对跨行业非农就业密度的弹性大约为 8.3%,但在相对高分位数处,该弹性系数逐渐下降,特别是对位于高分位数($\tau=0.9$)的企业,跨行业非农就业密度对其劳动生产率弹性仅为 4.8%。对跨行业非农就业密度各系数差异性的联合 F 检验($p<0.01$)拒绝了这些回归系数没有系统差异的原假设。这表明,从统计上来说企业受到的雅格布斯外部性大小与其劳动生产率水平是显著相关的。一个可能的经济逻辑是地区内跨行业溢出主要表现为从高劳动生产率企业向低劳动生产率企业溢出。与跨行业非农就业密度的劳动生产率效应相比,同行业非农就业密度(D_{L1}^M)对企业劳动生产率的影响也呈逐渐下降的趋势,对位于高分位数($\tau=0.9$)的企业,本行业非农就业密度对其劳动生产率弹性降为 -0.6%。

表 4.3　集聚外部性与企业劳动生产率:异质性影响

变量	(1) $\tau=0.1$	(2) $\tau=0.25$	(3) $\tau=0.5$	(4) $\tau=0.75$	(5) $\tau=0.9$
	A. 非农就业密度 (根据 2004 年经济普查数据计算)				
$\log(D_{L1}^I)$	0.083***	0.075***	0.068***	0.058***	0.048***
	(0.002)	(0.002)	(0.002)	(0.003)	(0.004)
$\log(D_{L1}^M)$	0.010***	0.007***	0.002	-0.003*	-0.006***
	(0.002)	(0.002)	(0.001)	(0.001)	(0.002)
	B. 人力资本密度				
$\log(D_H^I)$	0.059***	0.058***	0.056***	0.050***	0.046***
	(0.005)	(0.002)	(0.003)	(0.002)	(0.006)
$\log(D_H^M)$	0.0186***	0.016***	0.012***	0.008***	0.006**
	(0.003)	(0.001)	(0.001)	(0.002)	(0.003)
	C. 非农就业密度 (根据 2005 年 1% 人口抽样调查数据计算)				
$\log(D_{L2}^I)$	0.083***	0.077***	0.082***	0.080***	0.075***
	(0.004)	(0.003)	(0.003)	(0.003)	(0.003)

续表

变量	(1) $\tau=0.1$	(2) $\tau=0.25$	(3) $\tau=0.5$	(4) $\tau=0.75$	(5) $\tau=0.9$
$\log(D_{L2}^{M})$	0.017^{***}	0.009^{***}	0.002	-0.003^{*}	-0.004^{**}
	(0.002)	(0.002)	(0.001)	(0.002)	(0.002)
N	269255	269255	269255	269255	269255

注：(1)括号内为异方差稳健标准误；(2)其他控制变量还包括两位数行业虚拟变量、企业寿命、所有制结构、控股类型、企业隶属关系等企业特征变量以及省份虚拟变量、人口迁入率和政府财政收入规模等地区效应变量等。

***、** 和 * 分别表示 1%、5% 和 10% 水平显著。

在表 4.3 的 B 和 C 部分中，我们分别使用其他两个经济密度指标重复了 A 部分的分位数回归。容易看出，一方面，跨行业人力资本密度（D_{H}^{I}）和跨行业企业密度（D_{F}^{I}）在不同分位数处的系数估计值均呈现出与跨行业非农就业密度类似的变化趋势，这进一步表明企业受到的雅格布斯外部性大小与其劳动生产率水平是相关的。另一方面，同行业人力资本密度（D_{H}^{M}）和用人口调查数据计算的同行业非农就业密度（D_{F}^{M}）的系数也呈下降趋势。

综上而言，条件分位数回归的估计结果进一步支持了条件均值回归获得的结论，也即就对企业劳动生产率的影响而言，无论从统计上还是从数量上看，雅格布斯外部性（跨行业经济密度）要比马歇尔外部性（同行业经济密度）更显著。此外，条件分位数回归结果也表明雅格布斯外部性对企业的影响大小与企业自身的劳动生产率水平高低相关，经济集聚更有利于低劳动生产率企业。

三、基于 2008 年全国经济普查数据的估计结果及其解释

在这一子节中，笔者首先报告了基于 2008 年全国经济普查数据、2005年全国 1% 人口抽样调查数据和 2010 年全国人口普查数据计算的经济集聚密度指标，以及企业劳动生产率等核心变量的统计描述，然后基于方程(4.1)报告人力资本集聚对劳动力生产率影响的平均效应，最后利用分位数回归方法考察了这一生产率效应的异质性。

1. 核心变量的描述性统计

表 4.4 报告了基于 2008 年全国经济普查数据计算的主要变量的统计特征。样本企业的人均劳动报酬大概为 25114 元，各个经济密度变量均有较大的标准差。我们利用 2005 年全国 1% 人口抽样调查和 2010 年全国人口普查数据计算了同行业（D_{L2}^{M}）和跨行业（D_{L2}^{I}）非农就业密度，这两个变量

与基于经济普查数据计算的同行业(D_{L1}^{M})和跨行业(D_{L1}^{I})非农就业密度的相关系数分别为 0.811($p<0.01$)和 0.818($p<0.01$)。

表 4.4　核心变量的统计特征(2008 年)

变量名	定义	均值	标准差
w /元	人均劳动报酬	25113.99	15941.28
k /元	人均资产(资本深化程度)	446.45	6053.59
D^{I}	跨行业经济密度变量(除本行业外)		
D_{L1}^{I}	跨行业非农就业密度＝非农就业人数/面积(经济普查数据计算)	296.21	476.87
D_{L2}^{I}	跨行业非农就业密度＝非农就业人数/面积(人口调查数据计算)	283.99	250.02
D^{M}	同行业经济密度变量(除本企业外)		
D_{L1}^{M}	同行业非农就业密度＝行业就业人数/面积(经济普查数据计算)	11.02	21.52
D_{L2}^{M}	同行业非农就业密度＝非农就业人数/面积(人口调查数据计算)	10.07	16.84
IVs	非农就业密度的工具变量		
$D_{L,2000}^{I}$	跨行业非农就业密度(1990)	212.95	205.99
$D_{L,2000}^{M}$	同行业非农就业密度(1990)	6.94	10.68

注:样本规模为 385320。

2. 条件均值回归结果

在表 4.5 中,我们报告了对方程(4.1)的均值回归估计结果。第(1)列回归使用了非农就业密度作为经济集聚指标。估计结果与表 4.2 基本一致,地区跨行业非农就业密度(D_{L}^{I})的系数为 0.081,即劳动生产率对跨行业非农就业密度的弹性为 8.1%。稍大于使用 2004 年数据的回归结果。同行业非农就业密度(D_{L}^{M})的系数为 0.027,大于表 4.2 第(1)列的 0.003。但跨行业非农就业密度的系数仍大于同行业非农就业密度,这同样支持跨行业集聚产生的外部经济要远大于同行业集聚产生的外部经济,也即雅格布斯外部性比马歇尔外部性更显著这一结论。

在第(2)列我们使用 2005 年全国 1‰人口抽样调查数据和 2010 年全国人口普查调查数据计算的地区跨行业非农就业密度(除本行业)以及同行业非农就业密度(除本企业)来代替第(1)列所使用的经济普查数据所计算的指标,我们发现,跨行业企业密度和同行业企业密度的系数大小和显著性程度与第(1)列相比没有明显区别。

表 4.5　集聚外部性与企业劳动生产率均值回归估计

解释变量	被解释变量:$\log(w)$		
	(1) OLS	(2) OLS	(3) IV
$\log(D_{L1}^{\mathrm{I}})$	0.081***	0.078***	0.080***
	(0.001)	(0.002)	(0.002)
$\log(D_{L1}^{\mathrm{M}})$	0.027**	0.024**	0.033***
	(0.001)	(0.001)	(0.002)
R-squared	0.186	0.179	0.187

注:(1)样本规模为 385320;(2)括号内为异方差稳健标准误;(3)其他控制变量还包括两位数行业虚拟变量、企业寿命、所有制结构、控股类型、企业隶属关系等企业特征变量以及省份虚拟变量、人口迁入率和政府财政收入规模等地区效应变量等;(4)OLS 和 IV 分别表示普通最小二乘估计和工具变量估计。

***、** 和 * 分别表示 1%、5% 和 10% 水平显著。

在第(3)列中,我们使用 2000 年的非农就业密度($D_{L,2000}^{\mathrm{I}}$ 和 $D_{L,2000}^{\mathrm{M}}$)作为当期非农就业密度的工具变量重新估计了非农就业密度对企业劳动生产率的影响。结果表明[①],跨行业非农就业密度的系数与同行业非农就业密度的系数大小和显著性都没有明显变化。但与使用 2004 年全国经济普查数据回归结果相比,同行业非农就业密度在使用工具变量方法去除内生性的情况下也显著为正。

总体来看,表 4.5 的均值回归估计结果与使用 2004 年数据得到的回归结果基本一致,企业总体上显著受益于雅格布斯外部性带来的劳动生产率提高。

3. 异质性和稳健性分析

与上一子节一样,笔者利用条件分位数回归方法,考察经济集聚对位于劳动生产率分布不同分位数处的企业的异质性影响。同时,使用多个衡量经济集聚程度的变量以检验估计结果的稳健性。

表 4.6 的 A 部分使用非农就业密度作为经济密度指标。可以发现,与使用 2004 年经济普查数据回归结果相似,跨行业非农就业密度(D_L^{I})对企业劳动生产率基本上表现为积极的正效应,且随着企业劳动生产率水平的增加而有不同程度的降低。对于处于劳动生产率分布低分位数($\tau = 0.1$)上

---

① 第一阶段结果(未报告)表明这些工具变量与相关变量是显著正相关的,相应的 p 值均小于 1%。

的那些企业而言,其劳动生产率对跨行业非农就业密度的弹性大约为8.1%,但在相对高分位数处,该弹性系数逐渐下降,特别是对位于高分位数($\tau=0.9$)的企业,跨行业非农就业密度对其劳动生产率弹性仅为6.3%。这同样也表明企业受到的雅格布斯外部性大小与其劳动生产率水平是显著相关的。与跨行业非农就业密度的劳动生产率效应相比,同行业非农就业密度(D_L^M)对企业劳动生产率的影响也呈逐渐下降的趋势,但与2004年结果不同的是,即使对位于高分位数($\tau=0.9$)的企业,本行业非农就业密度对其劳动生产率弹性也显著为正,为0.7%。

表 4.6　集聚外部性与企业劳动生产率:异质性影响

	(1) $\tau=0.1$	(2) $\tau=0.25$	(3) $\tau=0.5$	(4) $\tau=0.75$	(5) $\tau=0.9$
	A. 非农就业密度 (根据 2004 年经济普查数据计算)				
$\log(D_{L1}^I)$	0.081***	0.079***	0.083***	0.082***	0.063***
	(0.002)	(0.002)	(0.002)	(0.002)	(0.003)
$\log(D_{L1}^M)$	0.034***	0.027***	0.025***	0.024***	0.007***
	(0.002)	(0.001)	(0.001)	(0.002)	(0.002)
	B. 非农就业密度 (根据 2005 年和 2010 年人口 调查和普查数据计算)				
$\log(D_{L2}^I)$	0.095***	0.082***	0.082***	0.084***	0.069***
	(0.004)	(0.002)	(0.002)	(0.003)	(0.004)
$\log(D_{L2}^M)$	0.035***	0.033***	0.028***	0.025***	0.004***
	(0.002)	(0.001)	(0.001)	(0.001)	(0.001)
N	385320	385320	385320	385320	385320

注:(1)括号内为异方差稳健标准误;(2)其他控制变量还包括两位数行业虚拟变量、企业寿命、产业单位数目、所有制结构、控股类型、企业隶属关系等企业特征变量以及是否为地级市市辖区、第一产业产值比重、人口迁入率和政府财政收入规模等地区效应变量。

*** 、** 和 * 分别表示 1%、5% 和 10% 水平显著。

在表 4.6 的 B 部分,我们使用 2005 年全国 1% 人口抽样调查数据和 2010 全国人口普查调查数据计算非农就业密度重复了 A 部分的分位数回归。结果与表 4.3 的结果一致,同行业非农就业密度的系数小于跨行业非农就业密度的系数,且都呈随劳动力生产率水平上升而下降的趋势。

综上而言,无论从统计上还是从数量上看,雅格布斯外部性(跨行业经济密度)要比马歇尔外部性(同行业经济密度)更显著。此外,条件分位数回归结果也表明雅格布斯外部性对企业的影响大小与企业自身的劳动生产率水平高低相关,经济集聚更有利于低劳动生产率企业。

第四节 人力资本集聚与劳动生产率:基于浙江省经济普查数据

上一节所使用的数据为 2004 年和 2008 年全国经济普查数据。2004 年全国经济普查数据只有规模以上工业企业数据,2008 年全国经济普查数据有规模以上所有行业企业数据,但工业企业缺少员工学历数据。因此,2004 年全国层面数据只能计算工业行业内跨行业非农就业密度和跨行业人力资本密度,2008 年全国层面数据只能计算跨行业非农就业密度,而无法计算跨行业人力资本密度。两者均无法计算跨行业企业密度。为弥补全国层面这种数据的不足,我们使用更为详细的 2004 年浙江省第一次经济普查数据来对本章所讨论问题进行详细分析。

一、数据、变量与描述性统计

本节使用的数据主要来源于 2004 年浙江省第一次经济普查、1990 年和 2000 年人口普查微观数据以及《浙江统计年鉴》等统计资料。经济普查涵盖了 2004 年在浙江省境内从事第二产业和第三产业活动的全部法人单位、产业活动单位和个体经营户,共涉及 40 多万家单位和 1570 多万名就业人员①。我们将分析对象限于 2004 年处于营业状态的工业企业,共涉及 31731 家规模以上工业企业和 23975 家规模以下工业企业②。我们对主要变量的解释如下。

企业劳动生产率和上一节计算方法一致。在这一节我们使用上节所描述的三种经济密度,即非农就业密度、人力资本密度和企业密度。此外,我们在回归中还引入了三组控制变量,包括一组企业特征变量、一组地区特征变量和一组两位数行业虚拟变量。企业特征变量包括企业寿命、所在行业虚拟变量、产业单位数目、所有制结构、控股类型、企业隶属关系、是否在开

---

① 这些就业人口大概占 2004 年浙江省总就业人口的 52.5%。

② 个体户与企业在会计、财税制度等许多方面相差很多,故在本节的样本中,我们根据 1988 年发布的《中华人民共和国私营企业暂行条例》关于私营企业和个体户的界定剔除了从业人员数小于 8 人的个体户。

发区、资本深化程度、大专及以上文化程度的就业人数比例、出口产值占总产值比重等;地区特征变量包括是否为地级市市辖区虚拟变量、人口迁入率、第一产业比重和政府财政收入规模等。人口迁入率根据 2000 年人口普查 1‰抽样数据计算,并假定了 2004 年各县(区)的人口流动规模与 2000 年大致相当。第一产业产值比重和政府财政收入规模根据《2004 年全国地市县财政统计资料》相关变量计算获得。

表 4.7 报告了主要变量的统计特征。可以发现,样本企业的人均劳动者报酬大概为 11820 元,这一数据与 2004 年浙江省城镇居民工资性收入水平相当(10752 元[①])。大专及以上文化程度的就业人员比率仍然偏低,仅为 0.06。

表 4.7 主要变量的统计特征

变量名	定义	均值	标准差
w /元	人均劳动报酬	11820.41	6294.55
k /元	人均资产(资本深化程度)	189.48	1405.86
College share	本企业大专以上学历就业人员比例	0.06	0.10
Zone	是否在经济技术开发区	0.11	0.31
Openness	出口产值占总产值的比重	0.19	0.36
D^J	跨行业经济密度变量(除本行业外)		
D^J_L	跨行业非农就业密度=非农就业人数/面积	496.57	1085.17
D^J_H	跨行业人力资本密度=大专以上学历就业人数/面积	101.25	365.09
D^J_F	跨行业企业密度=企业数量/面积	12.86	30.53
D^M	同行业经济密度变量(除本企业外)		
D^M_L	同行业非农就业密度=行业就业人数/面积	30.31	48.13
D^M_H	同行业人力资本密度=行业大专以上学历就业人数/面积	2.04	4.67
D^M_F	同行业企业密度=行业企业数量/面积	0.54	0.66
IVs	非农就业密度的工具变量		
$D^J_{L,1990}$	跨行业非农就业密度(1990)	1.64	3.67
$D^M_{L,1990}$	同行业非农就业密度(1990)	0.16	0.60

注:样本规模为 55706,其中规模以上工业企业 31731 家,规模以下工业企业 23975 家。

---

① 数据来源:《中国统计年鉴 2005》表 10~15。

二、基于浙江省经济普查数据的估计结果及其解释

1. 条件均值回归结果

在表 4.8 中,我们报告了对方程(4.1)的均值回归估计结果,以考察经济集聚对企业劳动生产率的平均效应。首先报告的是对全部工业企业的估计结果(表 4.8 的 A 部分)。第(1)列回归使用了非农就业密度作为经济集聚指标。我们发现劳动生产率对跨行业非农就业密度的弹性为 2.7%。劳动生产率对同行业非农就业密度的弹性约为 0.2%。两个系数均小于上一节所估系数,但同样也支持跨行业集聚产生的外部经济要远大于同行业集聚产生的外部经济,也即雅格布斯外部性比马歇尔外部性更显著这一结论。此外,第(1)列的估计结果也显示,其他几个重要的企业特征变量对企业劳动生产率也具有理论预期的效应。例如,企业的资本密度和人力资本均对劳动生产率有积极的影响,企业的外向型程度也有显著的正效应。

表 4.8　集聚外部性与企业劳动生产率均值回归估计

解释变量	被解释变量:$\log(w)$			
	(1) OLS	(2) OLS	(3) OLS	(4) IV
	A. 全部工业企业			
$\log(D^J)$	0.027***	0.018***	0.029***	0.028***
	(0.002)	(0.002)	(0.003)	(0.010)
$\log(D^M)$	0.002*	0.003**	−0.002	0.002
	(0.001)	(0.001)	(0.002)	(0.015)
$\log(k)$	0.063***	0.063***	0.063***	0.063***
	(0.002)	(0.002)	(0.002)	(0.002)
College share	0.308***	0.300***	0.304***	0.308***
	(0.019)	(0.019)	(0.019)	(0.020)
Openness	0.040***	0.040***	0.040***	0.040***
	(0.004)	(0.004)	(0.004)	(0.004)
Zone	0.034***	0.033***	0.035***	0.035***
	(0.005)	(0.005)	(0.005)	(0.005)
R-squared	0.198	0.197	0.197	0.198

续表

解释变量	被解释变量:$\log(w)$			
	(1) OLS	(2) OLS	(3) OLS	(4) IV
	B. 规模以上工业企业			
$\log(D^{\mathrm{J}})$	0.015 ***	0.008 ***	0.016 ***	0.023
	(0.003)	(0.003)	(0.004)	(0.015)
$\log(D^{\mathrm{M}})$	0.003	0.005 **	0.001	−0.007
	(0.002)	(0.002)	(0.002)	(0.021)
R-squared	0.176	0.175	0.175	0.175
	C. 规模以下工业企业			
$\log(D^{\mathrm{J}})$	0.038 ***	0.028 ***	0.040 ***	0.034 ***
	(0.003)	(0.003)	(0.004)	(0.011)
$\log(D^{\mathrm{M}})$	0.003	0.003	−0.000	0.021
	(0.002)	(0.002)	(0.002)	(0.016)
R-squared	0.062	0.060	0.061	0.060

注:(1)样本规模为55706,其中规模以上工业企业31731家,规模以下工业企业23975家;(2)括号内为异方差稳健标准误;(3)其他控制变量还包括两位数行业虚拟变量、企业寿命、产业单位数目、所有制结构、控股类型、企业隶属关系等企业特征变量以及是否为地级市市辖区、第一产业产值比重、人口迁入率和政府财政收入规模等地区效应变量等,A部分的回归还包括一个是否为规模以上企业的虚拟变量;(4)OLS和IV分别表示普通最小二乘估计和工具变量估计。

*** 、** 和 * 分别表示 1%、5%和 10%水平显著。

在第(2)和(3)列中,我们分别使用了其他两个经济密度指标,人力资本密度和企业密度。我们发现,与非农就业密度指标相比,同行业人力资本密度(D_H^{M})的弹性系数有所上升(0.3%),但仍远低于跨行业人力资本密度(D_H^{J})的弹性系数(约 1.8%)。这一估计结果同样也小于使用 2004 年全国层面经济普查数据的估计结果。但同行业人力资本密度系数与跨行业人力资本密度系数的相对大小没有发生变化。当用企业密度作为经济密度指标时,我们发现,跨行业企业密度(D_F^{J})仍然对企业劳动生产率有积极且在统计上显著的作用,但同行业企业密度(D_F^{M})对企业劳动生产率有负效应,尽管后者的系数在统计上并不显著。一种解释是同行业集聚在产生外部经济的同时也可能形成同业竞争,而同业竞争可能使得企业不断压缩劳动报酬等生产成本[1]。

在第(4)列中，我们根据 1990 年人口普查数据库计算了 1990 年的非农就业密度（$D_{L,1990}^I$ 和 $D_{L,1990}^M$），用这些滞后变量作为当期非农就业密度的工具变量重新估计了非农就业密度对企业劳动生产率的影响。结果表明[2]，跨行业非农就业密度的系数大小和显著性程度几乎没有变化，同行业非农就业密度的系数变得不再统计显著，去除内生性之后的系数与使用 2004 年全国经济普查数据的结果相似，但使用 2008 年全国经济普查数据的实证结果显示同行业非农就业密度的系数也显著为正，这表明在 2008 年时同行业非农就业密度对于劳动生产率的促进作用得到了增强。对回归(4)和(1)的系数差异的豪斯曼检验（p 值远大于 0.1）显示不能拒绝两列回归系数无差异的原假设，也就是说没有明显证据表明 OLS 估计是不一致的。此外，与第(1)列相比，第(4)列的其他回归系数及其标准误几乎没有变化，这表明这些变量与非农就业密度变量之间不相关。

在表 4.8 的 B 和 C 部分，我们进一步将样本区分为规模以上工业企业和规模以下工业企业两个子样本，以考察两类集聚外部性对企业劳动生产率的效应是否随企业规模而变化[3]。首先是对规模以上工业企业的估计结果（见 B 部分）。容易发现，跨行业经济密度的各个系数均明显小于 A 部分中对应的系数，但除工具变量估计值[4]外，这些系数基本都在 1% 水平上统计显著，同行业经济密度的各系数中除人力资本密度外均不显著。再看 C 部分对规模以下工业企业的估计结果，我们也发现类似的情况，不过跨行业经济密度的各个系数明显大于 A 部分和 B 部分中的相应系数。对这些子样本回归结果的比较表明，跨行业经济密度对规模以下工业企业的劳动生产率的影响要远大于其对规模以上工业企业的劳动生产率的影响，而同行业经济密度对两类企业的影响没有显著差异[5]。以非农就业密度为例，跨行业非农就业密度每增加 1% 对规模以上工业企业的劳动生产率的影响仅为 0.015%，而对规模以下工业企业的劳动生产率的影响为 0.038%。

---

[1] 这一点对于低附加值产业可能更明显。

[2] 第一阶段结果（未报告）表明这些工具变量与相关变量是显著相关的，系数分别为 0.13 和 0.24，相应的 p 值均小于 1%。

[3] 博十和洪俊杰(2008)的研究表明企业规模对其受到的集聚经济效应大小和类型都有重要影响。不过他们根据企业就业人员数量将企业规模划分为三类（小于 300 人，大于 2000 人和介于两者之间），本成果直接根据经济普查的划分标准分为规模以上和规模以下两大类。

[4] 其系数大概在 11% 水平上边缘显著。

[5] 从统计上来说，没有证据表明同行业经济密度会影响企业劳动生产率。

　　总体来看,表 4.8 的均值回归估计结果表明,企业总体上显著受益于雅格布斯外部性带来的劳动生产率提高,相比之下马歇尔外部性对企业劳动生产率的影响并不明显。

　　2.异质性分析

　　表 4.9 的 A 部分使用非农就业密度作为经济密度指标。与全国层面结果相似,跨行业非农就业密度(D_L^I)对企业劳动生产率基本上表现为随着企业劳动生产率水平的增加而降低的正效应。对于处于劳动生产率分布低分位数($\tau=0.1$)的那些企业而言,其劳动生产率对跨行业非农就业密度的弹性大约为 5.9%,对位于高分位数($\tau=0.9$)的企业,跨行业非农就业密度对其劳动生产率几乎没有影响。对跨行业非农就业密度各系数差异性的联合 F 检验(p 值 <0.01)拒绝了这些回归系数没有系统差异的原假设。这表明,从统计上来说企业受到的雅格布斯外部性大小与其劳动生产率水平是显著相关的。与跨行业非农就业密度的劳动生产率效应相比,同行业非农就业密度(D_L^M)对企业劳动生产率的影响大多在统计上不显著。在劳动生产率分布的不同分位点上的系数估计值也没有显著差异(F 检验的 p 值为 0.51)。

表 4.9　集聚外部性与企业劳动生产率:异质性影响

	(1) $\tau=0.1$	(2) $\tau=0.25$	(3) $\tau=0.5$	(4) $\tau=0.75$	(5) $\tau=0.9$
	A. 非农就业密度				
$\log(D_L^I)$	0.059***	0.044***	0.029***	0.015***	0.000
	(0.003)	(0.002)	(0.002)	(0.003)	(0.005)
$\log(D_L^M)$	0.001	0.002*	0.001	0.002	−0.001
	(0.002)	(0.001)	(0.001)	(0.002)	(0.003)
$\log(k)$	0.039***	0.042***	0.044***	0.069***	0.101***
	(0.003)	(0.002)	(0.001)	(0.002)	(0.004)
College share	0.033	0.137***	0.249***	0.464***	0.684***
	(0.024)	(0.017)	(0.013)	(0.017)	(0.029)
Openness	0.052***	0.062***	0.042***	0.036***	0.023**
	(0.007)	(0.005)	(0.004)	(0.005)	(0.009)
Zone	0.037***	0.040***	0.032***	0.035***	0.034***
	(0.007)	(0.005)	(0.004)	(0.005)	(0.009)

续表

	(1) $\tau=0.1$	(2) $\tau=0.25$	(3) $\tau=0.5$	(4) $\tau=0.75$	(5) $\tau=0.9$
	B. 人力资本密度				
$\log(D_H^I)$	0.041***	0.028***	0.019***	0.008***	0.002
	(0.003)	(0.002)	(0.002)	(0.002)	(0.005)
$\log(D_H^M)$	0.000	0.004***	0.003**	0.003**	0.003
	(0.002)	(0.001)	(0.001)	(0.001)	(0.003)
	C. 企业密度				
$\log(D_F^I)$	0.060***	0.045***	0.031***	0.017***	0.004
	(0.004)	(0.003)	(0.002)	(0.003)	(0.005)
$\log(D_F^M)$	−0.003	−0.001	−0.002*	−0.001	−0.005
	(0.003)	(0.002)	(0.001)	(0.002)	(0.003)
N	55706	55706	55706	55706	55706

注：(1)括号内为异方差稳健标准误；(2)其他控制变量还包括两位数行业虚拟变量、企业寿命、产业单位数目、所有制结构、控股类型、企业隶属关系等企业特征变量以及是否为地级市市辖区、第一产业产值比重、人口迁入率和政府财政收入规模等地区效应变量。

***、** 和 * 分别表示 1%、5% 和 10% 水平显著。

为了更直观地与均值回归估计值相比较，图 4.1 绘制了非农就业密度对处于劳动生产率分布各分位数处的系数估计值。从图 4.1 中可以看到，跨行业非农就业密度的系数总体上随分位数值的提高而下降（见图 4.1a），表明其对企业劳动生产率的影响大小取决于企业本身的特征，而同行业非农就业密度的系数则基本围绕在均值回归 OLS 估计值附近波动（见图 4.1b）。此外，图 4.1c 和图 4.1d 也显示，资本深化程度($\log(k)$)和人力资本水平(College share)等企业特征变量对不同分位数处的企业劳动生产率的影响也呈现不同程度的差异性。高劳动生产率企业受益于其资本深化程度和人力资本水平的影响要高于低劳动生产率企业。对各系数的联合 F 检验[①]表明在统计上均不能拒绝这两个变量在不同分位数处的估计系数是无差异的原假设。

---

① 对资本深化程度和人力资本水平各系数无差异性的 F 检验的 p 值均小于 0.01。

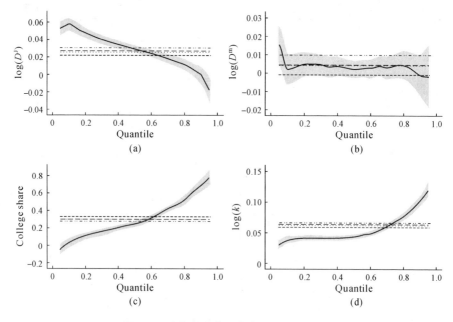

图 4.1　分位数回归系数与均值回归系数

注：中间的虚线为各变量的条件均值回归估计值（OLS），上下虚线是相应的 95％置信区间；中间的实线是各变量的条件分位数回归估计值，阴影部分是相应的 95％置信区间。

在表 4.9 的 B 和 C 部分中，我们分别使用其他两个经济密度指标重复了 A 部分的分位数回归。容易看出，一方面跨行业人力资本密度（D_H^I）和跨行业企业密度（D_F^I）在不同分位数处的系数估计值均呈现出与跨行业非农就业密度类似的变化趋势。另一方面，同行业企业密度（D_F^M）对企业劳动生产率的影响大多在统计上仍不显著。除了在 0.1 分位点处的估计外，同行业人力资本密度（D_H^M）的系数大概在 0.003，且在统计上显著或边缘显著，在数量上与均值回归估计几乎一致。且这与使用 2004 年全国经济普查数据计算的系数全都显著为正的结果相一致。

综上而言，条件分位数回归的估计结果进一步支持了条件均值回归获得的结论，也即就对企业劳动生产率的影响而言，无论从统计上还是从数量上看，雅格布斯外部性（跨行业经济密度）要比马歇尔外部性（同行业经济密度）更显著。此外，条件分位数回归结果也表明雅格布斯外部性对企业的影响大小与企业自身的劳动生产率水平高低相关，经济集聚更有利于低劳动生产率企业。

第五节　本章小结

人口和经济活动的空间集聚产生的外部性被认为是实现报酬递增和经济发展的重要源泉之一，然而在理论上实际存在两种稍有不同的观点，即所谓强调专业化的马歇尔外部性和强调多样性的雅格布斯外部性。本章的分析一方面识别了两类外部性对劳动生产率的相对重要性，另一方面也从外部性视角证实了人力资本影响地区劳动生产率的可能机制。本章利用全国第一次经济普查(2004年)、第二次经济普查(2008年)和2004年浙江省第一次经济普查微观数据从实证上估计了这两类集聚外部性对企业劳动生产率的影响。我们的实证分析发现：跨行业经济密度对企业劳动生产率有显著的正效应，而同行业经济密度对企业劳动生产率的效应在去除内生性之后显著为正或并不明显，但都小于跨行业经济密度对企业劳动生产率的影响，也就是说雅格布斯外部性比马歇尔外部性更明显；相比于规模以上工业企业，雅格布斯外部性对规模以下工业企业劳动生产率的影响更显著；此外，条件分位数回归结果还表明，雅格布斯外部性对企业劳动生产率的影响大小还与企业自身特征有关，低劳动生产率企业从经济集聚中的获益更大。

本章的分析表明在政策上引导小规模企业的空间集聚不仅有利于这些集聚企业，而且有利于总劳动生产率的提高；此外，在政策上吸引或扶持那些高劳动生产率企业对于地区经济发展而言也是重要的。

受限于数据，本章的研究也存在一些不足或有待改进之处。我们的估计只获得了两类集聚外部性的总效应，并不能区分各种机制(如知识溢出、劳动力池等)导致的外部效应以及同业竞争效应。识别各种机制的效应无疑具有重要的理论和政策含义，也是进一步研究和探索的方向之一。

第五章　人力资本集聚与地区创新不平衡

创新是经济发展和文明进步的不竭动力。经过 40 多年的改革开放,中国已成为名副其实的制造业大国,然而现阶段大多数制造业企业创新能力不足也是一个不争的事实。提升自主创新能力,不仅关系"中国制造"向"中国创造"的迈进,也关系中国经济发展的可持续性。《国家中长期科学和技术发展规划纲要(2006—2020 年)》明确指出要"把提高自主创新能力作为调整经济结构、转变增长方式、提高国家竞争力的中心环节,把建设创新型国家作为面向未来的重大战略选择"。党的十八大报告明确提出要加快建设国家创新体系,实施创新驱动发展战略。影响创新能力的影响因素固然很多,笔者认为,人作为创新活动的主体,人们所掌握的知识和技能等人力资本才是创新活动和创新效率的根本因素。

本章承袭第四章的讨论,进一步从外部性视角研究人力资本空间集聚对区域创新活动的影响。本章第一节讨论了创新活动的地区差异,第二节综述了有关人力资本集聚和创新研究的文献,第三节以浙江省县级区域为例研究了人力资本集聚与县级区域创新之间的关系,第四节进一步基于全国地级市层面的数据分析了人力资本集聚对区域创新的影响,第五节是对本章的简要小结。

第一节　创新活动的地区差异

发明专利数是衡量国家自主创新能力的一个重要指标。纵观全球,创新活动和创新产出呈现明显的空间集聚现象(Audretsch and Feldman, 2004;Buzard et al. , 2020;Carlino and Kerr, 2015)。例如,Buzard and Carlino(2013)对美国 R&D 实验室分布的分析显示,创新研发活动主要分布在东北走廊城市带、旧金山湾区和南加州等人口密集地区。例如,美国的计算机、半导体、生物领域等高科技产业主要集中在纽约、旧金山、波士顿等人口密集的城市,且这三个领域内,前十大集群的发明家人数分别占美国发明家总数的 69%、77% 和 59%(Moretti, 2021)。Smit et al. (2015)和 Faggio et al. (2017)的研究发现类似的现象也存在于荷兰和英国。在中国,笔者基于专利数据库的分析也发现,以人均发明专利申请量衡量的创新产出主要集中在长三角和珠三角等东部沿海人口密集地区,创新活动和以夜间灯光强度衡量的经济活动分布在地理空间上呈现出高度的一致性。不仅如此,创新产出分布的地区差距趋势没有减弱的趋势(见图 5.1)。在微观企业层面,据国家知识产权局,2018 年数据,2017 年我国发明专利授权量排名前十位的企业中,8 家位于北京、上海和深圳这三个特大城市。

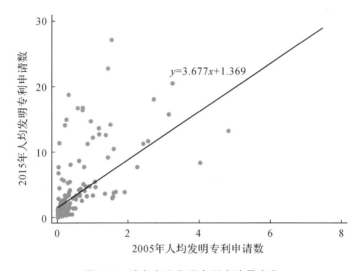

图 5.1　城市人均发明专利申请量变化

注:每个点代表一个城市。

为什么地区间创新活动和产出差距如此显著?为什么创新活动和创新产出更易发生在人口密集地区?人力资本外部性理论或许可为这些现象提供线索。人力资本的空间集聚从理论上可能对创新活动产生截然相反的两种效应:一方面,创新活动可能受益于知识溢出等人力资本集聚产生的正外部性;另一方面,人力资本集聚也为创新主体间相互模仿带来便利,从而一定程度上遏制了创新活动。

基于浙江省县级区域层面和全国地级市层面的社会经济和创新数据,笔者应用面板数据分析方法分别研究了不同类型的人力资本集聚对浙江省县级和全国地级市区域创新活动的总体影响。笔者分别用单位面积上的非农就业、专业技术人员就业、大学生就业、技能工人就业作为人力资本空间集聚的衡量指标。本章的分析表明,各类人力资本的空间集聚都将促进县级和地级市的区域创新绩效(以每万人专利授权量衡量)。在县域层面,专业技术人员就业密度的作用最为明显,平均而言每增加 1 人/公里^2 有助于提高区域创新绩效 5.6%。这意味着,样本期间专业技术人员空间集聚程度的增长可以解释大概 10.5% 的县级区域创新绩效提升。在地级市层面,企业家就业密度对创新绩效的影响最为显著,平均而言,单位行政面积上企业家每增加 1 人/公里^2,城市创新绩效将增加 10.5%,进一步印证了高质量人力资本集聚对创新的重要作用。

第二节　人力资本与创新相关研究

"创新"这一概念最早由约瑟夫·熊彼特引入经济分析,用以解释经济发展过程。熊彼特将创新定义为"建立一种新的生产函数",企业家的"创造性破坏"活动是创新的源泉(Schumpeter,1934)。熊彼特的这一"创造性破坏"思想引发了一系列关于创新的研究。近年来,已有不少文献从所有制结构(Lin et al.,2011)、产权保护(付明卫等,2015)、融资约束(鞠晓生等,2013)、创新价值链(余泳泽和刘大勇,2013)等不同角度进行了富有价值的研究。大体来看,有关创新活动的实证研究主要围绕以下两个方面。[1]

一些文献侧重分析企业创新活动投入的影响因素(如,安同良等,2006;张杰等,2007;刘剑雄,2008;陈爽英等,2010;温军和冯根福,2012;潘越等,2015)。安同良等(2006)的研究发现,行业、企业规模和所有制特征这三个因素是影响中国制造业企业创新活动的重要因素。张杰等(2007)基于江苏省制造业企业调查问卷的研究发现企业规模与创新投入强度之间呈明显的倒 U 形关系,集聚效应对企业创新活动有负面影响。刘建雄(2008)基于一项对浙江等 11 省市的企业调查数据研究了企业家人力资本对私营企业制度创新的影响,发现企业家的政治身份对创新有重要影响。陈爽英等(2010)实证研究了民营企业家的社会关系资本对企业研发投资决策的影响,发现企业家的银行关系资本与协会关系资本对企业研发投资有显著的积极影响,而政治关系资本则有显著的消极影响。潘越等(2015)从诉讼风险视角分别考察了资金类诉讼和产品类诉讼对企业创新活动投入的影响,发现前者会抑制企业创新活动,后者则有助于激励企业进行创新活动。

另一些文献则聚焦于创新绩效和效率及其影响因素(如 Lin et al.,

---

[1]　还有一批文献则进一步将创新引入增长理论,考察创新对生产率和经济增长的影响(例如 Romer,1986;Grossman and Helpman,1991;Aghion and Howitt,1992;Jones,1995)。

2011;严成樑,2012;余泳泽和刘大勇,2013;林炜,2013;白俊红和蒋伏心,2015;付明卫等,2015)。严成樑(2012)考察了以互联网和电话使用频率衡量的社会资本对区域创新绩效(专利申请量)的影响,发现两者存在显著的正相关。林炜(2013)的分析表明劳动力成本提高有助于增强制造业企业创新能力。白俊红和蒋伏心(2015)从创新要素区际流动视角研究了创新系统内部协同创新和创新系统间的空间关联对区域创新绩效的影响。余泳泽和刘大勇(2013)将创新活动分为知识创新、科研创新和产品创新三个阶段,分析了不同创新活动的空间外溢效应和价值链外溢效应。他们发现产品创新与知识创新及科研创新之间存在显著的价值链外溢效应。付明卫等(2015)以风电制造业为例,研究发现产业保护政策对自主创新绩效(以发明专利申请量衡量)有显著的积极影响。平均而言,2005—2007年,以国产化率为特点的产业保护政策有助于省级区域风电发明专利申请数提高1.56~8.15项。

就生产要素的空间集聚来说,一大批文献对集聚效应进行了持续的研究(Moretti,2004c;傅十和和洪俊杰,2008;Greenstone et al.,2010;张海峰和姚先国,2010;文东伟和冼国明,2014a、2014b;李晓萍等,2015)。例如,Moretti(2004b)的研究集中考察了产业间的人力资本外部性。他发现人力资本的溢出效应随着产业的相似程度下降而递减,表明马歇尔外部性更明显。Greenstone et al.(2010)研究了大型企业集团在新区域设立新工厂这一经济活动是否有助于提高当地企业的生产率。他们的分析也发现与新工厂使用相似的劳动力和技术的当地企业更多地受益于新工厂设立活动。张海峰和姚先国(2010)研究了经济集聚产生的两类外部性对企业劳动生产率的影响,发现企业劳动生产率显著受益于雅格布斯外部性。李晓萍等(2015)对1999—2007年288个地级市工业企业数据的分析显示,1999—2002年经济集聚对制造业企业有显著的集聚效应,而2003—2007年则主要表现为拥挤效应。

第三节　人力资本外部性与创新:基于浙江省的研究

在本节中,笔者主要基于浙江省历年人口普查、经济普查数据和其他统计数据实证研究人力资本集聚与县级区域创新之间的关系。

一、模型设定与估计方法

沿袭第四章的测度方法,本章使用单位面积上的人力资本数量来衡量人力资本集聚程度。理论分析表明,无论是有利的溢出效应还是不利的模仿效应,区域的人力资本集聚都将对区域创新绩效产生影响。为了从实证上检验人力资本集聚对创新绩效的影响,笔者借鉴 Carlino et al. (2007)的思路构建如下计量模型,

$$\log(I_{it}) = \alpha + \beta D_{it-1} + X'_{it-1}\gamma + \mu_i + \tau_t + \varepsilon_{it} \tag{5.1}$$

其中,I 表示以每万人专利授权量衡量的区域创新绩效,D 表示以单位行政面积的人力资本数量衡量的区域人力资本集聚程度,X 为一组前置的其他区域特征变量,μ 是不可观察的区域固定效应,τ 是时间效应,ε 是随机扰动项。

为了尽可能减少人力资本集聚程度(D)参数估计的联立内生性偏误,我们使用滞后的人力资本集聚程度作为回归元。此外,估计方程(5.1)还面临的威胁是不可观察的区域固定效应可能与区域人力资本集聚程度相关,使得参数 β 的估计是有偏不一致的。在面板数据条件下,这两者之间潜在的相关性可通过固定效应变换处理后获得无偏的参数估计值。当然,若这种相关性不成立,则应用随机效应变换可获得更有效的、无偏的参数估计值。我们使用传统的 Hausman 检验作为判断两种估计方法适用性的依据。

二、数据、变量与描述性统计

根据 2010 年的行政区划,浙江省共有 90 个县级行政区域,由于地级市主城区内的县级区地理位置相对较为集中,我们将地级市主城区合并为一个县级观察单位。这样处理后共有 69 个县级观测单位。本章分析的核心变量人力资本集聚程度主要根据 2004 年和 2008 年《浙江经济普查年鉴》的有关数据计算获得,其他经济变量的原始数据主要来自《浙江统计年鉴》(2005—2011)的市县经济统计指标。本节分析使用的主要变量包括:

人力资本集聚程度(D):许多研究使用人力资本区位熵或 Ellison-Glaeser 集聚指数来衡量区域人力资本集聚程度。为保持一致性,笔者继续在第四章的基础上使用密度来衡量区域的人力资本集聚程度。

$$Density_i = H_i/A_i$$

其中，H_i 为区域 i 的人力资本总量，A_i 为区域 i 的行政面积。具体来说，分别为单位行政面积上的专业技术人员（中高级职称）、单位行政面积上的大学生①、单位行政面积上的技能工人（中级工及以上技能）。专业技术人员数量、大学生数量和技能工人数量来自 2004 年和 2008 年《浙江经济普查年鉴》。区域行政面积来自《浙江统计年鉴》，笔者在处理时扣除了农作物播种面积。

创新绩效（I）：现有文献对创新活动的衡量主要分为两大类，即创新投入类和创新产出类。前者如 R&D 投入、科研人员投入等，后者如专利申请授权数量、科技论文数量、新产品销售收入等。鉴于本章主要考察的是创新绩效，同时限于数据的可获得性，笔者使用区域内每万人专利授权量作为区域创新绩效的衡量指标。考虑到科研投入产出有一定的滞后性，笔者借鉴 Carlino et al.（2007）的做法采用每万人专利授权量的三年平均值作为测量数据。

为了尽可能减少遗漏变量误差，在分析中，笔者还控制了一系列县级区域变量，包括衡量县级区域经济发展水平的劳均实际产出、大型企业比重、国有部门就业比重、非农就业比重、政府支出规模以及 FDI（外国直接投资）实际投资比重等。劳均实际产出根据实际生产总值（2004 年不变价）与劳动力数量相除获得，大型企业比重是大型企业数量占所有企业数量的比重，国有部门就业比重是国有企业就业人数与总就业人口之比，非农就业比重是非农业人口数量与总人口数量之比，政府支出规模是年度财政支出与当年区域生产总值之比，FDI 实际投资比重是当年外商直接投资实际投资额占生产总值的比重。

表 5.1 报告了本章分析使用的主要变量的描述性统计。从表 5.1 可以发现，无论以哪种就业人员衡量，区域人力资本密度都有显著的增长，其中大学生就业密度增长了近 1.5 倍。与此同时，以三年平均每万人专利授权量衡量的创新绩效也有显著的增加，从每万人 5.35 项增长到每万人 17.47 项。此外，样本期间以劳均实际产出衡量的区域经济发展水平也取得了长足的进步。

---

① 包括大学及以上，下文同，不再特别指出。

表 5.1　浙江省县级区域创新和社会经济变量的统计特征

变量名称	观察值	2004 (或 2005—2007)		2008 (或 2009—2011)	
		均值	标准差	均值	标准差
创新绩效ᵃ/(项/万人)	69	5.35	5.07	17.47	13.67
人力资本集聚程度/(人/公里²)					
大学生就业密度	69	3.89	7.41	9.54	16.85
专业技术人员就业密度	69	5.19	7.51	7.06	9.87
技能工人就业密度	69	6.91	10.98	10.70	14.71
劳均实际产出/(万元/人)	69	3.37	1.61	5.25	2.15
大型企业比重ᵇ/%	69	13.27	4.63	15.36	5.11
国有部门就业比重/%	69	0.08	0.06	0.06	0.05
非农就业比重/%	69	22.27	12.57	24.35	13.79
政府支出比重/%	69	9.10	4.79	11.17	5.88
FDI 实际投资比重ᶜ/%	67/68	3.40	3.24	2.37	2.15

注:ᵃ 表中 2004 年创新绩效衡量的是 2005—2007 年三年平均每万人专利授权量, 2008 年创新绩效衡量的是 2009—2011 年三年平均每万人专利授权量。ᵇ 表示大型企业定义为资产总额在 500 万元以上的企业。ᶜ 表示文成县和庆元县 2008 年的 FDI 数据缺失,嵊泗县 2004 年的 FDI 数据缺失。

三、实证分析结果及其解释

在表 5.2 中,我们首先报告了基本的普通最小二乘(OLS)估计结果。在所有回归中,我们控制了县级区域经济发展水平和大型企业比重这两个最重要的影响区域创新绩效的因素。同时,所有回归也包含了一个时间虚拟变量,以控制年份效应。

表 5.2　人力资本集聚对浙江省县域创新绩效的影响:OLS 估计

解释变量	因变量:每万人专利授权量的对数			
	(1)专业技术人员就业密度	(2)大学生就业密度	(3)技能工人就业密度	(4)非农就业人员密度
人力资本集聚程度	0.024*	0.017**	0.013	0.001*
	(0.012)	(0.007)	(0.008)	(0.001)
劳均产出	1.191***	1.214**	1.271***	1.069***
	(0.256)	(0.228)	(0.256)	(0.272)

续表

解释变量	因变量：每万人专利授权量的对数			
	（1）专业技术人员就业密度	（2）大学生就业密度	（3）技能工人就业密度	（4）非农就业人员密度
大型企业比重	0.068**	0.070***	0.063**	0.066***
	(0.023)	(0.024)	(0.022)	(0.021)
年份效应	0.572***	0.505**	0.540***	0.616***
	(0.133)	(0.133)	(0.131)	(0.132)
R-squared	0.668	0.674	0.664	0.681
N	138	138	138	138

注：括号内为地级市聚类标准误。

*** 、** 和 * 分别表示 1％、5％和 10％显著性水平。

表 5.2 的第（1）～（3）列分别使用专业技术人员就业密度、大学生就业密度和技能工人就业密度等三类人力资本集聚变量。可以发现，人力资本的空间集聚都与区域创新绩效成正相关，而且除技能工人就业密度外，其他两个密度变量的系数都至少在 10％水平上统计显著。平均而言，人力资本集聚密度每上升 1 人/公里^2，区域创新绩效将提高 1.3％～2.4％。作为对比，第（4）列报告了非农就业人员密度对创新绩效的影响。结果也显示，非农人口的空间集聚一定程度上也有利于促进区域创新，但是这种影响远低于人力资本集聚对创新绩效的影响（不到前者的 10％）。这一比较分析说明，创新主要是由那些具有一定人力资本的就业人员实施的。此外，两个控制变量的参数也显著为正，说明经济越发达的地区和大型企业比重越高的地区，其创新绩效也越高。

如前所述，表 5.2 的 OLS 估计可能会受遗漏变量和不可观察区域固定效应的影响而产生偏误。我们应用面板数据估计方法来处理可能的偏误。表 5.3 报告了固定效应估计结果。与表 5.2 相对应，表 5.3 的第（1）～（3）列报告的是仅控制区域经济发展水平、大型企业比重和年份效应后的固定效应估计结果。与 OLS 估计结果相比，固定效应估计有一些明显的变化，首先是专业技术人员就业密度的系数和显著性程度大幅上升，大学生就业密度的系数和显著性有较大幅度的下降，技能工人就业密度的系数大小没变化但统计显著性有所下降。这说明不可观察的区域固定效应与人力资本集聚变量可能存在一定的相关性。表 5.3 的第（4）～（6）列进一步控制了国有部门就业比重、非农就业比重、政府支出比重和 FDI 实际投资比重等一组反映区域经济结构的变量。可以发现,包括这些变量的固定效应估计结果没有对表5.3中第(1)～(3)列的结果有显著的影响。总体上,人力资本集聚对区域创新绩效都有积极的影响。就数量而言,专业技术人员就业密度对创新绩效的影响最为显著。平均而言,单位行政面积的专业技术人员每增加1人/公里^{2}有助于提高区域创新绩效5.6%。根据表5.1,专业技术就业人员密度从2004年5.19增加到2008年的7.06。这意味着,样本分析期间专业技术人员就业密度的增长可以解释大概10.5%的县级区域创新绩效提升。

表5.3 人力资本集聚对浙江省县域创新绩效的影响:固定效应估计

解释变量	因变量:每万人专利授权量的对数					
	(1)专业技术人员就业密度	(2)大学生就业密度	(3)技能工人就业密度	(4)专业技术人员就业密度	(5)大学生就业密度	(6)技能工人就业密度
人力资本集聚程度	0.051***	0.007	0.013	0.056***	0.006	0.013
	(0.016)	(0.008)	(0.016)	(0.023)	(0.009)	(0.017)
劳均产出	0.157	0.178	0.198	0.172	0.265	0.285
	(0.240)	(0.291)	(0.290)	(0.227)	(0.296)	(0.265)
大型企业比重	0.025	0.016	0.014	0.015	0.007	0.006
	(0.014)	(0.015)	(0.013)	(0.020)	(0.020)	(0.017)
国有部门就业比重	—	—	—	−0.029	−0.032	−0.034
				(0.027)	(0.029)	(0.022)
非农就业比重	—	—	—	0.010	0.016	0.014
				(0.008)	(0.009)	(0.010)
政府支出比重	—	—	—	−0.099	−0.055	−0.060
				(0.058)	(0.067)	(0.067)
FDI实际投资比重	—	—	—	0.023	0.013	0.016
				(0.035)	(0.035)	(0.037)
Hausman检验	29.04	24.57	26.22	17.07	13.93	13.09
R-squared	0.910	0.905	0.905	0.924	0.918	0.919
N	138	138	138	135	135	135

注:(1)括号内为地级市聚类标准误;(2)表中的各列回归均控制了年份效应;(3)Hausman检验报告了固定效应估计系数与相应的随机效应估计系数差异的显著性程度。

***、**和*分别表示1%、5%和10%显著性水平。

表 5.3 的第(4)～(6)列回归中,其他的控制变量大多统计上不显著,但都有符合理论预期的符号。例如,国有部门就业比重较高和政府支出比重较大的地区往往具有较低的创新绩效,而非农就业比重较高和 FDI 实际投资比重较高的地区则具有较高的创新绩效。

固定效应变换虽然可以有效处理不可观察的区域固定效应 μ,但若 μ 与人力资本集聚不相关,则随机效应估计要比固定效应估计的估计效率更高。我们使用随机效应方法估计了表 5.3 中的各列模型[①],并使用 Hausman 检验的 p 值作为判断依据。表 5.3 倒数第三行报告的 Hausman 检验结果显示,没有证据表明随机效应估计是更可取的结果。

第四节　人力资本外部性与创新:基于全国城市的研究

本节中,笔者将基于 2000—2015 年的全国人口普查和 1‰人口抽样微观数据库、发明专利数据库和地级市社会经济数据,构建基于地级市的面板数据,实证检验人力资本集聚与地级市创新的关系,拓展第三节的分析结果。

一、模型设定与估计方法

不失一般性地,笔者沿袭上一节的计量模型构建方式,以实证检验城市水平上人力资本集聚对区域创新绩效的影响。本节模型设定如下,

$$\log(I_{cpt}) = \delta + \theta D_{cp,t-1} + X'_{cp,t-1}\eta + \mu_p + \tau_t + \varepsilon_{it} \quad (5.2)$$

其中,c 代表城市,p 代表省份,城市创新绩效(I)以每万人发明专利申请数量衡量,人力资本集聚程度(D)的定义与上一节相同,即城市单位行政面积的人力资本数量,X 为一组前置的其他区域特征变量,μ 是不可观察的省级地区固定效应,τ 是时间效应,ε 是随机扰动项。

同样地,笔者在本节中仍使用滞后的人力资本集聚程度作为回归元,以减少参数估计的联立内生性偏误。估计方程(5.2)仍可能受到遗漏重要变量导致的估计系数有偏且不一致的问题,得益于人口普查微观数据,本节笔者基于早期人力资本流动分布情况构建了工具变量来缓解内生性问题。

[①]　因 Hausman 检验更偏好固定效应模型,故此处没有报告随机效应结果。

二、数据、变量与描述性统计

地级市行政区划在不同时期会有细微调整。本节的行政区划划分以民政部 2020 年度公布的地级及以上城市为基准。样本区间涵盖 2000、2005、2010 和 2015 年四个全国人口普查或 1‰ 人口抽样调查年份。笔者剔除了在城市层面及以上发生过行政区划调整的样本，最终包括 298 个城市，共 1192 个观测值。后续回归中，除去变量值缺失的观测值后，剩余样本包含的城市仍然覆盖了除去西藏之外的 30 个省（区、市）。

本节中的被解释变量来源于国家知识产权局专利数据库，核心解释变量人力资本集聚程度均根据全国人口普查或 1‰ 人口抽样调查微观数据估算得到，其他地级市层面经济变量的原始数据来源于历年的《中国城市统计年鉴》。本节实证分析涉及的主要变量如下：

人力资本集聚程度（D）：为保持一致性，笔者继续沿用上一节中人力资本集聚的衡量方式，即城市单位行政面积上人力资本的数量。具体而言，笔者依据 2000 年与 2010 年两次全国人口普查微观数据以及 2005 年与 2015 年两次全国 1‰ 人口抽样调查微观数据所提供的受访个体是否就业、职业、学历程度等信息，统计得到全国各城市单位行政面积上处于就业状态的非农人员、大学生及以上学历人群、专业技术人员和企业家数量等四个指标。

创新绩效（I）：与上一节略有不同的是，考虑到发明专利从申请到获得授权有一定的滞后性，且囿于选取的样本期间和数据可得性的限制，在这一节中笔者使用城市中每万人发明专利申请数量作为创新绩效的衡量方式。进一步地，笔者借鉴 Carlino et al.（2007）的做法，采用每万人发明专利申请数量的三年平均值以减缓科研投入的滞后性问题。

此外，笔者控制了一系列城市经济特征以缓解遗漏变量造成的内生性问题，具体包括劳均实际产出、大型企业数量、国有部门就业比重、政府支出比重、FDI 实际投资比重等。其中，劳均实际产出定义为地区实际生产总值（2000 年不变价）与从业人员数之比，大型企业定义为限额以上工业企业，其他变量的定义与上一节相同。

表 5.4 报告了本节使用的主要变量的描述性统计。在样本期内，以每万人专利申请量衡量的创新绩效均值为 2.45 项，标准差为 8.24 项，具有较大的差异。对于核心解释变量，非农就业的密度最高，大学生就业密度和专业技术人员就业密度次之，前者是后者的 6～9 倍；企业家就业密度为 2.75

人/公里²,仅占专业技术人员的15％,体现了高质量人力资本的稀缺性。此外,样本期内的人力资本密度和控制变量在全国各城市之间也具有较大的差异,为本节的实证研究提供了数据基础。

表 5.4　全国地级市创新绩效和社会经济变量的统计特征

变量名称	观测值	均值	标准差	最小值	最大值
区域创新绩效[a]/(项/万人)	1111	2.45	8.24	0.01	129.60
人力资本集聚程度/(人/公里²)					
非农就业密度	1178	165.40	294.20	0.23	4490.34
大学生就业密度	1178	26.85	62.07	0.01	924.30
专业技术人员就业密度	1178	18.21	30.04	0.01	417.20
企业家就业密度	1178	2.75	8.99	0	154.10
劳均实际产出/(万元/人)	1021	21.85	13.57	0.43	155.40
大型企业数量[b]/家	1021	1212.65	2130.37	22	41,389
国有部门就业比重[c]/％	1180	37.15	15.79	8.34	72.70
政府支出比重/％	1016	13.28	7.14	0.02	68.76
FDI 实际投资比重/％	1000	2.21	2.96	0	45.40

注:[a] 表示区域创新绩效以每万人发明专利申请量衡量。考虑到研发投入的滞后性,我们使用前置三年内每万人专利申请数的平均值,具体地,2015 年创新绩效以2016—2018 年三年平均的每万人专利申请量作为衡量。[b] 表示大型企业数量在后续回归中进行了对数化处理,以减少极端值和异方差的影响。[c] 表示囿于数据可得性,国有部门就业比重的度量在省级层面。

三、实证分析结果

表 5.5 汇报了普通最小二乘(OLS)估计结果。所有回归均加入了前述的全部控制变量以及时间和地区固定效应,以减少城市异质性对估计结果造成的偏差。第(1)～(4)列分别是以非农人员、大学生、专业技术人员和企业家的就业密度作为人力资本集聚衡量方式的估计结果。可以看出,无论是哪一种人力资本,其估计系数均在1％的水平上显著为正,意味着人力资集聚程度与区域创新存在显著的正相关关系。平均而言,不同人力资本密度每增加1 人/公里²,区域创新绩效将提升0.2％～3.8％。其中,非农人员集聚的作用最小,大学生和专业技术人员的集聚程度对区域创新绩效的影响次之,企业家集聚的边际影响最大,说明区域创新活动更多地依赖于高质量的人力资本,具体而言,单位行政区划面积企业家就业密度每增加1 人/

公里²,城市每万人专利申请将增加 3.8%,这意味着,样本期间企业家就业密度的增长解释了约 4.4%的城市区域创新绩效提升。①

相较于浙江省县域范围的估计结果,城市内非农人员的集聚效应更大,是前者的两倍,说明人力资本密度更高的地区具有更大的集聚效应。值得关注的是,城市层面大学生和专业技术人员的集聚对区域创新绩效的影响却比浙江省县域范围内的更小。比较二者的均值,可以发现全国城市水平的大学生就业密度和专业技术人员就业密度远大于浙江省县域范围②,说明过度集聚可能导致交通拥堵、环境污染等“城市病”的出现,造成集聚效率的下降,而如何提高集聚中劳动力配置的有效性也将是政策制定过程中有待考量的关键因素之一。

对于表 5.5 中的控制变量,估计系数的符号大体上符合理论预期。例如,大型企业数量更多和 FDI 实际投资比重更高的城市具有更高的创新绩效,而政府支出比重较高的城市则具有较低的创新绩效,这与上一节中浙江省县域的估计结果一致。此外,国有部门就业比重的系数不显著,但符合预期符号,而第(1)和(4)列中,劳均实际产出对区域创新绩效的影响虽然为负,但并不显著,可以忽略其影响③。

表 5.5　人力资本集聚对城市创新绩效的影响:OLS 估计

解释变量	因变量:每万人专利申请量的对数			
	(1)非农就业密度	(2)大学生就业密度	(3)专业技术人员就业密度	(4)企业家密度
人力资本集聚程度	0.002***	0.008***	0.019***	0.038***
	(0.000)	(0.001)	(0.002)	(0.005)
劳均实际产出	−0.002	0.007	0.004	−0.003
	(0.006)	(0.005)	(0.005)	(0.006)
大型企业数量	0.525***	0.521***	0.489***	0.556***
	(0.131)	(0.122)	(0.120)	(0.145)

---

① 从 2000 到 2020 年,企业家密度从 2000 年的 13.85 人/公里² 增加到 20.90 人/公里²,而每万人均发明专利申请数量从 0.196 项增加到 6.240 项,故企业家密度对创新绩效提升的贡献为 $(20.90-13.85) \times 0.038/(6.240-0.196)=0.044$。

② 根据表 5.1 和表 5.4,大学生就业密度和专业技术人员就业密度在浙江省县域范围内的均值分别为每平方公里 3.89 和 5.19 人,在全国城市范围内的均值分别为每平方公里 26.85 和 18.21 人。

③ 根据表 5.5,第(1)和(4)列中劳均实际产出的估计系数的 t 值分别为 −0.32 和 −0.49,对应的显著性水平分别为 0.753 和 0.630,远高于 0.1,可以认为其并不影响主回归的结果。

续表

解释变量	因变量:每万人专利申请量的对数			
	(1)非农就业密度	(2)大学生就业密度	(3)专业技术人员就业密度	(4)企业家密度
国有部门就业比重	−0.009	−0.012	−0.014	−0.007
	(0.014)	(0.013)	(0.014)	(0.017)
政府支出比重	−0.040***	−0.033***	−0.034***	−0.046***
	(0.013)	(0.011)	(0.011)	(0.014)
FDI实际投资比重	0.090***	0.103***	0.096***	0.094***
	(0.022)	(0.020)	(0.020)	(0.021)
时间/地区固定效应	是	是	是	是
R-squared	0.776	0.789	0.792	0.763
N	1014	1014	1014	1014

注:括号内为省份聚类标准误。

***、**和*分别表示1%、5%和10%显著性水平。

考虑到遗漏重要变量造成的内生性问题,且固定效应模型无法消除随机扰动项中不可观察的随时间变化的因素对参数估计一致性的潜在影响,应对变量内生性的一种常用策略是构建人力资本密度的工具变量来消除这种潜在的偏误。一个有效的工具变量需要满足两个条件:(1)与内生变量(人力资本密度)具有相关性;(2)与随机误差项不相关。笔者参照Friedberg(2001)和Card(2001)的方法,使用1990年全国人口普查数据估算出样本期内各城市的预测流入人口,作为相应年份城市人力资本密度的工具变量。这一工具变量后来也被广泛应用(Tabelline,2020)。

以2015年人力资本密度的工具变量为例,对预测流入人口的计算说明如下:首先,根据1990年人口普查数据,可以计算出从q省流出的人力资本数量($O_{q,1990}$)的城市分布:

$$o_{p,1990}^{c} = \frac{m_{p,1990}^{c}}{o_{p,1990}}$$

其中,$m_{p,1990}^{c}$表示1990年c城市中来自p省的人力资本数量。然后,2015年p省c城市的预测流入的人力资本数量为

$$\hat{m}_{p,2015}^{c} = \sum_{q \neq p} (O_{q,2015} o_{q,1990}^{c})$$

其中,$O_{q,2015}$为2015年q省流出的人力资本总数。类似地,可以分别计算样本期内其他年份的预测流入人口。

表5.6汇报了工具变量估计的结果。第一阶段回归结果中,估计系数

均在1‰水平上显著为正,且 Kleibergen-Paap rk Wald F 统计量均大于 10,拒绝弱工具变量的原假设,表明无论是哪一种人力资本,利用 1990 年人力资本分布估算的样本期人力资本集聚程度与实际的人力资本密度显著正相关,具有较好的预测能力。第二阶段回归结果中,估计系数均在 1‰水平上显著为正,表明缓解了内生性问题后,人力资本集聚对区域创新绩效具有显著的促进作用。与表 5.5 中的基准回归结果相比,非农人员和大学生的就业密度的估计系数无明显变化,而专业技术人员和企业家的就业密度的估计系数明显增大,分别增大到 OLS 估计系数的 1.4 倍和 2.8 倍,说明内生性问题可能导致我们低估了这两类人力资本对区域创新绩效的促进作用。总体而言,在缓解了内生性问题后,人力资本集聚对区域创新绩效的积极影响依旧显著存在,其中企业家就业密度对创新绩效的影响最为显著,进一步印证了在城市层级高质量人力资本集聚对创新的重要作用。平均而言,单位行政面积上企业家每增加 1 人/公里^2,城市创新绩效将增加 5.6‰,这意味着,在缓解了内生性问题后,样本期间企业家就业密度的增长解释了约 12.3‰的城市区域创新绩效提升。①

表 5.6 人力资本集聚对城市创新绩效的影响:工具变量估计

变量	(1)非农就业密度	(2)大学生就业密度	(3)专业技术人员就业密度	(4)企业家密度
第一阶段回归结果				
预测的人力资本密度	0.531***	1.672***	0.859***	0.330***
	(0.030)	(0.085)	(0.196)	(0.013)
观测值	961	961	961	961
Adj. R^2	0.801	0.814	0.818	0.791
第二阶段回归结果(因变量:每万人专利授权量的对数)				
人力资本集聚程度	0.002***	0.007***	0.026***	0.105***
	(0.000)	(0.001)	(0.004)	(0.029)
观测值	939	939	939	939
Centered R^2	0.801	0.813	0.810	0.705
KP F-stat	308.8	390.2	19.2	666.1

注:括号内为省份水平的聚类标准误。两阶段回归中均控制了 OLS 回归的全部地区经济变量以及时间和地区固定效应。

***、** 和 * 分别表示 1‰、5‰和 10‰显著性水平。

―――――――――

① 企业家就业密度从 2000 年的 13.85 人/公里^2 增加到 20.90 人/公里^2,故企业家就业密度对创新绩效提升的贡献为(20.90−13.85)×0.105=0.740。

第五节　本章小结

创新是生产率增长的源泉。提高自主创新能力已成为当前实现我国经济结构转型升级、提高国家竞争力的一项重要战略任务。人是创新活动的主体，提升创新能力和创新效率应主要从这一主体着手。创新活动是一种重要的经济活动。在美国，以专利数量衡量的创新活动也表现出明显的地区集聚现象，它与人力资本的空间集聚存在明显的相关性。

本章分别利用浙江省县级区域和全国地级市区域的面板数据，从人力资本外部性与集聚经济视角研究了人力资本的空间集聚与区域创新绩效之间的关系。在浙江省县域层面，以专业技术人员就业密度、大学生就业密度和技能工人就业密度等衡量的人力资本集聚都有利于促进县级区域创新绩效的提升。其中，专业技术人员就业的空间集聚对区域创新绩效的促进作用最显著。在样本期间，专业技术人员就业密度的增长可以解释大概10.5％的浙江省县级区域创新绩效提升。在全国城市区域层面，笔者纳入了企业家这一人力资本，并构建了工具变量以控制那些随时间变化的且不可观察的区域效应。分析结果表明以非农就业密度、大学生就业密度、专业技术人员密度和企业家就业密度等四个指标衡量的人力资本集聚对城市创新绩效有显著的促进作用。在城市层面，企业家集聚对区域创新绩效的边际效应是专业技术人员的 4 倍，表明城市创新更多地依赖于高质量的人力资本。本章的分析结果为区域实施创新驱动发展战略提供了一定的启示。

限于数据的可得性，笔者未能区分人力资本集聚对创新绩效的两种效应，而只是估计了人力资本集聚的总体效应。此外，对于浙江省县域层面的分析，笔者也未能控制那些随时间变化的且不可观察的区域效应。

第六章　人力资本数量与地区经济不平衡

新古典增长理论预言欠发达地区收入水平有向发达地区收敛的趋势，但观察到的现象似乎并不支持这一预言。新增长理论认为原因之一在于人力资本外部性抵消了资本边际报酬递减的作用。本章在增长回归框架下应用面板数据估计方法考察人力资本数量扩展对地区人均收入的影响。第一节概述我国改革开放以来的地区经济发展及其收入分配状况；第二节在简要综述现有关于地区经济差异的研究的基础上阐述了研究目的和思路；第三节讨论实证分析模型和研究方法，同时介绍了使用的数据和变量设计；第四节报告和解释主要的分析结果；第五节是本章分析的简要小结。

第一节　改革以来的地区经济发展

党的十九大报告指出，中国特色社会主义进入新时代，我国社会主要矛盾已经转化为人民日益增长的美好生活需要和不平衡不充分的发展之间的矛盾。发展的不平衡不充分已成为当前我国经济发展过程中的重大现实问题。发展的不平衡表现在收入水平在不同群体之间和地区之间的差距扩大。在微观个人收入分配层面，学界一般以基尼系数（Gini coefficient）来衡量收入的不平等现象。[1] 一般基尼系数超过 0.4 即被认为这个社会存在较高的分配不平等程度。表 6.1 列示了 1988—2020 年我国居民收入分配基尼系数与城乡收入差距的变动趋势。据世界银行估计，1982 年中国居民收入基尼系数为 0.30，受益于农村改革，1984 年下降到 0.26。但是，从表 6.1 中可以发现，20 世纪 80 年代中后期开始我国的基尼系数呈现迅速上升的趋势，从 1988 年的 0.380 快速增加到 1995 年的 0.430，再到 2002 年的 0.447[2]。2015 年国家统计局公布的数据显示，2003—2013 年，我国居民收

---

① 基尼系数由意大利经济学家基尼（Corrado Gini）提出。它是以个人或家庭收入调查为基础，根据洛伦茨曲线计算获得的一个介于 0 和 1 之间的数值。越接近 1 表明个体间收入越不平等；反之，说明收入越平等。

② 同期，泰尔指数（Theil index）从 1995 年的 0.122 上升到 2002 年的 0.157（李实，2003）。

入的基尼系数总体上高位稳定在 0.47 以上。[1] 党的十八大以来,得益于脱贫攻坚等重大战略的实施,全国居民人均可支配收入的基尼系数有所下降,但仍处于 0.46 以上。一些学者采用中国家庭收入调查(CHIP)等抽样调研数据估算了城镇和农村内部的基尼系数。[2] 从表 6.1 报告的数据还可以发现,基尼系数在城乡内部尚处于合理的范围内,且相对稳定,但一旦以全国样本来看,已处于比较高的位置。这一结构分解说明城乡之间的收入差距对整个社会不平等程度贡献了主要部分。这一点也可以从历年城乡人均收入比的变化得到反映。数据显示,这一比例从 1988 年以来总体呈上升态势,在 2009 年前后达峰值,近年来虽有小幅回落,但远高于 1988 年。已有一些研究证实,城乡收入差距过大不利于初始收入水平较低的农村居民的人力资本投资,从而制约劳动力质量的提高,进一步影响长期经济增长(钞小静和沈坤荣,2014)。沈凌和田国强(2009)则从消费需求结构视角研究了贫富差距对创新进而对经济持续增长的影响。

表 6.1 中国居民收入基尼系数与城乡收入差距变动趋势:1988—2020 年

年份	全国	农村内部	城镇内部	城乡收入比[a]
1988	0.380[b]	0.30	0.23	2.28
1995	0.430[b]	0.34	0.28	2.71
2002	0.447[b]	0.36	0.32	3.11
2003	0.479	—	—	3.23
2004	0.473	—	—	3.21
2005	0.485	—	—	3.22
2006	0.487	—	—	3.28
2007	0.484	0.34	0.36	3.33
2008	0.491	—	—	3.31
2009	0.49	—	—	3.33

---

[1] 西南财经大学中国家庭金融调查与研究中心(2012)公布的 2010 年全国居民收入基尼系数甚至高达 0.61。

[2] 需要指出的是,许多研究估算的基尼系数通常没有考虑地区物价差异,一定程度上可能高估不平等程度(江小涓和李辉,2005;陈钊等,2010;李实和高霞,2015)。例如,陈钊等(2010)的估算认为地区物价指数差异对基尼系数的贡献大概有 6%。

续表

年份	全国	农村内部	城镇内部	城乡收入比[a]
2010	0.481	—	—	3.23
2011	0.477	—	—	3.13
2012	0.474	—	—	3.10
2013	0.473	0.36	0.37	3.03
2014	0.469	—	—	2.97
2015	0.462	—	—	2.73
2016	0.465	—	—	2.72
2017	0.467	—	—	2.71
2018	0.468	—	—	2.69
2019	0.465	—	—	2.64
2020	0.468	—	—	2.56

资料来源：a：国家统计局，《中国统计年鉴》各卷。城乡收入比＝城镇人均可支配收入/农村人均纯收入。b：1988—2002 年基尼系数来自 World Bank，*World Development Report 2006：Equity and Development*，New York：Oxford University Press。2003—2020 年基尼系数来自国家统计局住户调查司，《中国住户调查年鉴(2021)》，北京：中国统计出版社，第 371 页。

　　尽管对我国基尼系数的准确值仍存争议，但是收入不平等程度扩大这一事实已为大多数研究所证实，并且与世界上其他国家相比，中国是收入分配不平等程度最高的几个国家之一。[①] 在表 6.2 中，笔者根据世界银行数据库比较了中国与若干类型国家(地区)的基尼系数和相应时期的经济发展程度。可以发现，首先，中国的收入分配不平等程度明显高于主要发达国家，如美国和德国。其次，不平等程度较高的国家(地区)主要集中在欠发达的非洲国家、拉丁美洲国家。比较而言，主要发达经济体的基尼系数都在 0.4 以下。最后，一个国家(地区)的收入分配不平等程度似乎与其经济发展程度存在一定的负相关关系。图 6.1 揭示了这种关系。

---

① 《世界发展报告 2006》显示，全世界 127 个国家中，基尼系数高于中国的国家为 29 个，且大部分为拉美和非洲国家。OECD 国家的平均基尼系数在 0.323。

表 6.2　中国与若干国家(地区)收入不平等程度比较

国家	基尼系数	报告年份	人均生产总值(2011 年)/美元
中国	0.474	2012	5445
主要发达国家			
美国	0.380	2010	48112
日本	0.336	2009	45903
德国	0.286	2010	44060
法国	0.303	2010	42377
英国	0.341	2010	39038
加拿大	0.320	2010	50345
澳大利亚	0.334	2010	60979
金砖国家			
巴西	0.519	2012	12594
俄罗斯	0.417	2011	13089
印度	0.339	2010	1509
南非	0.631	2009	8070
拉美国家			
阿根廷	0.445	2010	10942
秘鲁	0.481	2010	6018
巴拿马	0.519	2010	7498
乌拉圭	0.453	2010	13866
墨西哥	0.466	2010	10047
欠发达国家			
尼日利亚	0.488	2010	1502
多米尼加	0.472	2010	5530
安哥拉	0.427	2009	5318
厄瓜多尔	0.493	2010	4496

　　资料来源:基尼系数来自李实和高霞(2015)。人均生产总值来自世界银行数据库。各国基尼系数的报告时间略有差异,但都在 2008—2012 年,故笔者选择 2011 年人均生产总值来衡量各国收入发展水平。

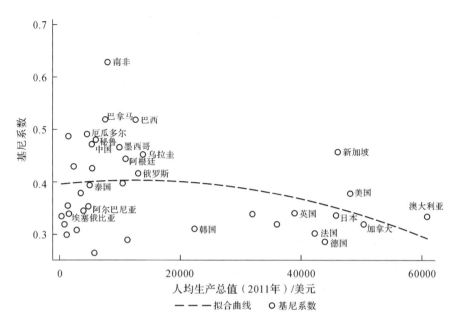

图 6.1 收入不平等与经济发展程度

资料来源：同表 6.2。

从宏观的地区发展水平来看，1980 年，东部十省市的人均实际生产总值为 864 元，而西部十省（区、市）仅为 367 元，约为东部的 42%[①]。2014 年，按 1980 年可比价计算，东部十省市人均实际生产总值为 19399 元，西部仅为 7564 元，约为东部的 39%。东西部经济发展水平不仅没有缩小，甚至有一定程度的扩大。最富的上海市人均实际生产总值达 38199 元，是最穷的贵州省人均实际生产总值的 7.7 倍。各地区经济发展水平似乎呈现出一种强者恒强、弱者恒弱的"马太效应"。[②] 为了更清晰地考察省际收入差距的动态演化，图 6.2 绘制了以各省（区、市）人均实际生产总值为基础计算的经济发展不平衡程度的变化。

根据图 6.2，我们可以发现，1980—2015 年，地区经济发展不平衡大致经历了三个阶段。第一阶段是 1980—1990 年，不平等指数有所下降，表明地区发展不平衡有所缓解。这一下降趋势主要得益于先行推行的农村改革。众所周知，以家庭联产承包责任制为标志的农村改革极大地促进了农

---

① 为和本章后续分析保持一致，此处西部省（区、市）未包含海南省，同时重庆市的数据合并至四川省。

② 改革开放之初，贵州是最穷的省，改革开放 35 年后，贵州仍然是最穷的省。

民的生产积极性,带来了农村经济的迅速发展,而同一时期,城镇地区改革尚未全面开展,职工的生产积极性仍未被充分激发。因此,这一时期的不平等指数下降归因于城乡间不平等程度的降低。第二阶段是 1990—2000 年。这一时期地区发展不平衡显著扩大,主要原因在于沿海地区的外商直接投资和对外贸易扩张带来经济的蓬勃发展。第三阶段是 2000—2015 年。这一时期的下降主要得益于西部大开发等战略的实施。1999 年,中央提出要进行"西部大开发",以加快中西部地区的发展。十几年来,在中央各类政策的支持下,西部地区的交通设施等基础设施投资增长迅速,经济发展速度也明显加快。根据笔者计算,从 2000 年开始正式实施西部大开发战略以来,西部地区经济年均增长率在 10% 以上,而之前 10 年年均增长率不到 8%。

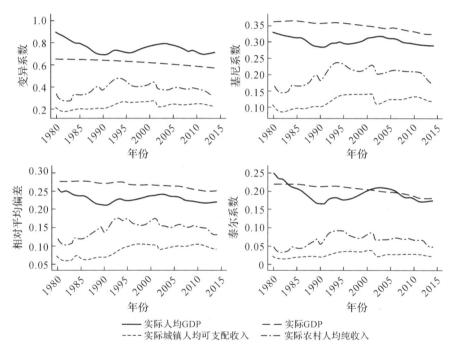

图 6.2　经济发展不平衡程度(1980—2015 年)

数据来源:笔者根据《中国统计年鉴》相关数据整理后计算获得。

从过去四十多年的发展历史来看,改革开放的最初十年,中国经济发展与收入分配都取得了显著改善,不仅整体经济持续增长,收入分配情况也得到了明显的改善。这一局面在 20 世纪 90 年代却发生了变化。这一变化正好发生在邓小平南方谈话后改革开放战略进一步确立的大背景下。一些微观研究证实不同地区改革开放程度不同一定程度上导致了收入不平等程度的快速上升(Han et al.,2012)。近二十多年来,政府还实施了包括"脱贫攻坚计划""西部大开发""中部崛起"等一系列旨在改善地区收入差距状况的战略,虽发挥了一定的作用,但是单纯依靠粗放式投资以及转移支付等再分配措施似乎难以改变收入差距扩大的总体趋势。收入差距的持续扩大,对进入中等收入阶段的中国经济的未来发展提出了挑战。近年来,党中央和国务院在有关报告中多次提及要采取有力措施跨越"中等收入陷阱"(middle income trap)。[①] 一些学者认为如果不采取有效的措施改善收入分配格局,中国经济有可能像拉美国家那样陷入"中等收入陷阱"。例如,财政部原部长楼继伟(2010)曾公开撰文指出,我国经济面临的最大风险在于持续的收入分配不公平。

第二节　解释地区发展不平衡

自20世纪90年代中后期以来,地区经济发展差距问题一直是学界关注的焦点。许多研究者都试图从理论和实证上探究中国地区发展差异的原因。[②][③] 毋庸置疑,个中缘由是多方面的。概括起来,这些研究主要从发展战略、外商投资和国际贸易、地理和区域性政策、基础设施、市场化改革和企业家精神、人力资本等角度分析了中国的地区经济差异问题。

发展战略说主要集中于林毅夫教授及其合作者的研究(林毅夫等,1998;林毅夫,2002;林毅夫和刘培林,2003;林毅夫和刘明兴,2003)。他们认为,要素禀赋结构决定了一个经济的产业和技术结构。如果落后国家(地

[①] "中等收入陷阱"这一概念最早出现在世界银行经济学家的一项研究报告(Gill and Kharas,2007)中,它描述了一种发展现象,即发展中国家在进入中等收入阶段后可能失去发展动力,经济陷入长期的停滞和徘徊。历史上只有韩国等少数发展中国家成功突破了这一陷阱,迈入高收入国家行列。以巴西、阿根廷、秘鲁等国家为代表的拉美地区,几乎都陷入了"中等收入陷阱",因此,有的文献也称为"拉美陷阱"。2012年前后,随着我国劳动年龄人口比重出现下降,以及其他影响经济发展的能源和资源瓶颈等矛盾日益显现,"中等收入陷阱"一词开始越来越多地出现在学术理论文献和政府文件中。张德荣(2013)研究了"中等收入陷阱"的发生机理。

[②] 有关这方面的文献数以千计,代表性的文献包括但不限于,林毅夫等(1998),蔡昉和都阳(2000),Démurger(2001),Bao et al.(2002),王小鲁和樊纲(2004、2005),陆铭等(2005),陈继勇和盛杨怿(2008),陈昌兵等(2009),郭庆旺和贾俊雪(2009),李宏彬等(2009),傅元海等(2010),樊纲等(2011),张平和刘霞辉(2011),郑世林等(2014),王晓东等(2014),彭国华(2015),伍山林(2016),胡永刚和石崇(2016)吕朝凤和朱丹丹(2016)。

[③] 还有一批文献(如蔡昉和都阳,2000;董先安,2004;彭国华,2005;许召元和李善同,2006)围绕着新古典收敛假说探讨了中国地区经济差异问题及其收敛条件。刘夏明、魏英琪和李国平(2004)对早期的增长收敛文献做了综述。

区)采取的发展战略违背了其要素禀赋比较优势,则会导致这些国家(地区)的微观企业缺乏自生能力,最终结果是不可能发生向发达经济的收敛。利用这一理论分析框架,他们认为,新中国成立以来推行的重工业优先发展的赶超战略导致的要素存量配置结构违背了大多数省区的要素禀赋比较优势,从而导致大量企业缺乏自生能力。政府为了扶持这些企业而不得已采取的措施扭曲了市场的正常运转,从而影响了资本积累和技术进步速度。因此,中国各省区发展水平差距应主要归因于发展战略的扭曲。林毅夫等(1998)通过对 1978—1995 年中国地区差距变化趋势的分析,认为地区差距越来越表现为地区间利用市场和发展机会方面的差距。林毅夫和刘明兴(2003)利用中国 28 个省的数据为各地区构建了一个技术选择指数,并将该指数与最优技术选择指数之差作为该地区比较优势的偏离程度,并用来解释地区经济增长和收入差距的关键变量。林毅夫和刘培林(2003)也做了类似的工作。这些实证研究都显示发展战略是解释地区经济差异和收入差距的关键因素,采用符合地区要素禀赋的发展战略的地区发展得更快。

一些研究着重考察了 FDI 实际投资对地区经济发展差异的影响(如 Chen et al.,1995;魏后凯,2002;王成岐等,2002;武剑,2002;Ran et al.,2007;陈继勇和盛杨怿,2008;傅元海等,2010),其理论依据是 FDI 作为资本、知识和技术的载体会影响地区的资本积累和技术效率,因而 FDI 的区域分布差异会影响地区的经济发展。[①] Chen et al.(1995)在对中国 1978—1990 年经验数据进行分析后认为 FDI 对这一时期的经济增长有积极的作用。魏后凯(2002)对 1985—1999 年分省数据的实证分析发现,东西部经济增长差异的 90% 可以由 FDI 的分布差异解释。不过,武剑(2002)的估计结论则认为 FDI 的作用要小得多。王成岐等(2002)认为东道主的初始技术水平和政策强烈地影响着 FDI 对经济增长的促进作用。他们的研究发现 FDI 对经济增长的影响在东部发达地区表现得更强烈。Ran et al.(2007)使用分省分行业信息更丰富的数据,发现 FDI 的积极影响要比先前文献的估计小得多,而对于某些(落后)省份和行业甚至有不利的影响。同时,他们也认为正是由于 FDI 在不同地区和行业的截然相反的效应,使得它成为地区经济差异和收入差距扩大的一个重要原因。陈继勇和盛杨怿(2008)与傅元海等(2010)考察了 FDI 对东道国的溢出效应在地区经济增长绩效中的作用。傅元海等(2010)提供了来自产业层面 FDI 技术溢出效应的证据。

---

① 从跨国经验证据来看,这一假说仍然是备受争议的。

与强调 FDI 溢出效应的研究密切相关,另一些文献从经济地理和区域性政策视角解释中国的地区差异问题(Fleisher and Chen,1997;Bao et al.,2002;Démurger et al.,2002)。Fleisher and Chen(1997)认为对东部地区的政策优惠以及中西部不利的地理条件是导致中西部发展长期落后的根源性因素。同样,Bao et al.(2002)也分析了在市场化改革过程中地理因素(沿海与内陆)对区域经济增长的影响。他们认为沿海地区更高的资本回报率和工资率吸引了更多的 FDI 和外来劳动力,而后两者被认为是沿海地区高速发展的主要原因。Démurger et al.(2002)也持类似的观点。沈坤荣和李剑(2003)考察了贸易对地区经济增长的影响,认为国际贸易通过提升要素禀赋结构和推进制度变革进程从而对人均产出有正面影响,而国内贸易由于国内市场分割阻碍了国内市场一体化进程,从而对经济有不利的影响。黄玖立和李坤望(2006)从市场规模角度分析了地区差异的形成和变化。他们认为国外(出口)和地区市场的相互替代性可以解释沿海地区与西部地区的发展差异。陆铭和陈钊(2004)的研究发现城市倾向的经济政策在某种程度上加剧了城乡间的收入差距,而城市化则有利于缓解地区差异。

基础设施假说认为基础设施有明显的溢出效应。Démurger(2001)的实证分析认为,基础设施(如交通网络、电力、通信等)发展水平的差异能显著地解释部分地区经济增长的差异。邹薇和周浩(2007)也发现地区基础设施和城市化等有助于解释省际的增长差异。刘生龙和胡鞍钢(2010)研究了交通、能源和信息等基础设施建设对经济增长的溢出效应,发现交通与信息基础设施有显著的溢出效应,但能源基础设施的溢出效应不明显。郑世林等(2014)的研究认为移动电话和固定电话等电信基础设施在发展早期有助于促进地区经济增长,但进入 21 世纪后,随着移动电话和固定电话的普及,这种增长效应在递减。王晓东等(2014)发现交通基础设施对地区经济增长有正向溢出效应,但这种溢出效应存在明显的地区差异。高翔等(2015)以服务业为例重点研究了高速公路对企业生产率的影响,发现与高速公路连接的服务业企业生产率显著高于其他服务业企业。刘生龙和胡鞍钢(2011)从区域贸易量视角发现交通基础设施改善有助于促进中国区域经济的一体化。

根据熊彼特的理论,民营经济所代表的企业家精神是经济发展的重要推动力,民营经济发达的地区相对而言市场化程度也越高。Chen and Feng(2000)通过对 1978—1989 年各地区经济增长经验进行分析后,认为私营企业在地区经济增长中起到了关键的促进作用,因而它的发展差异可以解释这一时期地区经济发展差异。李宏彬等(2009)、Li et al.(2012)以及胡永刚和石崇(2016)也考察了以民营企业家为代表的企业家精神。研究结论都表明,企业家精神差异有助于解释地区之间的经济增长绩效差异。[①] 樊纲等(2011)的研究认为,市场化改革改善了地区的资源配置效率,有助于解释地区的经济绩效。在他们研究的 1997—2007 年,市场化对经济增长的贡献达年均 1.45 个百分点。吕朝凤和朱丹丹(2016)认为市场化改革主要通过增长地区的市场潜力,促进地区长期增长。劳动力的跨区域流动极大地提高了我国劳动力资源的配置效率,与此同时也加剧了地区经济发展差异(彭国华,2015;伍山林,2016)。陈昌兵等(2009)以及张平和刘霞辉(2011)研究了城市化水平对地区经济增长的影响。

就人力资本对收入差别的作用而言,大多数研究是在 Barro(1991)增长回归框架下进行的。在 Mankiw et al. (1992)的开拓性论文中,他们发现要素投入的差异——特别是以中学入学率衡量的人力资本数量方面的差异,可以解释 80%以上的跨国收入差别。尽管这项研究结论引起了广泛的学术影响,但他们的分析结论在变量测量和因果解释方面也受到了不少学者的批评(比如 Klenow and Rodrigue-Clare,1997;Bils and Klenow,2000)。Klenow and Rodrigue-Clare(1997a)认为 Mankiw et al. (1992)使用的中学入学率这一人力资本变量存在较大的测量误差,这将使得他们的研究结论面临经典的测量误差引起的偏误。他们的研究进一步地考虑了小学入学率和教育质量因素,结论发现要素积累在跨国收入差别中的作用显著地减少,而生产率的贡献却有较大幅度的上升。国内学者陈晓光(2005)认为这些研究都没有考虑人力资本的向下兼容性。于是他重新考察了跨国收入差异,发现人力资本等投入方面的差异仍是跨国收入差异的重要因素。与这些研究不同,Benhabib and Spiegel(1994)的研究则侧重于模型设定方面。他们发现,在传统的新古典模型设定下,教育变化对增长的作用并不显著甚至是不利的,但如果模型设定遵循新增长理论的思想,教育对增长具有积极的影响。Pritchett(2001)也发现教育发展不利于经济增长的证据。万广华等(2005)以及陆铭等(2005)对中国省区差异的研究认为资本是导致地区间收入差距的主要因素,而教育尽管对地区差距有影响,但影响较小。林毅夫和刘明兴(2003)的回归显示人力资本对经济增长不存在促进作用。蔡昉和都阳(2000)的实证研究则认为人力资本是地区经济差异的主要原因之一,不过他们使用的人力资本代理指标有所不同。邹薇和张芬(2006)对农村地区

---

① 如第二章所述,企业家本身也是一种重要的人力资本。

收入差异的考察分析认为,中学教育对农村人均收入的影响较大,而小学教育的影响则较小。郭庆旺和贾俊雪(2009)从公共教育投入和人力资本溢价视角研究教育对地区经济增长的影响。他们发现,基础教育投入更多的地区,经济增长更显著。

新增长理论的一个重要理由是人力资本具有外部性。卢卡斯(Lucas,1998)首先提出了人力资本外部效应概念(external effect)[①],用来解释跨国收入差异以及城市集聚现象。但是,在实证上要识别这种溢出效应是困难的。纵观已有经验文献,主要有两种估计策略:一是明塞尔方法。该方法的思路基于微观明塞尔方程,在控制了个体的教育程度以及其他一些个体因素后,估计个体所属群体的人力资本对个体收入的影响(如 Rauch,1993;Acemoglu and Angrist,2000;Moretti,2004a;Liu,2007)。Rauch(1993)最早利用该方法估计了人力资本的地域集中对生产率的影响。利用美国标准大都市统计区数据(SMSAs),他发现平均受教育程度每上升一年有助于提高该地区全要素生产率 2.8% 左右。Acemoglu and Angrist(2000)使用美国各州童工法和义务教育法的实施作为地区平均教育水平的工具变量,以克服平均教育潜在的内生性问题。他们的估计显示,教育的外部收益率为 1%~3%[②],但系数在统计上不显著。Moretti(2004a)则利用关于美国青年纵向研究(NLSY)面板数据,同样使用了工具变量方法估计高等教育的社会收益率。他发现城市的大学毕业生数量每增加 1 个百分点,有助于提高该地区高中辍学生、高中毕业生以及其他大学毕业生的工资,分别为 1.9%,1.6% 和 0.4%。类似于 Rauch(1993)和 Acemoglu and Angrist(2000)的方法,Liu(2007)利用 1988 年和 1995 年的 CHIP 数据,发现中国城市教育的社会收益率为 10%~16%。另一种思路是生产函数法[③],估计平均教育水平对地区(或国家)平均收入水平的影响(Lange and Topel,2006)。如果估计的系数(即为教育的社会收益率)显著高于私人收益率,则可以认为教育存在外部效应(Heckman and Klenow,1997;Topel,1999;Krueger and Lindahl,2001)[④]。Heckman and Klenow(1997)利用跨国数据的截面回归估计发现,在控制了平均工作经验以及代表技术水平的预期寿命

---

① 与之相对应的概念是内部效应(internal effect),即人力资本对个体自身的影响。

② Acemoglu and Angrist 估计了如下方程:$\ln W_{ijt} = \gamma_0 + \gamma_1 \bar{S}_{jt} + \gamma_2 s_i + \varepsilon_{jt}$,其中 W_{ijt} 是劳动力 i 的工资,s_i 是其受教育程度,$\bar{S}_{jt}$ 是第 j 州 t 期的平均受教育程度。

③ Heckman and Klenow(1998)将它称为"宏观明塞尔方程"(macro-Mincerian equation)。

④ Glaeser et al.(2003)提出的"社会乘数"(social multiplier)也遵循这一思路,但在计算上要稍微复杂一些。

后,教育的社会收益率从 33％下降到了 10.6％。相对于目前对私人收益率的估计,他们认为没有稳健的证据表明存在教育的外部性。Topel(1999)也做了类似的宏观回归。他的跨国面板数据方法估计显示,教育的社会收益率在 5％～15％,也即至少和利用微观数据估计的私人收益率一样大。

　　纵观已有文献,研究者对地区发展差异的原因仍见仁见智。特别地,由于人力资本概念的丰富内涵以及相关变量潜在的内生性问题等因素,实证研究对人力资本在经济增长中的作用未达成一致意见。本章将在增长回归框架下,采用 Bond et al.(2001)发展的动态面板数据方法估计以教育数量衡量的人力资本对地区经济发展的影响,试图为这一争论提供新的证据。笔者借鉴 Heckman and Klenow(1998)、Topel(1999)和 Lange and Topel(2006)的思路,通过将宏观回归获得的教育的社会收益率与微观明塞尔法估计获得的私人收益率相比,检验人力资本外部性假说。不用明塞尔法估计的原因主要有三个方面。首先,该方法需要大样本的个体微观数据库(一般是人口普查数据),但目前关于中国的此类数据仍相对缺乏,且仅有 2005 年的 1％人口抽样涉及工资收入信息。其次,Ciccone and Peri(2006)认为在人力资本需求曲线向下倾斜的条件下,即使边际社会收益与个人工资(即私人收益)相等,明塞尔方法也将得出正的外部效应①。最后,尽管在理论上人力资本存在外部性,但这种外部效应在很大程度上是难以观察的(Lucas,1988),即使可以,顶多也只是在总量水平上能为人们所观察到。换句话说,可以捕获人力资本的外溢效应正是宏观回归的优势所在(Krueger and Lindahl,2001)。

第三节　实证策略与变量说明

　　这一节讨论本章的实证模型以及具体的估计方法,同时简要地介绍本章使用的数据和有关变量的设计。

一、计量模型与方法

　　在新古典索洛增长模型基础上,Mankiw et al.(1992)的经典研究进一步引入了人力资本投入要素,其研究结论显示经济增长的很大部分可归功于包括人力资本在内的要素积累,以中学入学率衡量的人力资本在其中的贡献十分重要。Mankiw et al.建立的分析框架成为后续增长实证研究的一

---

① 他们提出了另一种方法,称为"常组成方法"(constant composition approach),但同样由于数据问题,我们未能尝试这一方法。

个主要框架。本章根据 Mankiw et al. (1992)的研究框架,考虑增长方程[1],

$$\Delta \log(y) = \log(y_{it}) - \log(y_{it-1})$$

$$= \beta_y \cdot \log(y_{it-1}) + \beta_h \cdot \log(h_{it}) + Z\beta_Z + \eta_i + u_{it} \qquad (6.1)$$

其中,$\log(y)$ 为地区人均产出的对数,$\log(h)$ 为地区平均人力资本的对数,Z 为一组控制变量,η_i 是不随时间变化的地区非观测效应,下标 i 和 t 分别表示地区和时间。一般地,h 可表示为各种人力资本变量的指数形式 $h = e^{g(X)}$,其中 X 为各人力资本变量,如教育、健康水平、技能水平等。限于数据的可获得性,本章仅考虑教育 S 。于是,方程(6.1)可简记为,

$$\Delta \log(y) = \beta_y \cdot \log(y_{it-1}) + \beta_s \cdot \bar{S}_i + Z\beta_Z + \eta_i + u_{it} \qquad (6.2)$$

根据新增长理论,初始的人力资本会影响后续经济增长。不过已有的一些证据(Krueger and Lindahl,2001)显示,初始值易受测量误差影响[2],而将人力资本变量在一定区间内均值化可以一定程度减轻这种测量误差的影响。因此,在模型设定中,$\bar{S}$ 为增长区间 $t-1$ 到 t 的平均值,而不是标准增长回归下的初始值。

早期的跨国研究大多是截面回归(如 Barro,1991;Mankiw et al.,1992),但是单截面回归可能存在省略变量误差(omitted variable error)[3]。这是由于,式(6.2)中的地区效应 η_i 通常与右手解释变量相关。Islam(1995)建议将增长区间划分为几个更短的区间,从而可以应用固定效应或差分变换等面板数据方法有效地消除 η_i ,以减轻估计误差。然而,固定效应估计量尽管可以减轻一部分省略变量误差,但仍然可能是不一致的,因为仍然不能排除某些随时间变化的未观测因素可能同时影响教育变化和收入变化[4]。Arellano and Bond(1991)提出了一种广义矩估计方法(generalized method of moments,GMM)来估计式(6.2),即 DIF-GMM 估计(first-differenced GMM)。DIF-GMM 的基本思路是先对(6.2)式差分,然后用一组滞后的解释变量作为差分方程中相应变量的工具变量。Caselli et al.(1996)最早应用这一方法估计了增长回归方程。然而,Blundell and Bond(1998)以及 Bond et al.(2001)等的进一步研究认为,DIF-GMM 估计量较易受弱工具变量的影响而产生有限样本偏误(finite-sample bias)。为了克

---

[1] 也可以写成:$\log(y_{it}) = (1 + \beta_y) \times \log(y_{it-1}) + \beta_s \times \log(h_{it}) + Z\beta_Z + \eta_i + u_{it}$ 。

[2] 在宏观增长回归中,最棘手的难点是人力资本测量误差问题(Krueger and Lindahl,2001)。

[3] Hall and Jones(1999)认为社会基础设施,如制度、政府政策等决定了劳动力的人力资本积累和企业的资本积累,从而造成了跨国收入差别。

[4] 也就是说,未观测到的地区效应实际包括两部分,一部分不随时间变化,另一部分则随时间变化。而一般的面板数据估计仅消除了第一部分。更多讨论请参见 Wooldridge(2020)。

服这一问题,Arellano and Bover(1995)和 Blundell and Bond(1998)提出了另一种 GMM 估计量,即 SYS-GMM(system GMM)估计量。SYS-GMM 估计量结合了差分方程和水平方程,此外还增加了一组滞后的差分变量作为水平方程相应变量的工具。相对来说,SYS-GMM 估计量具有更好的有限样本性质。Bond et al.(2001)建议使用 SYS-GMM 而不是 DIF-GMM 方法来估计增长模型。鉴于此,本章将主要报告 SYS-GMM 估计结果,不过作为比较,对于一些模型设定,也报告了 DIF-GMM 估计结果。根据对权重矩阵的不同选择,GMM 估计可分为一步(one-step)和两步(two-step)估计。Bond et al.(2001)认为在有限样本条件下,两步 GMM 估计量的标准误会严重向下偏误,从而影响统计推断。我们将分别报告两种 SYS-GMM 估计量。此外,对于 GMM 估计量是否有效可行,Bond et al.(2001)指出了一种简单的检验办法,即将 GMM 估计量分别与固定效应估计值及混合 OLS 估计值比较。由于混合 OLS 估计通常严重高估滞后项的系数,而固定效应估计则一般会低估滞后项的系数,因此如果 GMM 估计量介于两者之间,说明GMM 估计是可靠有效的。

二、数据与变量设计

基于数据可得性,本节的分析聚焦于 1985—2005 年和 2005—2020 年两个区间,以对比不同时期人力资本扩张对经济发展的影响。1985—2005年的数据主要来自国家统计局公开出版的《新中国 50 年统计资料汇编》《中国人口统计年鉴》以及《中国统计年鉴》。为保证数据口径的相对一致性,西藏、海南不包括在内,重庆则与四川合并,数据跨度为 20 年(1985—2005)。参照 Islam(1995)等文献的方法,同时考虑到样本的规模,我们将 20 年划分为 5 个区间,即 1985—1989、1989—1993、1993—1997、1997—2001 和2001—2005。各变量均取 4 年平均值,如前所述,这样做的好处之一是可以减轻人力资本变量的测量误差,同时对于其他变量来说,可以一定程度上避免商业周期对估计的影响。2005—2020 年的数据主要来自国家统计局官网以及中国知网社会经济数据库,样本区间设定为 2005 年、2010 年、2015年和 2020 年 4 个时间截面,最终得到包含 31 个省份 4 个年份的面板数据。① 笔者对分析使用的主要变量的定义和测度说明如下:

---

① 未做平滑处理是出于 GMM 估计和二阶自相关检验对样本区间数要求的考虑,西藏、海南数据并无缺失,且四川和重庆在近期分析的样本区间内并未发生省级层面的行政区划调整,故每个时间截面包含 31 个省份。

人均产出(y):统计资料公布了 1952 年各地区的生产总值、人口数以及历年的实际增长指数(1952 年不变价),从而可以获得 1952 年价格衡量的各地区人均生产总值。

资本积累率(Investment):根据新古典收敛框架,储蓄率表征了增长期间的资本积累速度,是一个重要的增长因素。一些实证文献使用的是总储蓄率。在本章中,我们使用资本积累率代理储蓄率,它根据各地区资本形成额与生产总值相除而得。

人力资本(S):如第三章所述,人力资本概念内涵丰富。在实证研究中,准确测量一个地区的人力资本存量是一项有难度的工作。早期的文献通常用中小学入学率来衡量地区的人力资本存量。然而用入学率来衡量人力资本可能存在着一些经验问题。入学率是一个流量概念,相比之下,对发展中国家和地区①而言,用作为存量概念的文盲率以及平均受教育年限衡量人力资本可能更合理。为了与其他文献的研究结论相比,参照其他文献的做法,本章主要使用地区平均教育年限来衡量地区平均人力资本存量,在第七章的一些回归中笔者也尝试使用第三章估算方法估计的地区平均人力资本。1987—2001 年的地区平均人力资本数据来自陈钊等(2004)的估计,其他年份数据根据各年《中国人口统计年鉴》有关 6 岁以上人口文化程度结构计算获得。目前的统计资料只公布了粗略的年龄结构,因而我们无法控制代理工作经验等其他形式的人力资本。劳动力的健康状况同样也由于数据缺乏无法得到表征,因而下文的实证检验中无法控制这些变量,尽管省略它们可能导致估计有偏。然而,劳动力的受教育程度越高通常越有利于其获得其他形式的人力资本,如在职培训、干中学以及获得其他正规教育之外的知识(Topel,1999)。从这个意义上说,平均教育年限这一变量在一定程度上也捕捉到了其他一些不能观测到的人力资本。

参考文献的一般做法是在回归中还包括一系列其他控制变量,以提高估计效率。这些变量包括:人口出生率(Birth)用来代理人口增长率;用财政支出占生产总值比重来表示政府支出规模(Government);净出口占生产总值比重作为贸易开放程度(Trade)的代理;城乡收入差距(Inequality)是城乡人均可支配收入之比;非农人口比率(Non-farm)用来表征城市化水平,根据非农业人口占总人口比重计算;基础设施(Infrastructure)用单位面积

---

① 两个原因可能使这两个指标对发达国家而言是不太合适的,其一是这两个指标的变异较小,其二是人力资本更多地表现为在职培训。

公路里程数或者每百万人公路里程数表示；专利数（Patent）是各地区每万人的专利申请量，用来表示地区技术水平。表 6.3 报告了主要变量 4 年的均值和标准差。

表 6.3　主要变量的统计特征

变量名	1985—2005 年			2005—2020 年		
	观察值	均值	标准差	观察值	均值	标准差
$\log(y)$	140	7.171	0.866	124	0.673	0.226
g^{a}	140	0.086	0.026	124	0.110	0.075
S	140	6.877	1.224	124	8.696	1.201
Investment	140	0.355	0.102	124	0.640	0.255
Birth (1/1000)	140	15.526	4.817	124	10.660	3.021
Government	140	0.134	0.054	124	0.263	0.190
Trade	140	0.002	0.003	124	0.001	0.144
Inequality	140	2.567	0.640	124	2.729	0.503
Non-farm	140	0.283	0.141	124	0.543	0.152
Infrastructure [b]	140	0.293	0.202	124	0.395	0.432
Patent	140	1.076	1.965	124	4.346	7.372

注：[a] g 为人均实际收入的年均增长率。[b] 基础设施在 1985—2005 年和 2005—2020 年数据中分别以每平方公里公路里程数和每百万人公路里程数衡量。

第四节　实证分析与结果解释

这一节，我们报告对式（6.2）的估计和稳健性检验结果（见表 6.4），随后对结果做相应解释和讨论。

一、基本结果

首先，笔者遵循传统增长核算模型将教育作为要素投入进入生产函数，这意味着教育的变化（积累）会影响人均产出增长。表 6.4 中报告了两个时期内该模型设定下的混合截面估计和固定效应估计。我们发现，无论是 1985—2005 年还是 2005—2020 年，实证分析结果均与 Benhabib and Spiegel（1994）的跨国研究一样，平均教育的系数都显著为负[①]，也就是说教育扩展是不利于

---

① 不仅 Benhabib and Spiegel（1994）的研究得出了这样的结论，许多其他研究也有类似的结论（Krueger and Lindahl，2001；Lange and Topel，2006）。

人均产出增长的。这一估计结果令人颇感意外,也与理论预期不符。

表 6.4　人力资本数量与地区经济增长:混合截面估计和固定效应估计

解释变量	被解释变量:$\Delta\log(y) = \log(y_t) - \log(y_{t-1})$			
	2005—2020 年		1985—2005 年	
	(1) POLS	(2) FE	(3) POLS	(4) FE
$\Delta S = S_t - S_{t-1}$	-0.059^{***}	-0.058^{**}	0.041^{***}	-0.027^{**}
	(2.33)	(2.26)	(4.48)	(−2.31)
$\log(y_{t-1})$	0.005^{*}	0.006	-0.061^{***}	-0.850^{***}
	(1.79)	(1.18)	(−2.79)	(−7.90)
N	112	112	93	93

注:(1)括号内为异方差稳健 t 统计量;(2)POLS 和 FE 表示混合截面最小二乘估计和固定效应估计。

*** 、** 和 * 分别表示 1%、5% 和 10% 显著性水平。

根据 Romer(1990)以及其他新增长模型,初始的人力资本会影响后续增长。于是,我们沿袭 Benhabib and Spiegel(1994)的模型设定应用 GMM 估计方法来实证分析教育对产出增长的作用。表 6.5 报告了仅包括滞后因变量、资本积累率和平均教育的 DIF-GMM 和 SYS-GMM 估计结果。对于 1985—2005 年增长时期,第(2)列的一步 SYS-GMM 估计和第(3)列的两步 SYS-GMM 估计相差不大,教育的系数为 0.025 左右,且在 1% 置信水平上统计显著。自回归项和资本积累率的系数也具有符合预期的符号,尽管置信水平稍低。这两个模型设定都通过了 Arellano-Bond 二阶序列相关检验[1]和 Hansen 过度识别检验,但未能通过针对 SYS-GMM 的额外工具变量的排除性约束检验。对于 2005—2020 年增长时期,第(5)列的一步 SYS-GMM 估计和第(6)列的两步 SYS-GMM 主要估计结果相差不大,但教育的系数较早期略微减小,为 0.021 左右,在 1% 置信水平上统计显著。值得注意的是,自回归项估计系数绝对值较 1985—2005 年时期有较大幅度的增大,表明估计近期经济发展的收敛速度从 0.026 增长到 0.126,这两个模型设定通过了 Arellano-Bond 二阶序列相关检验,但未能通过 Hansen 过度识别检验和额外工具变量的排除性约束检验。相比之下,无论是前期还是近期,DIF-GMM 估计的系数(绝对值)要大得多,且都至少在 10% 的置信水平

---

① GMM 估计只要求变量不存在二阶序列相关,而一阶序列相关不影响 GMM 估计的有效性。

上显著。不过,DIF-GMM 模型尽管通过了二阶序列相关检验,但未能通过工具变量过度识别检验。

表 6.5 人力资本数量与地区经济增长:GMM 估计

被解释变量:$\Delta\log(y) = \log(y_t) - \log(y_{t-1})$						
	1985—2005 年			2005—2020 年		
解释变量	(1) DIF2	(2) SYS1	(3) SYS2	(4) DIF2	(5) SYS1	(6) SYS2
S	0.064***	0.025***	0.024***	0.060*	0.021***	0.021*
	(4.58)	(3.26)	(3.30)	(0.03)	(0.01)	(0.01)
$\log(y_{t-1})$	−0.117***	−0.028*	−0.027*	−0.841***	−0.164***	−0.175***
	(4.56)	(1.73)	(1.75)	(0.11)	(0.04)	(0.06)
Investment	0.222***	0.074	0.073	−0.015	−0.027	−0.023
	(3.80)	(1.44)	(1.44)	(−0.35)	(−1.457)	(−0.682)
λ	0.096	0.027	0.026	0.265	0.120	0.126
Test for AR1	<0.01	<0.01	<0.01	<0.01	<0.01	<0.01
Test for AR2	0.136	0.864	0.863	0.595	0.742	0.753
Hansen test	0.085	0.365	0.365	0.034	0.000	0.000
Sargan test	—	0.070	0.070	—	0.000	0.00
N	112	140	140	93	124	124

注:(1)括号内为异方差稳健 t 统计量。(2)SYS1、SYS2 和 DIF2 分别表示一步系统 GMM 估计、两步系统 GMM 估计和两步差分 GMM 估计。(3)所有回归中的 S 和 $\log(y_{t-1})$ 为内生变量,对差分 GMM,S_{t-2}、$\log(y_{t-2})$ 以及更高阶的滞后作为 ΔS_t 和 $\Delta\log(y_{t-1})$ 的工具变量,对系统 GMM,ΔS_{t-2}、$\Delta\log(y_{t-2})$ 以及更高阶差分滞后作为相应水平变量的工具变量。(4)Sargan test 是针对 SYS-GMM 中额外的工具变量的有效性检验,其原假设是这些工具变量是有效的。Hansen test 为工具变量过度识别约束检验,其原假设是工具变量是有效的。Test for AR1 和 Test for AR2 分别为 Arellano-Bond 一阶和二阶序列相关检验。λ 是根据回归结果计算的收敛速度。

***、** 和 * 分别表示 1%、5% 和 10% 显著性水平。

在表 6.6 中,我们通过引入各种控制变量对前述估计结果进行稳健性分析,第(1)~(5)列和第(6)~(10)列分别报告了 1985—2005 年和 2005—2020 年两个时期的实证分析结果。对于 1985—2005 年,第(1)列两步法 SYS-GMM 估计显示,平均教育年限的系数稍降为 0.021 左右,但在 5% 的置信水平上统计显著。资本积累率、人口出生率、政府支出规模以及贸易开放程度等控制变量也都具有显著的预期符号,例如,劳动人口增长的系数为负表明人口增长的确不利于经济的发展,这与 Li and Zhang(2007)采用工具变量回归得出的结论一致。其他控制变量如非农人口比率尽管统计不显著，但也大都具有预期符号。不过，与表 6.5 的第(2)～(3)列的估计相比，表 6.6 中第(1)列的参数(绝对值)要略大一些。这也暗示某些控制变量可能是重要的。因此，我们在第(2)～(3)列中进一步包括了所有的控制变量。可以发现，与前述估计类似，第(3)列的两步 SYS-GMM 估计的平均教育年限的系数略有下降(0.014)，而第(2)列的 DIF-GMM 估计系数(绝对值)总体上都要比 SYS-GMM 估计值大得多。对于 2005—2020 年，笔者也做了类似的回归分析。第(6)列的回归显示，平均教育年限的系数略有下降至0.042 左右，但在 1% 的置信水平上显著。在控制了所有的控制变量后，第(7)列的 DIF-GMM 估计系数(绝对值)总体上都要比 SYS-GMM 估计值大得多。其他控制变量的估计系数大多能被现有文献解释。

上述回归分析表明，总体来说大多数参数估计都是相当稳健的，比如1985—2005 年平均教育年限的系数稳定在 0.014～0.021，而 2005—2020年，平均教育年限的系数介于 0.042 和 0.109 之间，显著高于前一时期。同时，DIF-GMM 估计的滞后因变量系数一般远高于 SYS-GMM 估计值。如前所述，为了检验我们的 GMM 估计的可靠性，可以将滞后因变量的 GMM估计值与混合截面 OLS 和固定效应模型的估计值相比。第(4)～(5)列和第(9)～(10)列分别报告了两个时期这两个回归的混合截面 OLS 和固定效应估计值。我们发现，无论是较早期的 1985—2005 年还是新近的 2005—2020 年，固定效应估计的确倾向于低估滞后因变量的系数，而混合截面OLS 估计则倾向于高估系数。也就是说，合理的 GMM 估计值应介于混合截面 OLS 和固定效应的估计系数之间。很容易看出，DIF-GMM 估计值明显超过了这一检验范围，而 SYS-GMM 则在这一界线内。因此，SYS-GMM估计是更优的有效估计。

此外，根据各个回归获得的参数估计，很容易计算条件收敛速度[①]。表6.6 的倒数第六行报告了相应的收敛速度。可以发现，中国地区经济发展在样本期间呈现出较快的条件收敛迹象[②]，1985—2005 年地区经济发展的收敛速度大概在 7.5%，而 2005—2020 年的收敛速度大概在 5.4%。这一收敛速度与跨国面板数据估计相近(如 Islam，1995)，但高于大多数截面回归的估计结果。

[①] 收敛速度可根据 $\beta_y = (1 - e^{\lambda \tau})/\tau$ 计算获得。

[②] 不过，我们仍然没有发现存在绝对收敛的证据。

表 6.6　人力资本数量与地区经济增长：稳健性分析

被解释变量：$\triangle\log(y)=\log(y_t)-\log(y_{t-1})$

解释变量	1985—2005 年					2005—2020 年				
	(1) SYS2	(2) DIF2	(3) SYS2	(4) POLS	(5) FE	(6) SYS2	(7) DIF2	(8) SYS2	(9) POLS	(10) FE
S	0.021**	0.043**	0.014**	0.003	0.030***	0.042***	0.109**	0.052***	0.016**	0.058***
	(2.32)	(2.15)	(2.35)	(0.82)	(3.11)	(3.15)	(2.74)	(3.58)	(2.30)	(5.01)
$\log(y_{t-1})$	−0.094***	—	—	−0.011*	—	−0.084	0.734	−0.062	−0.040	—
	(3.87)			(1.84)		(−0.97)	(1.04)	(−0.72)	(−1.39)	
Investment	0.228***	0.224***	0.221***	0.078***	0.191***	−0.021	−0.040	−0.020	0.013	0.032
	(3.36)	(3.40)	(3.94)	(2.87)	(3.69)	(−0.55)	(−0.44)	(−0.51)	(0.77)	(1.04)
Birth	−0.005***	−0.005***	−0.006***	−0.004***	−0.005***	−0.003	−0.022***	−0.004	−0.001	−0.003
	(3.95)	(3.10)	(4.17)	(4.14)	(4.53)	(−0.86)	(−3.11)	(−1.38)	(−0.66)	(−1.47)
Government	−0.161*	−0.195***	−0.203***	−0.032	−0.170**	0.049	−0.206	−0.017	−0.096**	−0.147
	(1.70)	(2.82)	(2.81)	(0.49)	(2.13)	(1.29)	(−1.08)	(−0.21)	(−2.06)	(−1.45)
Trade	0.064**	0.052*	0.047*	0.030***	0.043	0.000	−0.082	0.030	−0.026	0.076
	(2.80)	(1.82)	(1.89)	(2.97)	(1.48)	(0.01)	(−0.31)	(0.57)	(−0.70)	(0.73)
Non-farm	0.081	0.485***	0.094	−0.068**	0.233*	−0.294	−1.331*	−0.319*	−0.200***	0.003
	(1.51)	(2.93)	(1.50)	(2.20)	(1.94)	(−1.66)	(−2.01)	(−1.97)	(−3.17)	(0.02)

续表

被解释变量：$\Delta\log(y)=\log(y_t)-\log(y_{t-1})$

解释变量	1985—2005 年					2005—2020 年				
	(1) SYS2	(2) DIF2	(3) SYS2	(4) POLS	(5) FE	(6) SYS2	(7) DIF2	(8) SYS2	(9) POLS	(10) FE
Inequality	—	0.017	0.007	−0.001	0.004	—	0.044	0.032*	0.000	0.013
		(1.66)	(0.65)	(0.28)	(0.45)		(0.98)	(1.72)	(0.02)	(0.64)
Infrastructure	—	−0.047	0.002	−0.043*	0.009	—	0.001	0.039	0.031	0.019
		(0.91)	(0.06)	(1.95)	(0.22)		(0.01)	(1.49)	(1.62)	(0.47)
Patent	—	0.005	0.003	−0.001	0.001	—	−0.000	−0.000	0.001	−0.001
		(2.04)	(1.05)	(0.94)	(0.22)		(−0.28)	(−0.00)	(1.44)	(−1.43)
λ	0.080	0.121	0.075	0.011	0.090	0.070	—	0.054	0.036	0.287
Test for AR1	0.006	0.145	0.010	—	—	0.003	0.065	0.005	—	—
Test for AR2	0.549	0.606	0.522	—	—	0.852	0.172	0.682	—	—
Hansen test	0.445	0.202	0.752	—	—	0.001	0.188	0.003	—	—
Sargan test	0.112	—	0.189	—	—	0.000	0.035	0.000	—	—
N	140	112	140	140	140	124	93	124	124	124

注：同表 6.4 和 6.5。

二、进一步解释和讨论

前文对式(6.2)的广义矩估计显示,平均教育年限每上升 1 年有助于提高 1985—2005 年年均经济增长 1.4%～1.7%,有助于提高 2005—2020 年年均经济增长 5.0%～5.2%,这表明人口受教育程度的扩展对经济增长的重要性日渐凸显。实证结果可以理解为支持新增长理论的证据,特别是对 Romer(1990)模型提供了支持,即人力资本存量作为技术研发或技术吸收的重要投入将影响后续的经济增长。再者,它也可以解释为教育回报率的变化,系数为正表明教育回报率呈逐年增长趋势,而负的符号则意味着教育回报率呈下降趋势(参见 Krueger and Lindahl,2001)。已有的大跨度微观研究显示,中国的教育私人回报率在过去近二十年中的确表现为上升趋势。例如,根据李实和丁赛(2003)的估计,中国城镇职工的教育回报率从 1990 年的 2.43% 上升到了 1999 年的 8.1%。类似的证据也体现在 Zhang et al.(2005)的研究中[①]。从这个意义上说,我们的估计与微观劳动经济学文献获得的证据是一致的。

从宏观上看,根据这一系数我们也可以计算教育的社会收益率。以 1985—2005 年增长区间及表 6.6 的第(3)列的回归估计值为例,计算表明,在稳定状态时,平均教育年限对人均产出的边际贡献为 15.9%～21.3%[②],即稳定状态时平均教育年限每上升 1 年将有助提高人均产出 15.9%～21.3%。如果取其平均值 18.6% 计算,则教育的外部收益率在 2.6%～8.6%[③]。以 2005 年为例,东部沿海十省市与西部十省(区、市)平均教育年限的差距为 1.4(=8.7—7.3),照此计算,教育差异可以解释人均产出差异的 27%(=$1.186^{1.4}-1$)。而观察到的数据是,东部人均产出平均值(1952 年价)为 6634 元,而西部仅为 1998 元,前者是后者的 3.32 倍。也就是说教育差异仅能解释其中的 12%(=27%/232%)。即便是以整个样本区间内

---

① Zhang et al.(2005)分别估计了六省市城镇居民教育回报率在 1988—2001 年的动态变化,所有地区的教育回报率在这一区间都增长了很多。

② 稳定状态意味着方程(6.2)左边等于 0,并对 S 求偏导即可计算出教育对人均产出的边际影响。以表 6.6 第(3)列为例,0.014/0.088=0.159。下同。

③ 需要指出的是,目前关于中国教育收益率的研究已不少。由于样本和估计方法不同,研究结果并不完全一致。一般来说,工具变量法倾向于高估系数,而 OLS 会低估。根据张车伟(2006)的表 3,总的来看,一般在 5%～8%。此外,由于宏观回归使用的是人均 GDP 而非工资报酬,因而私人收益率需要根据生产函数中的劳动份额调整后才可以与宏观回归系数做比较。这里假设劳动份额为 0.5,私人收益率为上述 5%～8%。如果劳动份额为 0.4,则相应的外部效应为(−1.4%,6.1%)。

平均教育年限最大值与最小值之差 4.3(=10.7-6.4)计算,也仅能解释其中的 47%。这表明,教育扩展差距对解释 1985—2005 年我国省际间收入差异仍是有限的。相比而言,资本积累对经济增长的贡献更大。资本积累率的系数达 0.221,也就是说积累率每提高 1% 有助于提高人均产出增长率 0.221 个百分点。根据这一系数,我们可以计算出人均产出的资本份额为 0.71[①],这意味着样本期间的经济增长仍然是投资拉动型的粗放式增长。高资本份额与中国相对较高的资本收益率是一致的。根据白重恩等(2007)的估算,平均而言在 1979—2005 年,中国的物质资本收益率在 20% 以上。

平均来看,劳动力的平均教育水平对地区人均收入有积极的影响,教育可能存在一定程度的外部效应,但解释力有限。相比而言,资本投资仍是经济增长的主要动力。那么,这是否意味着平衡地区间经济差异主要应通过对物质资本而不是人力资本的更多投资来实现呢?初看起来答案应该是肯定的。但是稍作分析会发现,光靠资本投资显然不可行。种种迹象表明,仅依靠直接补贴或转移支付政策措施只可能缓解某一时期的经济收入差异,不可能从根本上解决矛盾。事实上,中西部地区的投资水平不亚于东部地区,特别是在改革开放之前的时期里。如果通过倾斜性投资政策可以根本性解决地区经济差距问题,那么就无法解释改革开放之前中西部地区得到了大量投资却没有缩小和东部地区的发展水平差距的事实(林毅夫和刘培林,2003)。从我们的观点来看,如果没有一定程度的人力资本积累,恐怕再多的物质资本也是徒劳。这是由于,一方面,长期来看劳动力的人力资本水平较低将影响资本的利用效率;另一方面,如卢卡斯(Lucas,1990)指出的,人力资本水平高的地区往往更容易吸引物质资本和先进的生产技术。换句话说,在其他条件相同时,资本和技术更倾向于流向劳动力素质较高的地区。这一点已为观察到的跨国资本流动所证实(Lucas,1990)。

但是,本章的回归分析结果表明,人力资本对人均产出的贡献远没有资本投资来得重要。笔者认为,如果将这一估计结果与中国处于经济转型这一特殊背景结合起来考虑,或许就不难理解。

首先,从生产的角度看,只有激励机制完善了,劳动的潜能才可能被充分激发。换言之,人力资本必须是在市场经济条件下才能转化为现实的生产率,其价值才能得以体现。在过去二十多年的改革中,要素市场特别是劳

---

① 这里仅简单地根据 $[(1-e^{\lambda\tau})/\tau][\alpha/(1-\alpha)]=0.221$,$(1-e^{\lambda\tau})/\tau=0.088$ 计算而得。此外,在稳定状态,资本积累率对人均产出的边际贡献为 2.51(=0.221/0.088),即积累率每上升 1 个百分点,将有助于提高人均产出 2.51%。

动力市场改革相对滞后[1]，激励扭曲使得许多企业蕴含的人力资本其实只是一个"符号"[2]。按照产权经济学的观点来看，人力资本的产权特性决定了它只有靠激励才能调度，否则人力资本所有者可能"关闭"自身的人力资产，"以至于这种资产似乎从来就不存在"（周其仁，1996）。从人力资本投资的角度看，也只有合乎市场条件的回报激励机制形成了，个人和企业才可能有动力去投资人力资本。幸运的是，已有的证据表明，这种激励机制尽管远未完善但正在逐步形成。

其次，尽管学校教育被认为是最重要的人力资本积累方式，但不是其全部。我们注意到，东部一些省市劳动力的教育程度并不比中西部地区占有更大优势，甚至（比如浙江省）还不如一些中西部省市，但是浙江省的经济发展速度是有目共睹的。也就是说，在向市场经济转型的过程中，人们对市场的认识和把握能力以及"应付经济失衡的能力"[3]（Schultz，1975）对收入提高可能更重要。这种能力是沿海地区民营企业得以迅速发展的重要因素，但它不能完全为教育变量所反映。此外，可能的原因在于目前大多数研究（包括本章）使用教育变量都没有考虑教育质量差异的影响。众所周知，中国各地区的教育投入差异巨大，不仅表现在入学率等数量指标上，也反映在诸如师生比率、学校软硬件设施等教育质量指标上。理论上，学校教育的人力资本生产过程也会受学校教育质量影响，如此，学校教育的质量因素可能是一个重要的测量误差。此外，人口经济学的研究表明地区劳动力年龄结构作为一种特殊形式的人力资本也可能是增长差异的一个重要原因[4]。换句话说，人力资本的测量以及与之相关的测量误差问题仍是增长实证研究中最棘手的问题之一。因而总体来说，仅以教育衡量的人力资本对产出的影响就没有那么大。

最后，一些研究认为教育外部性可能具有门槛效应，即劳动力受教育程度低于某一水平时，教育的私人和社会收益率都是很低的，而一旦超过这一门槛，更高的教育便具有较高的私人收益率和社会收益率（Iranzo and Peri，2009）。笔者认为，这在理论上是可能的。已有的一些实证研究表明人力资

---

[1]　这一点也体现在上文提到的高资本收益率和低教育回报率的现实上。

[2]　一些国有企业可能是典型的例子。许多研究表明国有企业缺乏效率，但它们却常常拥有相对优质的人力资源。

[3]　如前所述，一些研究表明企业家精神对地区经济增长有着显著的影响（李宏彬等，2009；Li et al.，2012）。

[4]　例如，Feyrer（2007）的跨国研究表明人口结构可以显著解释部分国家间的生产率差异。笔者将在第八章从人力资本视角讨论劳动力年龄结构的生产率效应。

本溢出效应在高科技行业比传统行业要显著(如,Moretti,2004b),而高科技行业从业人员的文化程度门槛普遍都比较高。中国尽管在"普九"方面取得了较大成就,但仍然有几千万的文盲半文盲人口。即便是 2010 年,劳动人口平均教育年限也不到 9 年①,也就是说大部分劳动力的文化程度仍为小学和初中。如果门槛假说的确成立,那么我们的估计结果也无足为奇。同时,该假说也显然暗示投资于人力资本是重要的。

第五节 本章小结

在罗默和卢卡斯等人对内生经济增长理论的开创性工作后,人力资本已成为增长实证研究中的一盏明灯。许多研究试图利用经验数据检验这一理论,但是至今为止,经验证据仍未达成一致的结论。本章利用中国改革开放以来的分省面板数据对这一问题做了一个尝试性的经验分析。笔者应用动态面板广义矩法估计了以教育衡量的人力资本对地区经济差异的影响。研究结果基本上与 Benhabib and Spiegel(1994)利用跨国数据的实证发现一致。初始人力资本对后续的经济增长有显著的积极影响,但是增长区间内人力资本变化对劳动生产率增长并没有理论预期的效应。估计结果还表明,教育存在一定程度上的溢出效应,但教育差异对中国地区经济差异的解释力有限,物质资本积累是过去人均产出增长的主要驱动力。在稳定状态,教育的溢出效应为 2.6%～8.6%,与私人收益率相当。此外,中国的地区经济发展表现出较快的条件收敛迹象。

需要指出的是,本章对地区人力资本的衡量仍仅限于人口的受教育程度,出于前文所说的那些原因,这么做可能会低估人力资本的实际效应。此外,本章对人力资本的分析仍仅限于直接的经济效应,而没有考虑人力资本积累带来的间接经济效应,比如人力资本对生育率的影响以及对社会稳定的影响。本章的分析也没有考虑诸如教育质量因素对人力资本生产的影响。在第七章中,我们将进一步讨论教育质量因素和教育数量扩展及其互动在地区经济增长中的作用。

---

① 笔者根据《中国人口和就业统计年鉴》相关数据计算,小学和初中文化程度的人口占比分别为 29.9%和 44.9%。

第七章　人力资本质量与地区经济不平衡

许多研究发现我国的教育回报率存在明显的地区差异和时期差异,对这一现象的一个解释是学校教育质量对人力资本生产有重要影响,进而影响个体在劳动力市场的工资收入。尽管如此,在考察宏观增长文献中,大多数研究都仅从数量上考虑了人力资本对地区人均收入的影响。本书第六章的分析已初步表明人力资本数量差异不足以解释地区人均收入差异,本章基于微观劳动经济学研究的基本结论,将人力资本质量因素纳入分析,进一步实证考察人力资本对劳动生产率的影响。而正规学校教育是最重要的人力资本生产过程,本章中的人力资本质量主要是指学校教育质量。

第一节　为什么人力资本质量是重要的?

近十多年来,很多实证研究利用我国各种抽样调查数据估计了教育的私人回报率[①]。纵观这些估计结果,可以发现教育回报率有明显的地区和城乡差异,且随时间呈现不同程度的增长[②]。对于教育回报率的这些差异,研究者从劳动力市场制度、相对供求或者歧视等视角给出了不同的解释。例如,Zhang et al.(2005)认为中国劳动力市场的制度改革使得对技能型劳动力的需求上升,从而导致了教育回报率的上升趋势。王海港等(2007)从劳动力市场化程度视角解释了教育回报率的地区差异。Han et al.(2012)认为对外开放对不同技能劳动力产生了不同的需求,从而导致教育回报率的变化。另一种可能的解释是教育数量的收入效应也受教育质量的影响,也就是说,不同地区额外一年的同等级教育产生的人力资本可能是不等价的(Behrman and Birdsall,1983;Hanushek and Woessmann,2008、2016)。

[①] 也即明塞尔回报率。张车伟(2006)对近年来有关中国教育回报率的估计做了归纳。

[②] 例如李实和丁赛(2003)、Zhang et al.(2005)均发现教育回报率有增长趋势,尽管他们使用了不同的抽样数据。后者的估计也显示教育回报率存在不小的地区差异。

已有不少国外研究证实了教育质量对认知能力的影响和在收入决定中的作用①。尽管如此,在最近的一项研究中,Hanushek and Woessmann(2016)仍然认为现有文献对教育数量关注过多,而对教育质量以及人力资本生产过程的关注过少。他们对 1960—2000 年东亚国家和拉美国家经济增长的比较分析发现,东亚与拉美的增长之谜不在于教育数量差异,而主要在于这些国家人口的认知能力差异。

本章的目的是在承认中国教育回报率的地区和时期差异这一事实的基础上,分析以学校教育衡量的人力资本数量和质量对地区人均收入的影响。② 换句话说,如果有关教育质量的收入效应的微观估计是因果性的,那么我们可以预期教育质量对地区人均收入也可能有积极的促进作用。就我们所知,现有的大多数跨国增长文献主要关注以教育数量(例如成人识字率、入学率或平均教育年限等指标)衡量的人力资本对人均收入的影响,相比之下对教育质量的生产率效应的实证分析仍不多。③ 从计量经济学的角度而言,如果教育质量与教育数量是相关的,那么对教育与人均产出关系的分析中忽略教育质量因素无疑会导致遗漏变量偏误。这或许是至今为止宏观增长文献关于教育对经济增长的影响仍没有达成一致的重要原因④,尽管几乎所有微观研究都发现正的教育回报率。

不少国内学者基于增长回归分析框架分析了劳动力的教育扩展对中国地区经济增长或收入差距的影响,不过结论不尽相同。例如蔡昉和都阳(2000)、王小鲁和樊纲(2005)以及邹薇和张芬(2006)的研究都认为教育发展在缓解经济发展不平衡或收入差距中有重要的作用,而另一些研究则发

① 不过这些文献对于教育质量的测量存在一些差异。有关文献包括但不限于 Card and Krueger(1992a,1992b),Altonji and Dunn(1996),Krueger(1999),Angrist and Lavy(1999),Bratsberg and Terrell(2002),Strayer(2002),Rivkin et al.(2005)以及 Fredriksson et al.(2013)。《经济与统计评论杂志》(The Review of Economics and Statistics)于 1996 年出版了一期关于教育质量的专辑。

② 下文提到的人力资本的数量和质量即为学校教育的数量和质量。

③ 参见 Barro(1991),Bils and Klenow(2000),Hanushek and Kimko(2000),等等。不过跨国研究面临的一个问题是指标的可比性较差,导致相关的实证结论非常不一致。例如,Barro(1991)在其跨国回归中引入了中小学师生比率以控制教育质量的差异,发现初始的小学师生比率对后续增长有负效应,而中学师生比率虽然有预期的正效应,但系数在统计上不显著;Hanushek and Kimko(2000)发现以标准化考试成绩度量的教育质量对经济增长有很显著的正效应。

④ 尽管人力资本理论和新增长理论都强调了教育对于经济增长的重要意义,但已有的实证证据[代表性文献如 Mankiw et al.(1992),Barro and Sala-i-Martin(1995),Benhabib and Spiegel(1994)和 Pritchett(2001)]并非都支持这些理论。相关综述可参见 Temple(1999a),Durlauf et al.(2005)以及 Lange and Topel(2006)。

现近年来教育在解释地区间收入差异的相对重要性方面有明显下降(万广华等,2005)。姚先国和张海峰(2008)的研究也发现教育数量差异对中国地区经济差异的解释力有限。无一例外,这些研究均没有考虑教育质量对人力资本生产的影响。这实际上假定了不同地区不同时期的教育是同质的,从而对劳动生产率的边际影响也是无差异的。已有的这些研究主要是在增长回归①框架下展开的,该分析框架的不足在于难以克服初始技术水平的内生性问题②,相比之下,增长核算框架较少地受这一问题的影响。本章的实证分析将在增长核算框架下展开。

在教育资源有限的前提下,学校教育的数量扩展和质量提高之间必然存在一个权衡,因而准确地估计教育数量和质量的经济效应对于政策制定来说是极其重要的。借鉴 Behrman and Birdsall(1983)的有效教育概念,笔者在已有研究的基础上进一步分析教育数量和质量对地区人均收入的影响。我们假定平均人力资本不仅取决于教育数量的多少,而且也与学校教育质量的高低有关。如此,我们的实证分析模型允许教育使地区人均收入随地区和时期不同而变化。借鉴一些增长文献的做法(如 Barro,1991;Case and Deaton,1999),笔者用滞后的师生比率衡量地区的平均教育质量。我们的估计结果表明,平均教育质量对地区人均收入有显著且稳健的正效应,平均而言,师生比率每上升一个标准差(0.935)有助于提高地区人均收入约4.77%;地区平均教育质量越高,教育数量对地区人均收入的促进效应越大,尽管这些效应在统计上不显著。研究结论表明过于快速的教育数量扩张而不增加教师供给可能并不是最有效率的教育资源配置方式。

第二节　构建人力资本质量系数

劳动经济学微观研究表明学校教育的质量对个人成长具有长期的持久性影响,是影响个人劳动力市场表现的一个重要因素(参见 Card and Krueger,1992a、1992b;Card,1999;Hanushek,2006),但是在宏观增长文献中,大多数实证研究都仅考虑了学校教育的数量差异(如成人识字率、入学率或平均教育年限)对地区人均收入的影响,而常常忽略了不同地区学校教

---

① 哈佛大学经济学家罗伯特·巴罗做了大量相关工作,增长回归有时也称为 Barro 回归。
② 新近的增长文献应用 Arellano and Bond(1991)以及 Blundell and Bond(1998)等人发展的动态面板广义矩方法估计增长回归方程(姚先国和张海峰,2008)来克服这一问题。

育在质量上的差异①②。直到最近,这方面的文献才日益增加。

教育经济学文献认为学校教育质量是人力资本生产过程中的一个重要因素。同一个人在不同时期接受相同年限的教育后,他将获得不同的人力资本和工资率。同样,同一个人在不同地区接受相同年限的教育后,也会有不同的人力资本和工资率。在一项早先的研究中,笔者曾估计了中国城乡劳动力的教育回报率,发现在控制诸如职业、年龄等其他因素后,城镇劳动力的教育回报率仍普遍高于农村劳动力的教育回报率(姚先国和张海峰,2004)。我们将这一结果归因于以生均教育经费衡量的城乡教育质量的差异。进一步地,由于初级教育的质量差异还将直接影响后续更高级教育的升学可能性,初级教育的质量差异不仅对当期的人力资本生产有重要影响,而且还将通过对教育数量扩展的持久性效应影响人力资本。加总地看,一个地区学校教育投入或者师资质量等质量因素可能影响了该地区学生的学业表现,进而可能影响其继续升学的动力。这一现象若持续数年或更长时间,显然不利于该地区的人力资本积累。综上而言,劳动力在学校时期受教育的质量将对其劳动生产率产生持久性的影响。

为了更清晰地展示教育质量对人力资本积累的影响,笔者借鉴卢卡斯(Lucas,1988)的思路把教育质量因素引入平均教育年限的计算公式。卢卡斯假定一个拥有 h 人力资本的劳动力的生产率是仅拥有 $h/2$ 人力资本的劳动力的生产率的两倍,如此,社会的平均教育年限定义为

$$h_a = \int_0^\infty h N(h) \mathrm{d}h / N \tag{7.1}$$

其中,h 是劳动力个体的人力资本,$N(h)$ 是拥有 h 人力资本的劳动力个体数量,N 是劳动力总数③。从简起见,本章只考虑与学校教育相关的人力资本。我们可以在上述计算公式基础上引入教育质量因素。式(7.2)刻画了包含教育质量的平均教育年限计算方法,

$$S = \sum_1^m \{ p_i \cdot [\varphi(q_i) s_i] \} \tag{7.2}$$

其中,s_i 表示完成第 i 级教育的持续年限,p_i 为完成第 i 级教育的人口(或劳

---

① Barro(1991)的跨国回归将中小学师生比率作为控制变量,但系数在统计上不显著。Hanushek and Kimko(2000)、Jamison et al.(2007)以及 Hanushek and Woessmann(2016)均只用标准化考试成绩作为控制变量。

② 如果说人力资本概念可以区分普通劳动和复杂劳动,而人力资本质量则可以进一步区分复杂劳动的不同质量。

③ 大多数实证研究所使用的人口平均教育年限也是基于类似的公式对各受教育年限群体按人口比例加权平均而得(如,Barro and Lee,2001)。

动力)比率,而 $\varphi(q_i)$ 则是第 i 级教育质量系数,教育程度分为 1 到 m 级。这样计算的 S 就是考虑质量因素后根据人口比率加权的平均教育。如果人力资本可以写成 $h = \alpha \cdot e^{\rho S}$ (其中, ρ 为教育的私人回报率, α 为调整参数),则考虑教育质量后的平均人力资本应为

$$h_a = \alpha \cdot \int_0^\infty e^{\rho[\varphi(q_i)s_i]} N[\varphi(q_i)s_i] d\varphi(q_i)s_i / N \tag{7.3}$$

式(7.3)中的教育质量系数 $\varphi(q)$ 可以解释为对人力资本生产过程的调整。最简单的情况,该系数可以看作是对受教育数量的调整。如果在正常教育质量下完成初中教育,那么教育年限 $S = 9$;而如果在低教育质量下完成初中教育,那么需要对教育年限施加一个质量折扣,也即 $S = \varphi(q) \times 9 < 9$。由于"正常教育质量"没有绝对的标准,教育质量系数实际是一个相对质量。

另外, $\varphi(q)$ 也可以解释为对教育回报率 ρ 的调整。假如接受相对较高质量教育的劳动力的教育回报率为 ρ_{hq},而接受相对较低质量教育的劳动力的教育回报率为 ρ_{lq},那么 $\varphi(q) = (\rho_{lq}/\rho_{hq}) < 1$[1]。如果以教育质量高的劳动力的教育回报率为基准 1,由于 $\varphi(q) < 1$,因此教育质量相对较低的劳动力的教育回报率将小于 1。换句话说,如果 ρ 是教育的名义收益率,那么, $\varphi(q)\rho$ 可视作教育的实际回报率。

根据上述对 $\varphi(q)$ 的经济意义分析,我们可以明确, $\varphi(q)$ 一般是单调递增函数,即满足: $\partial\varphi(q)/\partial q > 0$。同时对于 q,我们需要选择一个相对指标,而不是绝对指标。一般地,可以选取以低质量组为基准 1,则 $q \in [1, \infty)$;或者也可选择高质量组为基准 1,此时 $q \in (0, 1]$。考虑到后者的 q 在一个相对狭小的区间内变化,更符合相对价值的直观意义[2],在下文的分析中笔者将选择后者来构建教育质量的相对指标 q 和相对质量调整系数 $\varphi(q)$。

第三节 实证策略与变量说明

在这一节中,笔者首先在新古典增长模型基础上引入人力资本质量变量,讨论本章的实证模型与识别策略,其次介绍用于分析的数据来源和变量处理。

---

[1] 由于 $\varphi(q)$ 是一个相对比率,因此也可以写成 $\varphi(q) = \rho_{hq}/\rho_{lq}$。不过此时, $\varphi(q)$ 将大于 1。

[2] 实际上,在一些考察生产率差异的跨国研究中,许多研究者也采用了相对指标。一般以美国的生产率为 1,其他国家的生产率则折算为美国的生产率的百分数(如,Temple,1999a)。

一、模型设定与估计策略

假定总量生产函数服从规模报酬不变的劳动增强型索洛模型,即

$$Y = AK^{\alpha}(hL)^{(1-\alpha)} \tag{7.4}$$

其中,Y 为地区实际生产总值,K 为资本存量,L 为劳动力数量,h 为平均人力资本,A 为技术进步率,α 为参数。通过简单的模型变换和对数化,我们可以将地区 i 在 t 期的人均收入(劳均实际生产总值)表示为

$$\log(y_{it}) = (1-\alpha)\log(h_{it}) + \alpha\log(k_{it}) + \eta_i + \mu_t + \varepsilon_{it} \tag{7.5}$$

其中 y_{it}、h_{it} 和 k_{it} 分别表示地区 i 在 t 期的人均收入、平均人力资本和平均资本存量,η_i 和 μ_t 分别为地区固定效应和时间效应,ε_{it} 为随机扰动项。

为了分析教育质量对地区人均收入的影响,笔者借鉴 Behrman and Birdsall(1983),引入一个有效教育(effective schooling)概念,它是教育数量和教育质量的函数。假定劳动力 j 的人力资本与有效教育满足明塞尔人力资本函数,即

$$\log(h_{ijt}) = \rho_0 + \rho_1 S_{ijt}^* + \rho_2 Age_{ijt} + u_{ijt} \tag{7.6}$$

其中,S_{ijt}^* 表示有效教育,Age_{ijt} 表示年龄(工作经验)。

进一步假定劳动力人力资本 h_{ijt} 服从对数正态分布(log normal),则平均人力资本的对数 $\log(h_{it})$ 可表示为

$$\log(h_{it}) = \rho_0 + \rho_1 S_{it}^* + \rho_2 Age_{it} + \sigma_{h_{it}}^2 \tag{7.7}$$

其中,$h_{it} = E(h_{ijt})$,$S_{it}^* = E(S_{ijt}^*)$ 表示平均有效教育,$Age_{it} = E(Age_{ijt})$ 表示平均年龄,$\sigma_{h_{it}}^2$ 为 h_{ijt} 的对数分布方差(参见 Topel,1999;Krueger and Lindahl,2001;Lange and Topel,2006)。

将(7.7)代入方程(7.5),有

$$\log(y_{it}) = \beta_0 + \beta_1 S_{it}^* + \beta_2 Age_{it} + (1-\alpha)\sigma_{h_{it}}^2 + \alpha\log(k_{it}) + \eta_i + \mu_t + \varepsilon_{it} \tag{7.8}$$

其中,$\beta_l = (1-\alpha)\rho_l$,$l = 0,1,2$。

在面板数据条件下,方程(7.8)的参数可以应用随机效应和固定效应[①]等方法估计获得。由于地区固定效应与其他解释变量通常是相关的,因而与固定效应估计相比,随机效应估计更可能是有偏不一致的。鉴于此,笔者应用差分固定效应变换来消除方程(7.8)中未可观测的地区固定效应 η_i,即

$$\Delta\log(y_{it}) = \beta_1 \Delta S_{it}^* + \beta_2 \Delta Age_{it} + (1-\alpha)\Delta\sigma_{h_{it}}^2 + \alpha\Delta\log(k_{it}) + \mu_t + \Delta\varepsilon_{it} \tag{7.9}$$

至此,我们仍不清楚有效教育 S_{it}^* 是如何受教育数量和质量影响的,也

---

① 固定效应变换又包括一阶差分变换和除均值变换。

即 $S^*(S,Q)$ 的具体形式。遗憾的是现有理论对于教育生产函数仍知之甚少,因而需要通过拟合不同的模型设定来确定。对于未知的函数形式,现有文献常用二次项近似方法(quadratic approximation)[1]。基于此,我们假设,

$$S^* = b_1 S + b_2 Q + b_3 S * Q + b_4 S^2 \tag{7.10}$$

其中,S 和 Q 分别表示平均教育年限和平均教育质量。[2][3] 如果交叉项 $S * Q$ 的系数显著异于 0,则表明教育数量对有效教育(从而影响劳动生产率)的影响大小也受教育质量的影响;S^2 的系数如果显著为负,则表明教育数量的边际效应是递减的。

二、数据和变量

本章使用的数据主要来自《中国统计年鉴》《中国人口统计年鉴》《中国教育统计年鉴》等统计资料以及 1982 年、1990 年、2000 年、2005 年、2010 年和 2015 年人口调查抽样微观数据库。数据格式为包括八个截面的面板结构,分别为 1980 年、1985 年、1990 年、1995 年、2000 年、2005 年、2010 年和 2015 年。每个截面包括中国内地 28 个省(区、市),其中西藏与海南由于数据缺失较多不包括在样本内,重庆在 1997 年之前隶属四川省,故与四川合并为一个观察单位。

教育质量:在已有的实证研究中,教育质量的度量可分为两大类,即教育资源投入和教育产出(Caselli,2005;Hanushek,2006)。教育资源投入指标主要包括师资质量(如教师的受教育程度)、教育经费投入(如生均教育经费、学校软硬件设施和教师工资水平等)、师生比率等等;教育产出指标则一般使用标准化考试成绩(Hanushek and Kimko,2000;Jamison et al.,2007;Hanushek and Woessmann,2016)。[4] 在本章中,笔者使用中学师生比率作为衡量教育质量的原始指标,暗含的假定是师生比率与教育质量是正相关的,即一个地区一定时期内的平均师生比率越高,则平均教育质量越高。这么做主要基于三方面原因:

第一,一些微观研究表明班级规模显著地影响学生的学习成绩,而教师

[1] 这是由于该方法相对简单,且能刻画诸如边际递减等基本特性。Behrman and Birdsall(1983)用这一近似方法估计了教育质量对教育回报率和工资收入的影响。

[2] 假设个体的有效教育取决于其教育年限和地区平均教育质量,即 $S_{ij}^* = b_1 S_{ij} + b_2 Q_i + b_3 S_{ij} Q_i + b_4 S_{ij}^2$。对该式两边取均值并忽略教育年限的分布方差,即可得到式(7.10)。

[3] 为方便表述,下文中"教育数量"即指平均教育年限,"教育质量"是指平均教育质量,不再赘述。

[4] 比如,Barro(1991)使用中小学的师生比率作为质量指标,Case and Deaton(1999)使用小学师生比率,Bils and Klenow(2000)使用教师人力资本。

的特征(如教学资历、教师性别和文化程度等)对学生成绩没有显著作用[1](Krueger,1999;Angrist and Lavy,1999;Rivkin et al.,2005;Fredriksson et al.,2013)。在一项新近的研究中,Fredriksson et al.(2013)利用瑞典数据分析小学阶段最后三年(10 岁到 13 岁)的班级规模的长期效应,发现更小的班级规模不仅有助于提高 13 岁和 16 岁时的认知能力和非认知能力,并且还对受教育程度和劳动力市场工资有显著积极的长期影响。Hanushek(1986)的研究则表明在学校支出花费和学生成绩间没有明显的相关性。Case and Deaton(1999)对南非的研究发现小学师生比率显著影响学生的教育年限。

第二,师生比率指标在很大程度上反映了其他教育投入差异。例如教育经费投入的很大一部分是教师的工资和福利[2]。在附录 A 的附表 A3 中,我们计算了各种可能反映教育质量的指标与师生比率的相关系数,例如班级规模、生均计算机、生均图书、生均体育场面积、生均仪器设备价值、本科及以上学历教师比率、高级职称教师比率等。结果显示这些指标与平均师生比率的相关系数多在 0.6 以上,且在统计上也非常显著。这表明师生比率差异在很大程度上可以捕获其他教育质量因素的差异。从计量实践来看,这些教育质量指标同时进入回归可能会导致严重的多重共线性问题。[3]

第三,学校教育积累的人力资本有 10 年左右的滞后性,例如在 1980 年的成年劳动力实际上是在 20 世纪 60 年代甚至更早以前就已完成了学校教育,因此,影响当期劳动生产率的应是滞后数年的教育质量指标。遗憾的是,由于历史统计资料的缺失,除了师生比率之外,我们无法获得 2003 年以前上述各种指标的分省跨期数据。

在确定了质量指标后,我们还需要将滞后的质量指标与教育数量相匹配。理想的情况是为每个年龄组劳动力赋予一个滞后的师生比率,但可获得的数据限制了这一做法。笔者根据 Caselli(2005)的做法,先计算当期劳动力平均年龄,然后根据这一平均年龄选择相应时期的师生比率。初始的师生比率根据《中国教育统计年鉴》报告的在校学生数和专任教师数计算。

---

[1] 班级规模与本章使用的平均师生比率不完全一致,但是是相关的。在附表 A3 中,我们根据 2005 年数据计算了平均班级规模与平均师生比率的相关系数,显示两者高度相关(系数约为 -0.880)。

[2] 以 2006 年为例,普通小学和普通中学预算内教育经费中 75% 以上为工资和福利费用支出(参见《中国教育经费统计年鉴 2007》)。

[3] 另一种策略是运用主成分分析(PCA)等降维方法构建一个综合指数,但综合指数的不足之处在于它的定义模糊,估计系数仅能定性说明总体影响的符号,不能刻画某一具体变量的变化如何影响因变量。

由于单一年份的师生比率可能受测量误差影响较大,我们实际使用的是师生比率的 5 年平均值。

教育数量:参照许多文献的做法(如 Topel,1999;Krueger and Lindhal,2001;Lange and Topel,2006),本章的分析使用平均教育年限衡量教育数量[1]。该变量来自两部分资料。1990—2015 年的教育年限变量根据人口普查和 1‰人口抽样资料计算,1980 年和 1985 年的平均教育年限数据根据 1982 年和 1990 年人口普查 1‰抽样微观数据库并结合分年龄/性别人口死亡率、人口出生率和教育变化数据推算获得。

其他变量:地区人均收入根据 2004 年第一次经济普查数据调整后的以 1978 年不变价计算的实际生产总值除以劳动力数量获得[2]。2005 年之前的平均资本存量投入根据张军等(2004)估算的各地区资本存量数据除以劳动力数量获得,2005 年及之后的资本存量根据张军等(2004)的方法进行计算获得。劳动力平均年龄是 16~60 岁人口年龄的加权平均值。在竞争性劳动力市场假定下,方程(7.9)中的人力资本分布方差可用个人收入分布方差代理(Heckman and Klenow,1998;Topel,1999),但遗憾的是我们无法获得各时期各地区的个人收入分布。为此,我们用相对易获得的城乡居民收入比率代理。此外,我们还控制了人口粗出生率和人口迁移率等可能影响地区教育的人口学变量[3]。

第四节　统计与计量经济分析

本节首先基于第三节的核心变量定义报告有关变量的统计性分析,然后再基于方程(7.9)分别考察不同的有效教育 S^* 设定情况下教育质量和教育数量对地区人均收入的影响,并应用一系列敏感性分析来检验估计结果的稳健性。

一、数据描述与统计分析

表 7.1 报告了主要变量的统计特性以及这些变量间的相关系数矩阵。粗略地看,人力资本数量(平均教育年限)和人力资本质量(学校教育质量)

---

[1]　用平均教育年限衡量教育数量的另一优势在于,其参数可以看作是教育的社会回报率,进而可以与通过微观研究获得的教育的私人回报率相比较。

[2]　香港中文大学经济系张宁博士提供了调整后的各地区 1978—2005 年实际生产总值数据。

[3]　值得注意的是,这些变量本身也可能通过其他途径影响经济增长。例如,Bloom and Williamson (1998)分析了抚养率的影响,Li and Zhang(2007)分析了出生率的影响。

都显著地与地区人均收入相关,平均教育年限与平均教育质量也是显著相关的。此外,从时间维度来看,1985 年对应的教育质量均值(标准差)为 4.72(0.77),而 2015 年对应的均值(标准差)为 5.75(0.75),教育质量总体上有显著的提升。

表 7.1　主要变量的统计特性和相关系数

变量名	均值	标准差	最小值	最大值	相关系数矩阵		
					$\log(y)$	S	Q
人均收入对数($\log(y)$)	7.809	0.805	6.188	10.639	1		
平均教育年限(S)	7.067	1.692	3.07	11.871	0.790***	1	
平均教育质量(Q)	5.302	0.935	3.145	9.434	0.422***	0.363***	1

注:(1)人均收入=实际生产总值/就业人口;平均教育年限为按各教育程度人口比率计算的加权平均值;平均教育质量=师生比率×100;(2)相关系数控制了时间效应。 *** 表示 1% 显著性水平。

图 7.1 绘制了不同年份的普通中学师生比率和本科及以上学历教师比率的变化,以更清晰地显示这种变化趋势。总体来看,两个教育质量指标都显示教育质量的确随时间有不同程度的上升(两个数据序列的相关系数为 0.73,且在 1% 水平上显著)。基于 1970—1995 年间的师生比率数据,平均来看,天津($Q=6.76$)、上海($Q=6.66$)和北京($Q=6.22$)等地明显较高,而贵州($Q=4.72$)、云南($Q=4.83$)等地则相对较低。这表明普通中学师生比率在一定程度上的确反映了教育质量的地区差异。

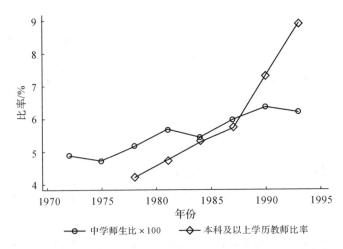

图 7.1　普通中学师生比率和本科及以上学历教师比率的变化

注:(1)图中原始资料系笔者根据《中国教育统计年鉴》(各卷)相关数据计算;(2)数据为三年平均值,两个数据序列的相关系数为 0.73。

二、回归分析和结果解释

1. 基本结果

在表 7.2 第(1)列的回归中,解释变量仅包括平均资本存量、平均教育年限和平均教育质量①。可以发现,平均教育年限的系数符号为正,但在统计上不显著,而平均教育质量的系数则显著为正。第(2)列的回归引入了一个教育数量与教育质量的交叉项,以反映教育数量与教育质量之间的互相影响。如果交叉项的系数符号为正,则表明在人力资本数量一定的条件下,人力资本质量越高越有利于提高地区人均收入;或者在人力资本质量一定的条件下,人力资本数量越高越有利于提高地区人均收入。回归(2)的估计结果表明,交叉项的系数显著为正,表明人力资本数量对地区人均收入的效应大小与教育质量有关。基于回归(2)的系数,简单的计算表明,人力资本数量在均值处对地区人均收入的边际效应为 0.032,不过边际效应在统计上不显著。

第(3)列的分析同时增加了平均教育质量和交叉项。第(4)列的估计引入了平均教育年限的二次项,显示所有解释变量的系数都至少在 10% 水平上显著,并且教育数量对地区人均收入的边际效应是递减的。第(5)列包含了教育数量、教育质量、交叉项和二次项等所有变量,估计结果表明所有变量的系数大小与统计显著性程度基本与第(4)列一致。

此外,表 7.2 中的第(5)列也显示资本投入的系数有预期的符号,且在 10% 水平显著异于 0。表 7.2 的估计表明,无论我们采用哪种模型设定,简单的计算表明在样本均值处劳动力教育数量(平均教育年限)的变化对地区人均收入增长的效应是正的,但不显著,当平均教育质量越高时教育数量对地区人均收入的边际效应越大。不过这些系数在统计上都不显著,也就是说,没有明显证据表明教育数量对地区人均收入有重要的影响。与此相对应的是,以师生比率衡量的平均教育质量对地区人均收入有显著且稳健的正效应。根据模型设定(5)的估计系数,平均教育质量上升一个标准差(0.935)将有助于提高地区人均收入 4.77%(＝0.051×0.935)②。

---

① 所有回归都包含了时间虚拟变量,此处未报告时间虚拟变量的估计系数。
② 当然相比于资本投资,教育质量对劳动生产率的贡献从数量上来说仍不显著。

表 7.2　人力资本质量与地区人均收入:基本结果

解释变量	被解释变量:$\log(y)$				
	(1)	(2)	(3)	(4)	(5)
$\log(k)$	0.190	0.193	0.195	0.210*	0.213*
	(0.121)	(0.123)	(0.125)	(0.125)	(0.128)
S	0.031	−0.005	−0.030	0.297***	0.272**
	(0.037)	(0.039)	(0.061)	(0.112)	(0.108)
Q	0.050**	—	−0.038	—	−0.053
	(0.023)		(0.061)		(0.058)
$S*Q$	—	0.007**	0.012	0.008***	0.015*
		(0.003)	(0.009)	(0.003)	(0.009)
$S*S$	—	—	—	−0.023***	−0.024***
				(0.009)	(0.009)
R^2	0.950	0.951	0.951	0.953	0.953
观察值数量	196	196	196	196	196
S 的边际效应	0.031	0.032	0.033	0.016	0.016
	(0.037)	(0.037)	(0.037)	(0.038)	(0.038)
Q 的边际效应	0.050**		0.044**		0.051***
	(0.023)		(0.019)		(0.019)

注:(1)所有回归都应用了差分固定效应估计方法,并控制了时间效应;(2)括号内为异方差稳健标准误。

*** 、** 和 * 分别表示系数在 1%、5% 和 10% 水平上统计显著。

　　有必要指出的是,增长核算分析中教育的系数为负或者不显著尽管不符合人力资本理论和新增长理论的预期,但并非完全没有可能。实际上,已有的一些增长核算文献也发现了类似的结论,如 Benhabib and Spiegel(1994),Barro and Sala-i-Martin(1995)和 Prichett(2001)等均发现教育的变化对经济增长不仅没有显著贡献,甚至有负的效应[①]。其中一个可能的原因在于教育变量在短期内变化不大,从而更易受测量误差的影响(Krueger and Lindhal,2001;Lange and Topel,2006)。不过,本节的稳健性分析显示,前述估计受这种测量误差的影响有限。另一个可能的解释是在劳动力

[①] 　另外,增长回归文献大多发现初始的人力资本对增长有显著的正效应。

市场上,教育实际只起到了一个信号作用,并没有实际的生产力效应。如果学校教育的功能主要是一种信号机制,那么教育的社会回报率往往会小于私人回报率(Spence,1973;Heckman and Klenow,1998;Lange and Topel,2006)。在考虑教育质量的情况下,还有第三种可能的解释,即如果教育质量很低的话,教育实际上可能并不产生任何人力资本(Prichett,2001)。我们认为就中国的实际而言,后两种解释是可能成立的。"假文凭"以及高校有意无意的"卖文凭"现象或许是教育信号发送理论的典型例子,而"文化大革命"时期的教育体制则是后一种解释的一个有力证据①。

2. 稳健性分析

众所周知,差分变换消除了不随时间变化的地区固定效应,但不能消除其他随时间变化的因素。如果这些随时间变化的因素(如人口的省际迁移)与平均教育年限相关,本质上差分固定效应估计量仍将是有偏的。在这一小节中,笔者将进一步讨论表 7.2 的第(5)列估计结果的稳健性,具体结果如表 7.3 所示。

表 7.3　人力资本质量与地区人均收入:稳健性分析

解释变量	因变量:$\log(y)$				
	5 年间隔(FD)		10 年间隔(FD)		5 年间隔 (IV−FD)
	(1)	(2)	(3)	(4)	(5)
$\log(k)$	0.213*	0.216*	0.263**	0.259**	0.213*
	(0.117)	(0.117)	(0.115)	(0.112)	(0.117)
S	0.277**	0.277***	0.436**	0.418**	0.186
	(0.108)	(0.102)	(0.181)	(0.172)	(0.136)
Q	−0.060	−0.065	−0.053	−0.112	−0.050
	(0.056)	(0.055)	(0.101)	(0.092)	(0.077)
$S*Q$	0.016*	0.017**	0.019	0.026**	0.015*
	(0.009)	(0.008)	(0.012)		(0.009)
$S*S$	−0.025***	−0.025***	−0.030***	−0.031***	−0.022**
	(0.009)	(0.008)	(0.011)	(0.011)	(0.009)

---

① 由于各种原因的缺课,在那段时期学习的不少中小学毕业生实际上真正在学校里受教育的时间可能加起来不过几个月甚至几天。

续表

解释变量	因变量：log(y)				
	5 年间隔（FD）		10 年间隔（FD）		5 年间隔（IV－FD）
	(1)	(2)	(3)	(4)	(5)
Mean Age	−0.032	−0.032	−0.036	−0.047	−0.041 *
	(0.020)	(0.021)	(0.031)	(0.029)	(0.023)
Inequality	−0.143 ***	−0.141 ***	−0.216 **	−0.203 **	−0.134 ***
	(0.049)	(0.047)	(0.097)	(0.091)	(0.048)
Birth rate	—	−0.008 ***		−0.020 ***	−0.008 ***
		(0.003)		(0.006)	(0.003)
Migration rate		0.002		−0.003	0.002
		(0.007)		(0.011)	(0.007)
R^2	0.957	0.958	0.959	0.962	0.958
观察值数量	195	195	84	84	195
S 的边际效应	0.009	0.013	0.107	0.111	−0.048
	(0.037)	(0.038)	(0.110)	(0.101)	(0.088)
Q 的边际效应	0.055 **	0.054 ***	0.080 ***	0.071 ***	0.057 **
	(0.017)	(0.016)	(0.029)	(0.026)	(0.024)

注：(1)第(1)～(4)列回归应用了差分固定效应估计方法，第(5)列回归应用了工具变量固定效应估计方法。所有回归都控制了时间效应。(2)括号内为异方差稳健标准误。(3)第(3)和(4)列回归以 1985—2005 年(10 年间隔)为样本，1980 年四川省城乡收入差距变量缺失，故第(1)～(2)列和第(5)列回归的样本数量少一个。

*** 、** 和 * 分别表示系数在 1%、5%和 10%水平上统计显著。

首先，与许多文献的稳健性分析一样，笔者在表 7.2 的回归(5)的基础上引入一些可能影响教育变量的控制变量。表 7.3 的第(1)列的回归包含了方程(7.5)中的其他两个变量。与表 7.2 的第(5)列相比，各变量的系数大小和显著性程度都没有发生大幅的变动，根据估计的系数计算的边际效应也几乎一致，这表明这些变量对参数估计的无偏性没有严重影响。在第(2)列的回归中，笔者进一步控制了出生率和人口迁移率①等变量。结果也表明表 7.2 的第(5)列的估计结果是相当稳健的。此外，为了进一步考察人口流动的影响，笔者剔除了上海、北京、天津、广东、江苏和浙江等流动人口

---

① 理论上人口流动意味着蕴含在人身上的人力资本的流动，从而影响地区的人力资本。

规模较大的省市,利用该剔除后的子样本重复了表 7.2 的回归,发现除了显著性程度有所下降外,教育质量的边际效应大小并没有发生大的改变[①]。

其次,笔者参照 Topel(1999)和 Krueger and Lindhal(2001)的做法检验平均教育年限测量误差对估计结果的可能影响。平均教育年限在短期间内的组内变化(within-group variation)相对较小,从而其系数估计更容易受测量误差的影响。检验教育变量是否受测量误差严重影响的一个简单方法是适当扩展组内变化区间(比如,10 年间隔)。如果测量误差是恒定的,那么更长的变化区间相当于提高了教育变量的信噪比率(signal-to-noise ratio),从而降低测量误差的影响。如果教育变量的系数随间隔区间的扩大而发生显著变动,则表明相关估计受测量误差的影响较严重[②]。在表 7.3 的第(3)和(4)列中,我们报告了以 10 年间隔(1985 年、1995 年、2005 年和 2015 年)为样本的估计结果。不过这样做使样本数量减少为 84。估计结果显示,与前两列相比,系数有部分变动,但系数符号和显著性并没有太大变化。此外,就基于这些估计系数计算的边际效应而言,平均教育质量对地区人均收入的边际效应增加,但统计显著性没有发生大的变化,平均教育年限对地区人均收入的边际效应有所增加,但是在统计上仍不显著。

上述稳健性分析分别考察了省略变量和测量误差对参数估计的影响,然而内生性偏误还可能来源于逆向因果性(reverse causality)。为此,我们借鉴 Anderson and Hsiao(1982)的思想[③],将一系列(二阶及以上)滞后水平变量作为相应差分变量(S,Q,SQ 和 SS)的工具变量,用二阶段最小二乘法(2SLS)估计了方程(7.9),结果报告在表 7.3 的第(5)列。我们仍然可以发现,与第(2)列中相应的差分固定效应估计值相比,工具变量固定效应估计值系数和显著性除教育数量外均没有明显不同。特别地,基于工具变量估计结果计算的教育数量对地区人均收入的边际效应符号与第(2)列的估计结果相反但并不显著,教育质量对地区人均收入的边际效应的符号与大小基本一致。对第(2)和(4)列估计结果的 Hausman 检验的 p 值远大于 0.1,

---

[①] 如感兴趣,有关结果可向作者索取。

[②] Topel(1999)和 Krueger and Lindhal(2001)的跨国研究都发现教育变量的系数大小随着间隔区间的扩大均有大幅的增加。在 Topel(1999)的表 4 中,平均教育年限的系数从 0.028(5 年间隔)分别上升到 0.064(10 年间隔)、0.120(15 年间隔)和 0.167(20 年间隔)。在 Krueger and Lindahl(2001)的表 3 中,这一系数从 0.031(5 年间隔)分别上升到 0.075(10 年间隔)和 0.184(20 年间隔)。

[③] Anderson-Hsiao 估计量仅适用一个二阶滞后水平变量作为差分变量的工具,因而本质上它是广义矩估计(GMM)的一种特例(Roodman,2009)。

这表明在统计上无法拒绝两组系数估计值无系统性差异的原假设。如此，从估计量的效率角度，差分固定效应估计量是更合适的。

综上而言，稳健性分析进一步支持了前述基本结果，也即平均来看教育质量对地区人均收入有显著且稳健的正效应，但没有明显证据表明教育数量对地区人均收入有重要的影响。教育数量对地区人均收入的效应大小部分取决于教育质量的高低。此外，根据表 7.3 的估计结果，我们发现除了出生率变量对地区人均收入的效应显著为负外[1]，其他变量对地区人均收入均没有一致的正效应或者负效应。

第五节　本章小结

许多微观研究发现中国的教育私人回报率不仅存在地区差异而且有随时间增长的趋势。本章认为这些差异的部分原因可能在于不同地区不同时间在教育质量方面的差异。基于这一微观假定，笔者借鉴 Behrman and Birdsall(1983)的思路，重新设定加总的人力资本函数以考察教育数量和质量对地区人均收入的影响。利用中国省级面板数据，估计结果表明，教育质量（平均师生比率）提高一个标准差将有助于提高地区人均收入 4.77%。教育数量对地区人均收入的影响大小部分取决于教育质量的高低。教育质量越高，教育数量对地区人均收入的促进效应越大。稳健性分析和工具变量估计表明这些结果是稳健有效的。本章的分析结果在一定程度上说明过于快速的教育数量扩张而不增加教师供给可能并不是最有效率的教育资源配置方式。

需要指出的是，受限于数据，本章的分析遵循一些文献的做法用师生比率衡量教育质量。师生比率在一定程度上捕获了教育质量的地区差异，并且相关分析也表明该变量部分地代理了其他可能的教育投入指标，但是师生比率并非一个完美的教育质量指标。在更丰富的宏观和微观数据可得的条件下，对教育质量的进一步分析是有意义的。在后续的一些微观研究中，学者们使用双胞胎方法和断点回归方法（Regression Discontinuity Design）分析了就读重点中学的效应（Li et al.，2012；Zhang et al.，2013；Zhang and Zhang，2016；Jia and Li，2021）。[2]

---

[1]　这一点与 Li and Zhang(2007)类似，他们的分析发现初始的粗出生率对经济增长是不利的。

[2]　近年来随着一些高质量数据库的建立，有关中国教育质量的微观研究也日益增加。例如，Zhang and Zhang(2016)利用武汉市重点学校入学摇号这一随机实验研究了就读重点学校对学生学业表现的影响。Jia and Li(2021)基于我国重点高校入学分数线这一事件运用断点回归方法研究了就读重点大学的劳动力市场回报。

第八章 人力资本结构与地区经济不平衡

现有关于人口结构与地区经济发展的关系的研究主要从人口红利视角考察人口抚养率对地区人均收入的影响。劳动经济学文献认为市场工作经验(年龄)是劳动力人力资本的一个重要方面。鉴于此,笔者认为,人力资本蕴含于劳动力,劳动年龄人口的规模和结构一定程度上反映了人力资本的规模和结构。本章将进一步讨论人力资本的结构变化对地区人均收入和地区收入不平衡的影响。第一节在概述相关研究的基础上提出本章研究的问题;第二节介绍了分析的理论框架和实证策略;第三节为数据说明和基本的统计性描述;第四节报告人力资本结构对地区人均收入影响的主要分析结果;第五节探讨了人力资本结构对地区人均收入的影响渠道;第六节是对本章分析内容的小结。

第一节 基于年龄异质性的人力资本结构变化

人口因素对经济发展的影响作为经济学最早的研究主题之一,可以追溯到托马斯·马尔萨斯(Thomas Malthus)于 1798 年首次出版的《人口原理》。早期人口经济学文献更强调人口增长在经济发展中的作用。在理论方面,人口增长对经济发展的作用仍存在争议①。在实证方面,大多数研究并未发现人口增长与经济增长速度之间的相关关系(例如 Kelly,1988;Temple,1999a)。在早期的实证研究往往关注人口数量增长,而忽视了人口结构的动态变化,尤其是年龄结构的变化。第二次世界大战以来,大多数国家几乎都经历了由高死亡率、高出生率到低死亡率、低出生率的人口变化过程(Lee,2003)。人口变迁所带来的人口年龄结构变化会影响人均实际收入,究其原因可以归纳为以下几点:首先,将劳均产出转化为人均实际收入时,劳动年龄人口(15～64 岁)数量的相对变化对人均实际收入具有"会计

---

① 悲观主义者(例如 Coale and Hoover,1958;Forrester,1971;Meadows et al.,1972)认为人口的快速增长阻碍了经济发展,因为其对资本积累、粮食生产、自然资源和环境会造成持续性的压力;而乐观主义者(例如 Boserup,1965;Simon,1981)认为人口的快速增长刺激了科技和制度的创新,从而促进经济增长。

核算效应"(Kelly and Schmidt,2005);其次,个体的人力资本水平、生产力、劳动力参与、储蓄和消费都具有天生的年龄异质性,因此年龄结构变化也可以通过不同年龄群体的生产力和行为影响人均收入(Bloom et al.,2003);最后,劳动力的年龄结构可以通过特定行业的人力资本影响产业升级,从而影响平均劳动生产率(Han and Suen,2011)。

自 20 世纪 90 年代后期以来,一大批文献实证研究了人口年龄结构和经济增长之间的关系,主要集中在两个方面:一是将人口变量加入增长回归模型来评估人口结构变化对经济增长的影响(Barro,1991;Barro and Sala-i-Martin,2004)。例如,Bloom and Williamson(1998)检验了 1965—1990 年东亚的经济奇迹和人口年龄结构变化之间的关系,结果发现该地区人口年龄结构变化(劳动年龄人口增长一直比总体人口增长得更快)对该时期东亚经济增长的贡献达三分之一①。二是在增长核算框架下探讨人口因素和经济之间的关系,并强调年龄结构对全要素生产率决定因素的影响。例如,Kogel(2005)基于增长核算框架进行的一项跨国研究发现,少儿抚养比对全要素生产率(TFP)有负面影响,从而不利于经济增长。

尽管年龄结构在经济发展过程中有着重要作用,但是大部分实证研究主要关注被抚养人口和劳动年龄人口之间的非均衡增长或者人口抚养比的变化,而忽视了劳动年龄人口的结构。大量微观文献揭示了年龄与工资收入间的二次曲线关系,因而年龄是劳动力人力资本的重要体现。在加总水平上,劳动年龄人口的规模和结构一定程度上反映了人力资本的规模和结构。在本章中,我们构建了两个基于劳动年龄人口的人力资本变量,人均劳动年龄人口数量(=劳动年龄人口/总人口)和人力资本结构变量(=黄金年龄人口/劳动年龄人口),来捕捉人力资本规模效应和人力资本结构效应。

Lindh and Malmberg(1999),Feyrer(2007)以及 Gómez and Hernánadez de Cos(2008)是仅有的几个关注劳动年龄人口的组成结构和经济增长之间关系的研究②。Lindh and Malmberg(1999)检验了 OECD 国家在 1950—1990 年年龄结构对经济增长的作用,结果发现中老年组(50～64

---

① 见 Bloom et al.(2000),Bloom and Finlay(2009)和 Macunovich(2012)。

② 近期,学者们延长了研究时期,开始检验年龄结构对经济周期波动的影响。Jaimovich and Siu(2009)首先运用 G7 成员国的面板数据,将年龄结构和商业周期的变化幅度联系起来,发现更大的经济周期性和大比例的年轻工人有关。He et al.(2014)和 Lugauer(2012)分别使用中国省级和美国州级面板数据也得到相似的证据。

岁)的初始份额和后期增长率呈正相关关系①。Feyrer(2007)基于 87 个国家的跨国面板数据分析也发现,劳动力年龄结构变化和劳动生产率的增长之间有显著相关性,当其他年龄组进入 40～49 岁年龄组后,劳动生产率更高(40～49 岁年龄段劳动力对劳动生产率贡献更大)。不同于前两个针对特定年龄组分解的研究,Góme and Hernánadez de Cos(2008)只采用两个人口统计变量来测量人口成熟度——劳动年龄人口占总人口比例和黄金年龄(35～54 岁)人口占劳动年龄人口比例,结果表明人口成熟度解释了全球人均 GDP 自 1960 年以来将近一半的变化。

过去三十多年来,因为特有的计划生育政策(或者说是独生子女政策),中国的人口年龄结构变化在世界上最为明显②。图 8.1 绘制了中国在 1960—2010 年青少年人口(0～14 岁)、劳动年龄人口(15～64 岁)和老年人口(不小于 65 岁)比例的变化情况。劳动年龄人口比重在开始的二十年里几乎保持稳定,而从 1978 年开始截至 2010 年,该比例从 0.578 逐渐上升到了 0.728,同时导致总抚养比③降低,从 72.4 下降到 38.2。一些研究已经开始关注中国巨大的人口转变和同时存在的经济增长奇迹之间的关系。例如,Li and Zhang(2007)利用中国汉族和少数民族实施独生子女政策之间的差异,来探讨中国各省(区、市)人口出生率和经济增长之间的因果关系,结果表明人口出生率对经济增长有负面影响。Cai and Wang(2005)将总抚养比纳入增长收敛模型中,研究了 1982—2000 年中国省级人口变化对经济增长的影响,发现总抚养比贡献了 2.3 个百分点。或者说,整个时期人均生产总值增长了 8.4%,而其中超过四分之一部分可以为总抚养比率变化所解释④。Wei and Hao(2010)也采用收敛回归模型考察了人口变迁对中国经济增长的影响,分别考察少年抚养比和老年抚养比的影响,他们发现年龄结构的变化,尤其是少年抚养比的大幅度下降,对 1989—2004 年省级人均生产总值增长率贡献了六分之一左右。

---

① Lindh and Malmberg(2009)将时间跨度延长到 1950—2004 年,仍然发现 50～64 岁年龄组有积极作用。

② 中国的总和生育率从 1978 年的 2.91 下降到 2010 年的 1.60(世界银行,2012)。

③ 总抚养比定义为每 100 个劳动年龄人口需要负担多少名被抚养人口(15 岁以下或 64 岁以上)。

④ Wang and Mason(2008)用同一时期(1982—2000 年)的国家数据,但是用有效消费者和生产者比率来衡量人口结构,结果表明人口结构变化贡献了 1.3 个百分点,或者说观察到的人均生产总值年增长率的 15%。

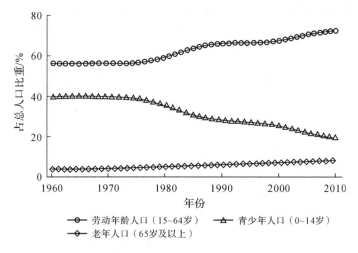

图 8.1　人口年龄结构变化(1960—2010 年)

资料来源:笔者根据世界银行(2012)《世界发展指数》有关数据绘制。

　　然而,仅用出生率或抚养比的变化可能还不足以表明中国这三十年来的人口变迁对经济增长的影响,因为出生率或者抚养比并不能反映劳动年龄人口内部的人口组成变化。笔者根据三次人口普查数据(1982 年、1990 年和 2000 年)和两次小普查(1995 年和 2005 年)[①]——唯一包括人口年龄分布详细信息的可用资源,绘制了中国 1982—2005 年劳动年龄人口结构变化图,结果见图 8.2。劳动年龄人口的变化模式与总人口非常相似。年轻劳动年龄人口(15～34 岁)占比在整个时期下降 13.8 个百分点(从 1982 年的 0.592 下降到 2005 年的 0.454),与此同时,黄金劳动年龄人口(35～54 岁)占比上升 12 个百分点(从 0.309 到 0.429),老年劳动年龄人口(55～64 岁)上升 1.8 个百分点(从 0.099 到 0.117)。

　　笔者首次从人力资本视角评估了劳动年龄人口的规模和结构在经济发展中的作用,拓展了计划生育等政策背景下人口和经济发展关系的研究。本章的分析对已有研究的贡献主要可以归纳为以下几个方面:首先,我们采用发展核算框架(见 Hall and Jones,1999;Caselli,2005;Hsieh and Klenow,2010)研究以劳动年龄人口衡量的人力资本规模和人力资本结构对地区人均实际收入的内在影响机制,并将总效应分解为资本产出比、平均人力资本、就业人口比以及全要素生产率。其次,因为教育和工作经验特有的年龄变化,我们允许劳动力的年龄结构和平均人力资本相关。最后,为了

[①]　1995 年和 2005 年是全国 1% 人口抽样调查数据。

处理劳动力跨省流动导致的人力资本结构变量的内生性,我们使用构造的
人力资本变量——根据滞后的省级年龄结构和同时期的各省(区、市)各年
份的出生率和各省(区、市)特定年龄的存活率估计——作为直接观测到的
人力资本规模和人力资本结构变量的工具变量。

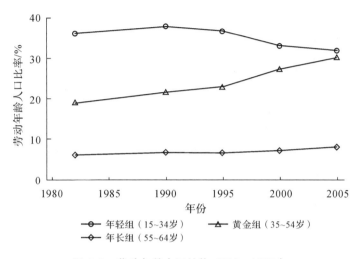

图 8.2　劳动年龄人口结构:1982—2005 年

资料来源:笔者根据 1982—2005 年历次人口普查或小普查的微观数据计算得出。

第二节　发展核算框架和实证策略

现有文献检验人口和经济发展间关系的实证框架主要有两种:增长回
归框架和发展核算框架。前者将初始人口结构作为人均实际收入的决定因
素之一(如, Barro,1991;Lindh and Malmberg,1999;Li and Zhang,2007);
而后者将目前的人口结构作为人均实际收入的决定因素之一(如,Hall and
Jones,1999;Caselli,2005;Feyrer,2007;Hsieh and Klenow,2010)。本章的
分析主要在发展核算框架下研究人口和经济之间的关系,这一框架有利于
我们进一步分解分析年龄结构对人均实际收入的总效应。

发展核算研究试图通过生产要素的数量和使用效率差异解释不同经济
体产出水平差异(见 Caselli,2005;Hsieh and Klenow,2010)。本章的核心
假设是:人口年龄结构(包括抚养率和人力资本结构两个方面)是人均实际
收入水平的基本决定因素之一,主要通过要素积累和效率两个方面影响人

均实际收入水平[①]。理论上,人口年龄结构通过要素积累和效率两个方面影响人均实际收入水平有许多路径。例如,第一,生命周期理论表明,为了保持平稳的消费,个人储蓄行为在人生的各个阶段有所不同,许多关于家庭储蓄的实证研究都证明了储蓄率和年龄之间的相关关系[②]。第二,就业人口比也反映了人口年龄结构:一方面,劳动年龄人口比重对人均实际收入有一种核算效应;另一方面,劳动年龄人口中不同年龄组的劳动供给不同。第三,因教育年限和工作经验与年龄之间存在特有的联系,劳动力的平均人力资本和年龄结构具有相关关系[③]。第四,年龄结构也可以通过创新和外部性影响生产要素的使用效率,事实上,Kögel(2005)和 Feyrer(2007)都表明,年龄结构主要通过全要素生产率影响劳均产出。

借鉴发展核算文献的思路,笔者采用以下约简式(reduced form)实证模型,以要素积累和效率两个方面定量地考察人口结构尤其是人力资本结构对经济增长的影响,

$$\log y_{it} = D_{it}\beta + \mu_i + \tau_t + \varepsilon_{it} \tag{8.1}$$

其中 y_{it} 表示人均实际收入, D_{it} 是一系列年龄结构变量, μ_i 是不随时间改变的省份效应, τ_t 是不随省份改变的时间效应, ε_{it} 是随机扰动项。

在研究劳动年龄人口结构对人均实际收入的影响时,如何选择合适的人力资本结构变量来刻画多维的年龄结构是一个很大的挑战。如果用许多年龄组占比来表示人口的年龄结构,各年龄组之间存在的强共线性可能导致无法很好地估计年龄结构系数。为了提高参数估计的效率(精度),同时不失去太多信息,笔者采用一些关键的人口变量来刻画人口结构。在基准实证分析中,借鉴 Gómez and Hernánadez de Cos(2008)使用的策略,笔者构建了两个关键变量——人均劳动年龄人口数量(=劳动年龄人口/总人口,以下简称人力资本规模)和人力资本结构变量(=黄金年龄人口/劳动年

[①] 这里的逻辑类似于 Hall 和 Jones(1999)的研究,其中社会性基础设施是要素积累和效率的基本决定因素之一。

[②] 家庭储蓄率相关的文献发现年龄和储蓄率的关系呈"驼峰"形,在中年达到顶峰(Mason,1988;Higgins and Williamson,1997;Higgins,1998;Lee et al.,2000)。然而,Ge et al.(2012)的研究表明中国的年龄和储蓄率呈"U"形,年轻和年长时期的储蓄率比中年时期更高。然而,不管年龄和养老储蓄的关系是哪种模式,人口年龄结构总是与总储蓄率相关。

[③] 自 Barro(1991)和 Mankiw et al.(1992)的开创性工作之后,大量的实证研究探讨了人力资本在经济发展中的作用。总的来说,这些研究发现人力资本水平对产出增长有积极的影响(见,Krueger and Lindahl,2001;Caselli,2005)。然而,这些文献中的人力资本水平主要关注劳动力的正规受教育程度,忽视工作年限。Bils and Klenow(2000)的研究是一个例外,他们在量化人力资本水平的同时考虑了受教育程度和工作经验,并检验其对经济增长的影响。

龄人口,以下简称人力资本结构)来刻画人口结构。前者反映了人力资本规模效应,后者则反映了人力资本结构效应。因此,本章分析的基准实证模型如下:

$$\log y_{it} = \rho\log W_{it} + \theta P_{it} + \mu_i + \tau_t + \varepsilon_{it} \tag{8.2}$$

其中,W_{it} 表示劳动年龄人口规模,P_{it} 表示人力资本结构。

在基准实证模型式(8.2)中,我们只考虑了人力资本对人均实际收入的规模效应(通过 $\log W$)和人力资本结构效应(通过 P)。理论上,被抚养人口的内部构成也可能对人均实际收入产生影响。例如,老年人可以从事家庭生产活动(如帮助照顾儿童),从而提高劳动年龄人口参与劳动的可能性,或者使劳动年龄人口变得更有生产率。也就是说,老年人的家庭生产性活动可能间接地有助于年轻人的劳动生产率。因此,在实证分析中,笔者还尝试在式(8.2)中引入了一些体现被抚养人口内部结构的变量,以考察少儿和老年可能存在的异质性。此外,为了进一步研究人力资本结构效应,笔者进一步将非黄金年龄劳动人口细分为年轻劳动年龄人口(15~34 岁)和老年劳动年龄人口(55~64 岁),并加入其分别占劳动年龄人口比率作为稳健性检验。

一般而言,至少有两方面原因使得式(8.2)中的省份效应 μ_i 和人口年龄结构之间存在相关性。第一,人口的跨省流动可能源于各个地区不可观测的生产率差异,而人口的跨省流动又将导致各个地区年龄结构的变化。第二,一个地区的年龄结构在一定程度上取决于当地计划生育政策的实施力度,而计划生育政策实施力度又和当地经济发展水平相关,从而导致各个地区的年龄结构和那些不随时间改变不可观测的产出影响因素相关。笔者同时用随机效应模型和固定效应模型估计了式(8.2),Hausman 检验显示固定效应模型是更合适的。在后续的实证分析中,我们将只报告对式(8.2)的固定效应估计结果。

固定效应估计可以消除不随时间变化的不可观测的因素,但是仍然不能排除不可观测的随时间变化的因素与地区人口年龄结构之间的相关性,也就是说,$\mathrm{cov}(\log W_{it},\varepsilon_{it}|\mu_i) \neq 0$ 或者 $\mathrm{cov}(P_{it},\varepsilon_{it}|\mu_i) \neq 0$。这种相关性可能源于人口在省际的大规模流动。例如,一个地区生产率受到一个积极(消极)的冲击,即 $\varepsilon_{it} > 0(\varepsilon_{it} < 0)$,可能会导致人口的净流入(流出)。一般来说,因为不同年龄组劳动力的流动性不同,所以外来劳动力的年龄结构和本地劳动力年龄结构往往不同,如此,人口或劳动力的净流入(流出)可以通过某些和随机扰动项 ε_{it} 相关的途径影响流入地的人口年

龄结构和人力资本结构。为了消除这一潜在的影响,笔者使用工具变量法处理。我们构建了与当前人口年龄结构相关,但与不可观测的随时间变化的因素无关的人力资本变量作为工具变量。具体而言,工具变量是在不存在人口流动的情况下,根据滞后的省级年龄结构和同时期的各地区历年的出生率和各地区各年龄组存活率估计出来的年龄结构,也即一个预测的年龄结构。预测的年龄结构有可能满足有效工具的两个条件。首先是相关性。很显然,预测的年龄结构变量与当前人口年龄结构是高度相关的。两组年龄结构变量的不同之处主要缘于外来流动人口的年龄结构和本地人口年龄结构不同。其次,我们预测了基于各地区历年的出生率与各地区各年龄组存活率和滞后的年龄结构。这些数据大多是事先已经确定的,理论上不应与当期的 ε_{it} 相关[1]。需要指出,如果当前的人口年龄结构是内生的,固定效应—工具变量法能够确保参数的一致估计;否则,固定效应模型的估计效率更高。在实证分析中,笔者借助 Hausman 检验来判断合适的估计方法。

第三节 数据来源与变量处理

与第四章和第五章的数据保持一致,本章使用的数据主要来自《中国统计年鉴》《新中国六十年统计资料汇编》等统计资料以及 1990 年、1995 年、2000 年和 2005 年人口普查 1‰ 抽样数据库。经济变量根据《新中国六十年统计资料汇编》以及《中国统计年鉴》中的相关数据计算获得。详细的人口结构变量数据只有普查年份才可获得,因而本章的数据格式为包括 4 个截面的面板结构,分别为 1990 年、1995 年、2000 年和 2005 年。每个截面包括中国内地 28 个省(区、市),由于西藏的经济环境和中国其他省份存在很大的差异,所以将其剔除。因为海南和重庆之前分别是广东和四川的一部分,所以将海南并入广东,将重庆并入四川。

表 8.1 报告了各普查年份 28 个省(区、市)5 个年龄组(0～14 岁、15～34 岁、35～54 岁、55～64 岁和 65 岁及以上)在总人口中占比的平均值。在 1990—2005 年,我国人口年龄结构的变化特点为:年轻人的比例下降而老

---

[1] 虽然在预测时已经有一些流动人口被包含在当期各省的出生率和各省特定年龄的存活率的计算中,但是我们认为这些流动人口对出生率和存活率几乎没有影响,即使有,也非常小,可以忽略。

年人的比例上升。青少年(0～14 岁)和年轻劳动年龄人口(15～34 岁)在总人口中的占比分别下降了 0.049(从 0.242 到 0.193)和 0.090(从 0.394 到 0.304),黄金年龄人口(35～54 岁)在总人口中的占比上升了 0.101,相对于基准年份的初始水平 0.224 增长了超过 45%。老年劳动年龄人口(55～64 岁)和老年人口(不小于 65 岁)占总人口比例都有较小的提高,前者上升 0.022,后者上升 0.016。

表 8.1 各年龄组人口占总人口比重

定义	1990	1995	2000	2005	Δ1990—2005
0～14 岁人口占总人口比重	0.242	0.266	0.227	0.193	−0.049
15～34 岁人口占总人口比重	0.394	0.354	0.359	0.304	−0.090
35～54 岁人口占总人口比重	0.224	0.243	0.275	0.325	0.101
55～64 岁人口占总人口比重	0.068	0.073	0.070	0.090	0.022
65 岁及以上人口占总人口比重	0.072	0.064	0.069	0.088	0.016

资料来源:笔者根据历年人口普查微观数据计算。

表 8.2 报告了笔者构造的人口结构变量和人力资本结构的描述性统计。首先,劳动年龄人口比重的定义为劳动年龄人口占总人口比例,用来衡量劳动年龄人口的相对大小。其次,黄金年龄人口比重、年轻劳动年龄人口比重和老年劳动年龄人口比重分别代表黄金年龄人口、年轻劳动年龄人口、老年劳动年龄人口在总劳动年龄人口中所占比例,用来衡量劳动年龄人口结构。最后,老年人口比重的定义为老年人在被抚养人口(即 0～14 岁和 65 岁及以上)中的份额,以衡量被抚养人口的内部组成结构。以本书两个关键人口统计变量(劳动年龄人口比重和黄金年龄人口比重)为例,虽然这两个变量在 1990—2005 年都有所上升,但是黄金年龄人口比重(从 0.326 到 0.451)比劳动年龄人口比重(从 0.686 到 0.719)上升得更明显,所以人口年龄结构可能通过内部组成结构而非劳动年龄人口的相对规模影响经济发展的作用更大。

表 8.2　变量定义及统计特征

变量	定义	1990 (1)	1995 (2)	2000 (3)	2005 (4)	Δ1990— 2005(5)
	抚养率变量					
Working-age ratio	15～64 岁人口占总人口比重	0.686	0.670	0.704	0.719	0.033
Elderly share	65 岁及以上人口占总抚养人口比重	0.175	0.198	0.239	0.323	0.147
Prime-age share	35～54 岁人口占劳动年龄人口比重	0.326	0.361	0.402	0.451	0.126
Young working-age share	15～34 岁人口占劳动年龄人口比重	0.575	0.530	0.494	0.423	−0.152
Old working-age share	55～64 岁人口占劳动年龄人口比重	0.099	0.109	0.104	0.125	0.026
Output per capita	人均实际收入(千元)	1.858	3.186	4.912	8.213	0.097[#]
Gini coefficient	基尼系数	0.269	0.295	0.291	0.301	0.032
Trade openness	进出口总额占地区生产总值比重	0.171	0.249	0.290	0.391	0.221
Road density	每平方公里公路里程	0.015	0.028	0.054	0.095	0.080

注：表中的第(1)～(4)列分别汇报了每个普查年份各变量 28 个省(区、市)的平均值，第(5)列汇报了各变量在 1990—2005 年变化的平均值(人均实际收入除外,其表示的是各省人均实际收入年增长率的平均值)。

　　表 8.2 的最后三行报告了本章实证分析中使用的主要经济变量的描述性统计。我们关注的主要被解释变量是人均收入,用以 1990 年基期价格计算出来的实际地区生产总值(GRP)除以当地人口总数表示。从 1990 年到 2005 年,各省(区、市)人均实际收入的平均值涨到四倍以上,从 1858 元上升到 8213 元。与此同时,基尼系数也从 0.269 上升到 0.301,反映出各省(区、市)收入差距不断扩大。我们还报告了贸易开放度和道路密度的描述性统计,这两个是本书实证分析中的控制变量。在我们的研究区间,贸易开放度(进出口总额除以 GRP)增加了一倍以上,从 0.171 上升到 0.391。道路密度[公路总里程(千米)除以地区面积(平方公里)]增加了五倍以上,从 0.015 增加到 0.095。

　　在进行正式的分析之前,我们首先用 112 个样本绘制了图 8.3,以直观地表现地区人均实际收入(对数)和人口年龄结构之间的关系。具体来说,图 8.3 的每一个部分表现了式(8.1)隐含的地区人均实际收入(对数)和每个年龄组(见每个部分的标题)在总人口中占比之间的关系。我们将 35～

54岁年龄组作为参照组。以图8.3a为例，它说明了剔除省份固定效应和年份固定效应后，地区人均实际收入对数和0～14岁人口比例之间的关系，除了参照组35～54岁年龄组，其他年龄组（即15～34岁、55～64岁以及65岁及以上）也是一样的。所以，在保持其他年龄组占比不变的情况下，图8.3a中拟合直线的斜率反映了0～14岁人口相对于35～54岁人口的变化和人均实际收入对数之间的关系。在图8.3中，四个部分拟合曲线的斜率均为负，说明35～54岁人口转变为其他任何年龄组都不利于经济增长。

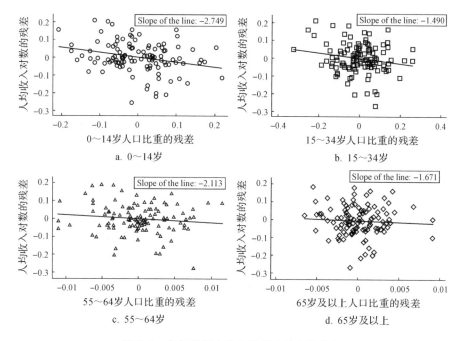

图8.3　各年龄组占比与地区人均实际收入

注：每一部分表示剔除省份固定效应、年份固定效应以及其他三个年龄组占比的影响后，地区人均实际收入的残差和特定年龄组人口占比的残差之间的关系，35～54岁年龄组为参照组。

第四节　人力资本结构在地区经济增长中的作用

在这一部分中，笔者利用中国1990—2005年28个省（区、市）的面板数据，实证检验了人力资本规模和人力资本结构对人均实际收入的影响。我们首先汇报了固定效应估计结果，然后运用固定效应—工具变量模型处理地区人力资本规模和人力资本结构变量的潜在内生性，最后基于实证估计结果分析结构变化在多大程度上解释了中国经济增长,以及结构的省际差异在多大程度上影响省际收入差距。

一、固定效应估计

表 8.3 的第(1)列汇报了基准模型,即式(8.2)的固定效应估计结果,只包括了两个关键的人力资本变量(人力资本规模的对数和人力资本结构)、省份固定效应和时间固定效应。这两个人力资本变量的系数均显著为正,说明人力资本规模和人力资本结构与人均实际收入之间存在显著正相关性。表 8.3 的第(2)列进一步控制了贸易开放度和道路密度,检验这两个人力资本变量的稳健性①。结果表明,加入这些变量,并没有对这两个变量前面的系数产生显著影响。第(2)列的估计结果表明人力资本规模每增长1%,会使人均实际收入增加 1.57%,而劳动年龄人口中每 1%的非黄金年龄变为黄金年龄,会导致人均实际收入增加 1.43%。第(3)列进一步控制了老年人在被抚养人口中的占比,以控制被抚养人口的内部组成结构可能存在的影响,人力资本结构和人力资本规模的系数略有下降,分别为 1.30和 1.24,但两者仍保持显著。老年人口比重前面的系数为正,这与前文假设保持一致,即老年人相对于青少年对经济发展贡献更大,但并不显著,而且 0.664 在数量级上也比两个人力资本变量前面的系数小很多。

表 8.3　人力资本结构与地区经济增长:固定效应估计

解释变量	被解释变量:log output per capita					
	(1)	(2)	(3)	(4)	(5)	(6)
log(working-age ratio)	1.214**	1.572**	1.301**	1.073	1.444**	1.237*
	(0.527)	(0.495)	(0.494)	(0.637)	(0.648)	(0.667)
Prime-age share	1.071*	1.427**	1.242**	—	—	—
	(0.611)	(0.591)	(0.558)			
Young working-age share	—	—	—	−1.120*	−1.473**	−1.272**
				(0.634)	(0.606)	(0.552)
Old working-age share	—	—	—	−1.696	−1.994	−1.560
				(1.800)	(1.641)	(1.639)

① 加入额外的控制变量可能产生两种影响。一方面,这可以缓解由于年龄结构和这些控制变量存在相关性导致系数估计的潜在偏差;另一方面,这可以消除人口变量通过和这些控制变量相关的其他渠道对产出的影响。

续表

解释变量	被解释变量：log output per capita					
	(1)	(2)	(3)	(4)	(5)	(6)
Elderly share	—	—	0.664	—	—	0.647
			(0.625)			(0.626)
其他控制变量	No	Yes	Yes	No	Yes	Yes
R-squared	0.649	0.862	0.869	0.642	0.859	0.868
N	112	112	112	112	112	112

注：(1)表中的各列回归均控制了省份固定效应和年份固定效应；(2)其他控制变量包括贸易开放度对数和道路密度对数；(3)括号内为省级聚类标准误。

＊和＊＊分别表示10％和5％统计显著。

表8.3的第(4)～(6)列进一步将非黄金年龄劳动人口细分为年轻劳动年龄人口(15～34岁)和老年劳动年龄人口(55～64岁)，然后重复第(1)～(3)列的回归。具体来说，我们在回归中将黄金年龄人口比重作为控制组，加入年轻劳动年龄人口(15～34岁)和老年劳动年龄人口(55～64岁)分别在总劳动年龄人口中所占比例。年轻劳动年龄人口比重和老年劳动年龄人口比重前面的系数在数量级上和第(1)～(3)列黄金年龄人口比重前面的系数差不多，而符号相反。这样做会导致人口学变量系数估计的精度损失，尤其老年劳动年龄人口比重变得不显著。然而，我们不能拒绝在年轻和老年的劳动年龄人口比重系数相等。因此，我们更倾向于仅用黄金年龄人口比重衡量人力资本结构，即表8.3的第(1)～(3)列的实证估计。在使用劳动年龄人口结构的替代变量之后，其他人口学变量(即劳动年龄人口比重对数和老年人份额)的系数也没有太大的变化。

二、固定效应—工具变量估计

如本章第二节讨论的一样，加入省份固定效应并不能完全消除人力资本变量的内生性。如果人力资本变量的变化和不可观测的影响人均实际收入的地区时变变量相关，固定效应估计可能存在偏差。跨省流动可能取决于每个地区不可观测的生产率差异，从而导致每个省年龄结构的内生性变化，因此这种相关性可能存在。在这一部分，笔者将工具变量法应用到固定效应模型中，以处理可能存在的内生性，即假设不存在跨省流动，将滞后的省级年龄结构和同时期两个普查年间各省各年份的出生率和各省各年龄的存活率，作为直接观测到的人力资本变量的工具变量。以1990年为例，根据 1982 年 17 岁人口数量和每个省 17 岁人口 8 年特定的存活率计算 1990 年每个省 25 岁预期人数;根据 1985 年预期人口、各省的出生率以及各省新生儿 5 年存活率计算 1990 年每个省 5 岁预期人数。基于 1990 年各省各年龄的预期人数,我们可以计算预期的年龄结构,并将之作为直接观测到的人力资本变量的工具变量。然而,只有 2000 年具有各省特定年龄的死亡率(1—存活率)数据,其他普查年份只统计了全国各年龄的死亡率。为了解决缺失数据问题,我们假设各省各年龄死亡率的下降速度和全国各年龄死亡率的下降速度保持一致,计算出缺失的死亡率,附录 C 介绍了更详细的计算方法。

表 8.4 汇报了在固定效应模型中使用工具变量法的估计结果。附录 A 的附表 A4 报告了表 8.4 中第(3)和(6)列工具变量估计的第一阶段结果,可以发现,相关工具变量的系数都在 1‰ 水平上统计显著,第一阶段的 F 值在 14 到 354 范围之内,表明我们的工具变量在第一阶段的回归中具有很强的解释力。表 8.3 的估计结果显示人力资本变量的系数和表 8.2 固定效应估计结果相似,而且 Hausman 检验无法拒绝原假设,即固定效应估计和固定效应—工具变量估计没有系统性差异。众所周知,使用工具变量法通常会导致更大的标准差,有时候甚至会使人力资本变量系数从显著变得不显著。因为 Hausman 检验不支持人力资本变量存在内生性的假设,所以我们更倾向于固定效应估计。

表 8.4　人力资本结构与地区经济增长:固定效应—工具变量估计

解释变量	被解释变量:log output per capita					
	(1)	(2)	(3)	(4)	(5)	(6)
log(working-age ratio)	1.073	1.735**	1.301*	0.740	1.466*	1.109
	(1.242)	(0.710)	(0.770)	(1.475)	(0.887)	(0.979)
Prime-age share	1.358	1.451*	1.096*	—	—	—
	(0.860)	(0.761)	(0.606)			
Young working-age share	—	—	—	−1.231	−1.352*	−1.048*
				(0.799)	(0.702)	(0.586)
Old working-age share	—	—	—	−2.458	−2.246	−1.853
				(1.845)	(1.645)	(1.614)
Elderly share			0.511	—	—	0.452
			(0.684)			(0.714)

续表

解释变量	被解释变量：log output per capita					
	(1)	(2)	(3)	(4)	(5)	(6)
其他控制变量	No	Yes	Yes	No	Yes	Yes
Hausman test statistics	0.49	0.04	1.20	1.25	0.89	8.79
	($p=0.99$)	($p=1.00$)	($p=0.99$)	($p=0.97$)	($p=0.99$)	($p=0.46$)
N	112	112	112	112	112	112

注：(1)表中的各列回归均控制了省份固定效应和年份固定效应；(2)第(1)～(3)列加入了劳动年龄人口比重对数、黄金年龄人口比重的预测值作为工具变量，第(4)～(6)列加入了劳动年龄人口比重对数、年轻劳动年龄人口和老年劳动年龄人口分别占总劳动年龄人口比重的预测值作为工具变量；(3)其他控制变量包括贸易开放度对数和道路密度对数；(4)括号内为省级聚类标准误；(5)Hausman检验报告了固定效应估计系数和固定效应工具变量估计系数差异的显著性程度（F统计量和 p 值）。

＊和＊＊分别表示 10％和5％统计显著。

三、人力资本结构在经济增长和地区收入不平等中的作用

前两节的估计结果表明人力资本规模和人力资本结构对地区人均实际收入有重要影响。在这一小节，我们将考察人力资本规模和人力资本结构变化对中国经济增长的贡献及这些结构变化与地区经济不平等之间的联系。

从1990年到2005年，中国人口的年龄结构有着显著的变化，以劳动年龄人口衡量的人力资本规模和结构都朝着有利于经济增长的方向变化。其中，劳动年龄人口比重从0.660上升到0.706，黄金年龄人口比重从0.327上升到0.429。根据表8.3第(2)列的估计结果计算人力资本结构变化对中国人均GDP增长的贡献，结果见表8.5。例如，劳动年龄人口比重对数和黄金年龄人口比重前面的系数分别为1.572和1.427，年龄结构的变化贡献了1.68个百分点，或者说，解释了1990—2005年人均GDP年增长8.80％中19.1％的部分，其中57.7％（或0.97个百分点）由劳动年龄人口结构解释。我们还对其他几个时间段进行预测，估计在研究区间前后几个时间段年龄结构的变化对经济增长的影响。在1982—1990年，年龄结构变化使人均GDP增加1.55个百分点，或者说对人均GDP的增长（年增长率为7.9％）贡献19.6％。假定生育率保持在当前水平，联合国人口署(2011)预测了未来的年龄结构。本章利用其预测结果估计了2005—2020年和2020—2050年这两个时间段预期年龄结构变化对中国人均实际收入增长的影响。鉴于生育率保持

在当前水平,2020 年的劳动年龄人口比重和黄金年龄人口比重保持在 2005 年的水平上,随后下降。因此,人口红利将在 2005—2020 年消失,最终转变成人口赤字。表 8.5 最后一行估计结果表明 2020—2050 年预计的人口年龄结构变化会导致年人均实际收入下降 1.2%。

表 8.5　人力资本结构对经济增长的贡献

时期	(1) P_0	(2) P_1	(3) W_0	(4) W_1	(5) $\dfrac{\Delta P \times \hat{\theta} \times 100}{T}$	(6) $\dfrac{\Delta \log(W) \times \hat{\rho} \times 100}{T}$	(7) g_p (5)+(6)	(8) g_a
样本期间								
1990—2005 $T=15$	0.327	0.429	0.660	0.706	0.970	0.713	1.683	8.800
前样本期间								
1982—1990 $T=8$	0.309	0.327	0.611	0.660	0.321	1.512	1.552	7.890
后样本期间								
2005—2020 $T=15$	0.429	0.429	0.706	0.707	−0.000	0.015	0.015	—
2020—2050 $T=30$	0.429	0.408	0.707	0.573	−0.100	−1.100	−1.200	—

注:(1)根据表 8.3 第(2)列的估计结果可知,$\hat{\rho}$ 和 $\hat{\theta}$ 分别等于 1.572 和 1.427,2020 年和 2050 年黄金年龄人口比重和劳动年龄人口比重来自《世界人口展望》(联合国人口署,2011);(2)g_p 和 g_a 分别为预期的年化增长率和实际的年化增长率。

　　如第六章所述,中国省际发展不平衡已经受到很多学者和媒体的关注。在 2014 年,中国最富裕地区上海市的人均生产总值(38199 元,1980 年不变价)是最贫穷地区贵州省人均生产总值的近八倍。之前已经有很多学者研究造成这种省际收入不平等的因素,例如物质资本投入、人力资本投入、外商直接投资、全要素生产率以及沿海位置(Tsui,1993、2007;Chen and Fleisher,1996)。我们的结果表明年龄结构在造成省级地区间人均收入不平等中有着重要作用。相对于贵州,上海市有更有利的人力资本结构和规模,因此可能导致两者之间的收入差距很大[①]。反事实(counterfactual)估计表明,如果贵州的年龄结构和上海 2005 年的一样,它的人均实际收入将会高出三分之一,两者之间的收入比将下降四分之一以上,从 9.1 下降到

---

① 2005 年,上海的劳动年龄人口比重和黄金年龄人口比重分别为 0.790 和 0.444,而贵州的劳动年龄人口比重和黄金年龄人口比重分别只有 0.635 和 0.426。

6.7。借鉴已有文献中的不平等分解方法（如 Shorrocks，1982；Cancian and Reed，1998），我们消除省际年龄结构的差异性之后，不平等指数会下降，以表明年龄结构对省际收入不平等的影响。表 8.6 比较了 2005 年真实和反事实状态的不平等指数。我们主要采用了三种不平等测量方法，即变异系数、基尼系数和泰尔指数。最后一行的结果表明，不管使用何种不平等指数，省际年龄结构差异对省际收入不平等都贡献了超过八分之一。例如，如果每个省的年龄结构相同，即均为全国平均水平，省际人均实际收入的基尼系数将会下降 13%（从 0.301 到 0.262）。

表 8.6 人力资本结构对地区经济不平等的影响

	变异系数	基尼系数	泰尔指数
（a）人均实际收入不平等指数	0.601	0.301	0.150
（b）反事实状态下的实际人均收入不平等指数	0.525	0.262	0.116
（c）人力资本规模和结构对不平等的影响＝[（a）－（b）]/（a）	12.65%	12.96%	22.67%

注：假设各地区人口结构和全国平均水平一样，计算得出反事实状态下的人均实际收入不平等指数，即（b）。具体来说，地区 i 反事实状态下的人均实际收入为 $\bar{y}_i = y_i \times \exp[\bar{P} - P_i + \hat{\rho}(\ln\bar{W} - \ln W_i)]$，$y_i$ 是地区 i 人均实际收入，P_i 是地区 i 实际黄金年龄人口比重，W_i 是 i 省实际劳动年龄人口比重，$\bar{P}$ 是全国平均黄金年龄人口比重的真实值，$\bar{W}$ 是全国平均劳动年龄人口比重的真实值，根据表 8.3 第（2）列的估计结果可知，$\hat{\rho}$ 和 $\hat{\theta}$ 分别等于 1.572 和 1.427。

第五节 人力资本结构对经济增长的影响渠道

上述分析表明，人口结构变化，即劳动年龄人口比重和黄金年龄人口比重的变化，对人均实际收入增长有显著的影响。在这一部分，笔者进一步探讨年龄结构对产出的影响渠道。首先，笔者使用规模报酬不变的新古典总量生产函数扩展形式，如下：

$$Y_{it} = K_{it}^{\alpha}(A_{it}H_{it})^{1-\alpha}, 0 < \alpha < 1 \tag{8.3}$$

其中，Y 表示产出水平，K 表示物质资本投入，A 表示劳动增强型全要素生产率，H 表示劳动的"有效单位"数量，下标 i 和 t 分别代表省份和时间。附录 D 表明，式（8.3）可转化为以下方程：

$$\frac{Y_{it}}{N_{it}} = \left(\frac{K_{it}}{Y_{it}}\right)^{\frac{\alpha}{1-\alpha}} A_{it} \frac{H_{it}}{L_{it}} \frac{L_{it}}{N_{it}} \tag{8.4}$$

其中，L 是劳动力数量，N 是人口总数。令 y_{it} 等于人均实际收入 Y_{it}/N_{it}，k_{it}

等于资本产出比 K_{it}/Y_{it} [①],h_{it} 等于每工人劳动"有效单位"数量 H_{it}/L_{it} ,m_{it} 等于就业人口占总人口比例 L_{it}/N_{it} 。所以,式(8.4)可以改写为

$$y_{it} = (k_{it})^{\frac{\alpha}{1-\alpha}} A_{it} h_{it} m_{it} \qquad (8.5)$$

式(8.5)两边取对数可得

$$\log y_{it} = \frac{\alpha}{1-\alpha} \log k_{it} + \log A_{it} + \log h_{it} + \log m_{it} \qquad (8.6)$$

式(8.6)表明人均实际收入差异主要来自四个渠道,即资本产出比、全要素生产率、平均人力资本和就业人口比。如前所述,这四个渠道都有可能受到人口年龄结构影响。借鉴 Feyrer(2007)的分解方法,我们将式(8.2)中人力资本变量对人均实际收入的总影响分解为式(8.6)的四个渠道,分别用人力资本变量对式(8.6)右边的四个变量做回归。

因此,我们需要估计物质资本存量、平均人力资本和就业人口比。就业人口比可根据统计资料公布的各省历年就业人口总数与总人口数计算获得。各省每年的物质资本存量需要来自 Fleisher et al.(2010)的估计。他们利用 Holz(2006)的累计投资法估算了 1981—2003 年中国各省每年的资本存量。笔者采用了他们的计算方法并将数据延长到 2005 年。各地区平均人力资本存量数据根据第三章介绍的明塞尔人力资本方程计算获得。基于这些数据,我们对式(8.6)采用索洛剩余法计算了各地区的全要素生产率。索洛剩余法需要事先设定资本份额和劳动份额的参数。跨国研究中常常将资本份额设定为 1/3,但是对中国的研究表明资本对产出的贡献可能更大(Bai et al.,2006)。据此,笔者将资本份额设为 0.45。在稳健性检验中,我们也将资本份额分别设为 1/3 和 1/2 估计索洛剩余,相关的结果发现 TFP 回归方程中人力资本变量的系数没有明显变化。

表 8.7 报告了影响渠道分解结果。第(1)列与表 8.3 第(2)列的估计结果相同,第(2)~(5)列分别报告了人均实际收入每个组成部分的回归结果,即全要素生产率、资本产出比、平均人力资本以及就业人口比分别对劳动年龄人口比重和黄金年龄人口比重的回归。所有回归都包括一系列控制变量、地区固定效应和年份固定效应(有关系数未报告)。我们认为各人力资

---

① 因为人均资本容易受到技术进步等的冲击(Hall and Jones,1999;Feyrer,2007),所以我们在方程(8.4)中使用资本产出比,而非人均资本。Hall and Jones(1999)认为在平衡增长路径上,资本产出比与储蓄率成正比。每工人资本演变方程可以被写为 $k = sy - (n+g+\delta)k$,其中 s 是储蓄率,n 是劳动力数量增长率,g 是外生的技术增长率,δ 是折旧率。所以稳定的资本产出比是 $\frac{k^*}{y^*} = s/(n+g+\delta)$,与储蓄率成正比。

本变量的系数反映了人力资本规模和人力资本结构在人均实际收入各个渠道中的重要性。第(2)列中两个人力资本变量的系数在数量级上最大,表明TFP是年龄结构影响人均实际收入最重要的渠道。在资本产出比回归方程[第(3)列],人力资本结构变量的系数显著为负,表明中国的年龄和养老储蓄呈"U"形(Ge et al.,2012)。因为年龄和人力资本的关系呈"驼峰"形,所以抚养比和人力资本结构变量与劳动力市场平均人力资本成正比。这一点可以从第(4)列回归的估计结果得到验证,两个人力资本变量的系数都显著为正。值得注意的是,就业人口比回归方程[第(5)列]中人力资本结构变量的系数显著为负。可能的原因是,相对于年轻的劳动力,年长但处于黄金年龄的劳动力(45~54岁)的劳动参与率较低。附表 A1 一定程度上揭示了劳动力年龄与劳动参与率存在一种倒"U"形关系。

表 8.7　人力资本结构对经济增长的影响渠道

解释变量	因变量				
	$\log(y)$ (1)	$\log(A)$ (2)	$\dfrac{\alpha}{1-\alpha}\log(K/Y)$ (3)	$\log(h)$ (4)	$\log(m)$ (5)
log(working-age ratio)	1.572***	1.280	−0.568	0.533***	0.224
	(0.495)	(0.783)	(0.643)	(0.107)	(0.262)
Prime-age share	1.427**	2.504**	−1.390	0.496***	−0.436*
	(0.591)	(0.957)	(0.871)	(0.138)	(0.246)
R^2	0.862	0.812	0.065	0.900	0.046
N	112	112	112	112	112

注:各列回归均控制贸易开放度对数、道路密度对数、省份固定效应和年份固定效应。括号内为省级聚类矫正后的标准误。

*、** 和 *** 分别表示 10%、5%和 1%统计显著。

第六节　本章小结

自改革开放以来,中国经济实现了持续的快速增长,年均实际增长率超过 8%。这种快速增长的决定因素引起了许多研究者、政策制定者和公众的关注。现有关于人口和中国经济增长关系的研究主要集中于人口抚养比,笔者认为抚养比不能全面反映人口因素的作用。根据劳动经济学文献,劳动年龄人口内部结构实质上反映的是一种人力资本结构,以劳动年龄人口衡量的人力资本结构是更重要的结构变量。

基于此,本章从人力资本视角研究了人口结构对中国地区经济增长的作用。本章使用中国省级面板数据检验了人口因素在地区经济增长中的作用[①]。我们构造了两个人力资本变量——人均劳动年龄人口数量和人力资本结构变量,它们分别捕捉人力资本规模和人力资本结构的增长效应。研究结果表明人力资本结构变化至少和人力资本规模变化在中国地区经济增长中的作用一样重要。固定效应估计结果表明,人力资本规模每增长 1%,将提高地区人均实际收入 1.57%,而劳动年龄人口中每 1% 的非黄金年龄变为黄金年龄,人均实际收入就会增加 1.43%。被抚养人口的内部组成结构对人均实际收入没有明显的影响。固定效应—工具变量法估计结果显示人力资本规模和人力资本结构变量的系数是稳健的。基于参数估计结果,计算表明样本期间人力资本规模和结构的变化对经济增长贡献了 1.68 个百分点,其中超过一半(0.97 个百分点)是由人力资本结构变化造成的。这意味着近五分之一的地区人均实际收入增长率可以为人力资本规模和结构的变化所解释。不管用何种不平等指数衡量地区收入不平等情况,我们都发现人口因素在形成中国地区收入不平等中扮演着重要作用。超过八分之一的地区收入不平等可以为各地区人力资本规模和人力资本结构差异所解释。对人力资本结构影响经济增长的渠道分解分析表明,人力资本规模和人力资本结构对人均实际收入的总效应可分解为四个渠道。结果表明人力资本规模和结构的变化,尤其是人力资本结构变化,将影响资本产出比、平均人力资本、就业人口比以及全要素生产率等四个方面,其中,全要素生产率这一渠道是最重要的驱动力。

我国改革开放以来的经济发展奇迹极大地受益于丰富而廉价的劳动力资源。缘于人口老龄化和少子化,劳动年龄人口比重和黄金年龄人口比重已经开始出现转折,这种传统的人口数量红利对我国经济增长的促进作用正趋于消失。本章的分析表明如果生育率保持目前的趋势,人口结构的转变将不利于中国未来的经济增长。与其他发展水平相似的国家相比,我国人口老龄化速度更快,这可能会导致巨大的经济和福利损失。

[①] 之前很多研究已经从其他视角研究中国的经济增长,包括外国直接投资(Ran et al.,2007;Yao and Wei,2007)、基础设施(Démurger,2001)、人力资本(Fleisher et al.,2010)、财政分权(Zhang,2006)以及企业家才能(Li et al.,2012)。

第九章　研究总结与政策启示

经济增长一直是经济学理论和实证研究的中心问题之一。劳动力被认为是新古典增长理论的"四驾马车"之一。然而,长期以来传统理论只研究了劳动力数量的增长与人均产出增长的关系问题,忽视了劳动力质量提升的经济效应。人力资本概念实际是显性化了劳动力质量的异质性。人力资本理论的发展不仅为解释劳动生产率差异和地区间经济增长差异提供了新的线索,也为经济体克服报酬递减规律实现人均产出持续增长的经济发展政策提供了可能的思路。

第一节　研究总结

中国经济总量和增速自改革开放以来取得了显著成就,与此同时地区经济发展不平衡仍很明显。厘清地区经济发展不平衡问题有助于更好地理解中国经济增长的主要原因和动力,并为中国式现代化进程中的发展政策提供启示。本书在梳理人力资本及其相关理论和实证研究文献的基础上,运用全国人口普查数据、全国经济普查数据、发明专利数据等全国代表性的大型微观数据库,以及省级、地市级和县级区域社会经济统计资料,估算了中国各省级地区人力资本存量,运用多种统计和计量方法实证研究了人力资本的数量、质量和结构对中国经济转型时期地区经济增长的影响,并对人力资本外部性这一报酬递增机制做了初步的探索。本书的研究发现主要有以下几个方面:

第一,本书的估算表明,总体而言我国各地区平均人力资本经历了较显著的增长(年均增长率约为 3.49%),但是各地区平均人力资本分布不平衡。更重要的是,这种地区人力资本分布不平衡呈上升态势,地区间平均人力资本存量的发展似乎没有收敛的迹象,将在一定程度上出现富者越富穷者越穷的"马太效应"。

第二,人力资本的数量扩展对经济增长有积极的影响,但与物质资本投资对经济增长的贡献相比,人力资本的数量扩展并非过去四十年地区经济增长的主要因素。这一分析结果与其他研究发现的低人力资本收益率(李实和丁赛,2003;Zhang et al.,2005)和高资本收益率(白重恩等,2007)并存的事实是一致的。究其原因,笔者认为有三种可能的解释:一是劳动力市场改革滞后使得既有的人力资本没有得到充分激励而转化为现实生产率;二是相对低的教育质量降低了教育部门生产人力资本的效率;三是劳动力队伍的总体受教育程度不高从而遏制了教育的正外部性。

第三,以教育质量衡量人力资本质量的提升显著地影响地区人均收入水平,人力资本数量扩展对劳动生产率的影响大小也取决于学校教育质量的高低。教育质量越高,教育数量对劳动生产率的促进效应越明显。这一研究结论表明过于快速的教育数量扩张而不增加教师供给可能并不是最有效率的教育资源配置方式。

第四,基于发展核算框架的研究结果表明,人力资本结构至少与抚养率一样有助于解释地区人均产出水平的差异,忽略这一结构性差异将低估人口结构的作用。这一分析结果是对传统人口红利文献的有益补充。反事实状态分析表明,超过八分之一的地区经济差异可以为人力资本规模和人力资本结构差异所解释,其中人力资本结构的贡献超过一半。

第五,企业劳动生产率和创新活动显著受益于人力资本和经济活动空间集聚产生的外部性。与马歇尔外部性相比,雅格布斯外部性对企业劳动生产率的影响更明显。雅格布斯外部性的大小还与企业自身的规模大小和劳动生产率高低等异质性特征有关,低劳动生产率企业从经济集聚中的获益更大。地区创新活动绩效也显著受益于人力资本集聚产生的外部性。

第二节　政策启示

在经历了四十多年的高速增长后,中国经济发展已步入新常态阶段,经济增长环境发生了显著变化,劳动年龄人口已在 2011 年前后达到峰值,农村劳动力向城市转移的城市化进程开始放慢(蔡昉,2010、2013;Li et al.,2016),资源和环境瓶颈日益显现。随着劳动力无限供给格局的彻底改变且在相当长时期内不可逆转,支撑中国经济高速增长的有利条件正在消失,劳动力成本已经开始上升(Li et al.,2012),资本报酬递减正在显现,传统的要素驱动模式将难以为继,要实现中高速增长必须寻找新的支撑。如果说过去四十多年中国经济发展的奇迹主要得益于人口结构红利以及劳动力配置效率的提升,那么支撑未来中国经济发展的一个"潜力股"或许是人力资本红利以及其人力资本配置效率的提升。本书的分析结论表明,人力资本对中国经济发展的贡献率远未达到其应有的程度,反过来看,这说明未来与人力资本相关的政策干预仍有很大空间。

首先,以受教育程度为例,2015 年全国 1‰人口抽样调查显示我国 15 岁以上劳动力平均教育年限在 9.36 年,其中,大专以上受教育程度人口占 14.86%(国家统计局人口和就业统计司,2016),而美国 2010 年 15 岁以上劳动力平均受教育年限就已达 13.18 年,受过高等教育人口占 26.8%(Barro and Lee,2013)。这说明通过学校教育尤其是普及高中教育来提升我国劳动力人力资本有很大的空间。

其次,本书的分析表明,对劳动力的教育投资不仅要注重数量扩张,也要注重质量提升和结构优化。适度放松教育管制,发展民办教育,促进教育竞争,提高对各级教师的经济激励,或许是一种有效的教育质量提升手段。

再次,人力资本的产权特性决定了其只能依靠激励来调度,人力资本收益率低于应有水平既不利于人力资本投资激励,也不利于盘活已有的人力资本。进一步发挥市场在人力资本资源配置中的决定性作用,建设和完善统一的劳动力市场,将人力资本配置到更有效率的生产性部门,而不是非生产性部门,使人力资本投资能获得应有的回报。

最后,本书分析显示,人力资本在空间上的集聚有助于发挥人力资本外部性机制,提高企业劳动生产率和区域创新绩效,并且源于行业多样性的雅格布斯外部性的作用要高于源于行业专业化的马歇尔外部性。这表明可以通过产业结构调整促进经济高质量发展。

此外,本书的反事实测算显示,以年龄结构形式体现的人力资本结构至少与抚养率一样有助于解释地区发展不平衡,忽略这种结构差异将低估人口因素在经济发展中的作用。从中国经济发展的中长期来看,应通过大力实施生育鼓励政策,激励生育行为,从而优化未来的人口结构。

一、实施以质量提升和结构优化为导向的人力资本投资政策

本书的研究结果显示以教育质量衡量的人力资本质量是影响地区人均收入水平的重要因素。这表明提高教育质量的重要性。我国目前已经基本完成教育发展的第一个阶段,即以提高义务教育普及率和参与率为导向的增长型发展,但教育质量亟待提高,其他类型教育(如学前教育)也有待完善。因此,教育发展方式需进行根本性转变,从以规模扩张、空间拓展为特征的外延式发展向以质量提升、结构优化为核心的内涵式发展转变,避免"有增长无发展"的"教育陷阱"。

1.优化教育布局结构

首先,优化教育资源区域布局。地区人力资本分布不平衡呈上升态势,一定程度上出现富者越富穷者越穷的"马太效应"。其中不同地区不同时间在教育投入方面的差异无疑是一个重要因素。正如党的二十大报告中所提到的,要重视"加快义务教育优质均衡发展和城乡一体化,优化区域教育资源配置",公共教育资源配置要向那些教育质量较差的学校和地区倾斜,促进东中西部地区和城乡教育协调发展和高质量发展,以矫正由于经济社会发展和教育发展水平不均衡带来的教育质量差距过大问题。具体来说,可以加大对教育资源匮乏地区的教育财政投入,提高欠发达地区的教师工资待遇以吸引更多人才。

其次,优化层次类型结构。目前,我国已基本普及义务教育,但是学前教育、高中教育和高等教育的发展仍有不足。2018年中央经济工作会议明确将"增加对学前教育、农村贫困地区儿童早期发展、职业教育等的投入"纳入重点工作任务。党的二十大报告也提到应该"强化学前教育、特殊教育普惠发展"。理论研究表明教育投资回报最高的阶段是儿童早期和学龄前(0~5岁),而我国的学前教育尚未纳入义务教育,存在很明显的地区差异,不少贫困地区的儿童无法接受三年制的学前教育。未来应当加大投入,着力增加普惠性学前教育资源投入,规范学前教育的发展,保障所有儿童在接受学前教育方面的机会平等,保证每一个儿童都能接受学前教育。

再次,要促进高职教育和劳动力市场需求有效衔接。一方面,要积极鼓励"干中学"和各类职业培训,为劳动者提供人力资本再投资的机会,促进劳动者自身人力资本和技能的再发展,切实提高现有劳动者的生产效率,提高个人在劳动力市场中的竞争力,以应对人工智能的兴起,避免被劳动力市场淘汰。另一方面,要完善职业院校的教育体系,关注技能型人才的培养。将职业教育和高等教育摆在同等重要的位置,一体化设计中职、高职、本科职业教育培养体系,继续贯彻实施学徒制度,实现适应发展需求、产教融合、校企紧密合作等目标,培养更多高素质技能型人才。

最后,优化学科专业结构。高等教育应当顺应国家发展新格局,基于产业结构调整和经济发展的需要,完善学科专业体系。一方面,厘清学术型学位与专业学位培养的边界。针对不同类型学生的教育,培养过程应有所差异。对于专业学位研究生教育,应重视以实践能力培养为导向,建立形式多样的、高质量的实习实践基地,注重吸纳和使用社会资源,积极吸引行业或企业共同参与,合作建立联合培养基地。对于学术学位研究生,应更加注重学术能力和科研能力的训练,为博士项目提供优质的后备队伍。另一方面,打破僵化的学科专业设置,将学科专业体系建设融入国家创新体系建设。目前的学科专业体系一定程度遏制了学术创新,对创新发展的支持不足。学科间的交叉融合是高等教育的重要发展趋势,科学上的创新和突破也越来越依赖于交叉学科。

2.高质量师资队伍建设

目前,我国教育发展不应再仅仅重视普及义务教育,解决"有学上"的问题,而应注意促进教育高质量发展,重视"上好学"的问题;此外,随着新兴技术的发展,远程线上课程、人工智能等在教育领域的应用越来越多。这些变化都对教师队伍建设提出了新要求。

首先,加强存量师资队伍培训。教育应以培养批判性和创造性思维,提高学生创新能力为目标,而不能局限于知识传授。此外,数字化为学生自主学习提供了技术支撑,学校课堂教学不再是获取知识的唯一途径,因此,教师还要重视培养学生获取有用信息的策略和方法,帮助学生提高学习能力。

其次,健全教师培养补充机制。优质教师资源存在明显的城乡和区域不平等现象,导致农村和欠发达地区儿童无法接受优质教育。一方面要进一步提高教师的社会地位和工资待遇,吸引更多优秀人才投身教育事业。另一方面,在结构方面,通过"编制"等中国特色的激励手段,引导更多的优质人才流向农村和欠发达地区学校,对学生数达不到标准的学校,按照"班师比"而非"师生比"配备教师。

最后,健全优质师资交流轮岗制度。以在线课程等数字化技术推动优质教育资源的共享发展,使更多的来自欠发达地区的学生通过在线学习接受高质量的教育。同时让更多的能力不足的教师通过学习精品课程的教学方法来提升自身教学水平。

二、建设以劳动力有效流动为目标的全国统一的劳动力市场

重视和优化人力资本投资有助于提升人力资本存量,但同样重要的是,应该建立合理、公正、畅通、有序的社会流动机制体制,实现劳动力在区域间、城乡间、职业间和行业间的有效流动,提高人力资本这一生产要素的配置效率,进一步发挥人力资本红利。

首先,推动区域多中心城市建设,实现人力资本的集聚效应和规模效应。城市发展遵循"规模经济"的规律,人口从农村向城市集聚,从小城市向大城市集聚,从城市外围向中心城区集聚(陆铭,2022)。根据第七次全国人

口普查分县资料以及《国务院关于调整城市规模划分标准的通知》中制定的标准,全国 685 个城市的人口规模中位数为 35 万,仅有 21 个城市人口规模超过 500 万人,其中包括 7 个超大城市和 14 个特大城市。省会城市和区域中心城市的人口集聚程度低,难以发挥规模和集聚效应。要继续发挥以国家级中心城市为核心的都市圈在经济发展中的引领作用,推动建设以省会城市和区域中心城市为核心的城市群,促进劳动力向城市进一步集聚。

其次,破除妨碍劳动力有效流动的体制弊端。一直以来,户籍制度都是公认的制约劳动力流动的主要障碍之一。目前,许多地区已放松城镇落户制度,但是改革效果并没有达到预期目标。体制内外单位用人制度和档案管理也是制约高技能劳动力流动的制度障碍之一。党政机关、事业单位和国有企业的用人制度依然有很大问题,成为限制人才在体制内外自由流动的障碍。未来除了进一步深化户籍制度改革,促进城乡联动,实现劳动力在城乡间的有效流动外,还应通过人事制度改革打破劳动力流动的人事关系障碍,促进劳动力在不同部门和单位之间的流动。

最后,人力资本的产权特性决定了其只能依靠激励来调度。人力资本收益率低于应有水平既不利于人力资本投资激励,也不利于盘活已有的人力资本。进一步发挥市场机制在人力资本配置中的决定性作用,促使高质量人力资本配置到更有效率的生产性部门,而不是非生产性部门,提高人力资本投资的私人回报率。

三、优化生育—养育支持政策体系,改善人口年龄结构

本书的分析表明传统人口红利趋于消失,如果生育率保持目前的趋势,人口结构将不利于中国未来的经济增长。近年来,根据我国人口结构变化趋势,政府先后做出"单独二孩""全面二孩""三孩"等生育政策的调整,希望通过改善人口年龄结构,促进人口长期均衡发展,以应对人口老龄化挑战。然而,从近年来出生人口规模单边下降的趋势来看,政策对生育意愿的提振效果不尽如预期,高素质职业女性的生育意愿较低。应进一步优化以生育—养育支持为核心的人口政策,切实降低生育—养育成本,以提高适龄人口的生育意愿。

首先,切实降低劳动力市场的"母职惩罚",消除歧视,保障育龄女性的就业权益。在现实生活中,"生"还是"升"仍然是一些职业女性面临的职场选择,选择生育就有可能无法升职,甚至会被用人单位辞退。虽然法律规定了这类情况的违法情形和后果,但是在司法实践中,"举证难"导致育龄女性

劳动力的维权难。因此,不能仅仅通过法律限制这些不合理的用工行为,而不从激励的角度出发倡导用人单位允许女职工生育行为。应在政策上缓解用人单位因女职工怀孕导致的用工成本提高,为用人单位减压。比如将生育成本全面纳入社会保障体系,减轻用人单位的负担;对于一些符合条件的用人单位,例如促进女性就业、聘用孕妇、保障女性生育权利、解决生育后顾之忧的企业,可以提供相应的奖励或者税收优惠等财政上的支持,以弥补企业因女职工怀孕而承担的额外的用工成本。

其次,大力发展0～3岁普惠托育服务体系。儿童照料和托育服务贵是制约家庭生育意愿的重要因素之一。目前,我国的普惠托育服务供给总量不足,还存在社会力量参与不足和政府财政扶持力度有待提高等许多问题。因此,应重视对普惠托育服务的财政投资力度,采用建设补贴、运营补贴、奖励补助等多种形式,激励社会力量积极参与建设托育机构,大力建设普惠托育服务体系,降低普惠托育机构的成本。鼓励和支持幼儿园、社区资源和有条件的用人单位等多方主体参与建设普惠托育服务体系,并给予相应的财政支持,比如对提供托育服务的家庭友好型企业给予奖励性补贴和税收优惠。

四、促进区域产业集聚和结构优化,提升人力资本的外部效应

本书的分析显示人力资本在空间上的集聚有助于发挥人力资本外部性机制,提高企业劳动生产率和区域创新绩效,并且源于行业多样性的雅格布斯外部性的作用要高于源于行业专业化的马歇尔外部性。

首先,优化区域产业结构。本书的分析结果亦显示基于产业多样性的雅格布斯外部性引致的经济集聚效应更明显,且小规模、低劳动生产率的企业从经济集聚中的获益更大。诸如美国"汽车城"底特律以及我国的山西大同、东北老工业基地那样产业结构单一的城市,长远发展情况并不是非常乐观。产业结构多样化的地区可以更好更快地从外部冲击中恢复,获得经济韧性。产业结构单一的地区可通过主动承接其他地区的产业转移,提高本地产业的多样性。

其次,重视产业头部企业的引领和辐射作用,提升产业集聚程度。产业集聚程度低和附加值低是我国许多地区产业结构的症结,客观上也降低了人力资本投资的回报率。发挥产业头部大型企业在经济集聚中的引领和辐射作用,有助于促进与产业相关的人力资本的空间集聚,进而发挥人力资本的外部效应。

第三节　未来研究展望

实证增长研究可能是最具争议的经济学研究领域之一（Temple，1999b）。本书的研究工作仅从人力资本和集聚外部性理论视角对我国改革开放以来的经济发展和地区不平衡做了一些探索性分析，囿于数据可获得性和研究能力，许多方面有待后续研究的进一步完善。

（1）人力资本外部性研究。人力资本外部性或溢出效应是报酬递增的一个重要来源，目前对这一问题的研究仍显得不足。这一理论机制与集聚经济理论、信号显示理论等都密切相关，如何准确地识别这种溢出效应仍然面临一些实证方法和数据方面的挑战。

（2）新人力资本理论研究。人力资本生产是一个复杂的过程，简单地使用受教育时间或培训时间无法全面地反映人力资本形成过程。人力资本生产过程在很大程度上仍是一个"黑箱"，以诺贝尔经济学奖得主詹姆斯·赫克曼为代表的一些研究者围绕人力资本形成这一黑箱开展了大量研究，初步形成了一个"基于能力发展的新人力资本"理论框架，未来对认知能力和非认知能力形成的理论和实证研究仍然是富有价值的。

（3）人力资本社会效应研究。大多数有关我国人力资本的文献侧重于对经济效应的分析。根据贝克尔的理论，人力资本投资可能还有很多有益的社会效应，比如人力资本发展对生育率、婚姻匹配、犯罪行为等人类行为的影响。这些因素或多或少地也将间接影响一个地区的经济发展。

参考文献

[1] Acemoglu, Daron (1996), "A Microfoundation for Social Increasing Returns in Human Capital Accumulation," *Quarterly Journal of Economics*, 111(3):779-804.

[2] Acemoglu, Daron (1998), "Why Do Firms Train? Theory and Evidence," *Quarterly Journal of Economics*, 113(1): 79-119.

[3] Acemoglu, Daron (2002), "Directed Technical Change," *Review of Economic Studies*, 69(4):781-809.

[4] Acemoglu, Daron and Joshua Angrist (2000), "How Large Are Human Capital Externalities? Evidence from Compulsory Schooling Laws," *NBER Macroeconomics Annual*, 15:9-59.

[5] Acemoglu, Daron and Fabrizio Zilibotti (2001), "Productivity Differences," *Quarterly Journal of Economics*, 106:563-606.

[6] Acemoglu, Daron, Simon Johnson and James Robinson (2001), "The Colonial Origins of Comparative Development: An Empirical Investigation," *American Economic Review*, 91(5):1369-1401.

[7] Acemoglu, Daron, Simon Johnson and James Robinson (2002), "Reversal of Fortune: Geography and Institutions in the Making of the Modern World Income Distribution," *Quarterly Journal of Economics*, 117(4):1231-1294.

[8] Acemoglu, Daron, Simon Johnson and James Robinson (2005), "Institutions as a Fundamental Cause of Long-Run Growth," *Handbook of Economic Growth*, 1(A):385-472.

[9] Acemoglu, Daron and James Robinson (2012), *Why Nations Fail: The Origins of Power, Prosperity, and Poverty*, Crown Business.

[10] Aghion, Philippe and Peter Howiit (1992), "A Model of Growth through Creative Destruction," *Econometrica*, 60:323-351.

[11] Aghion, Philippe and Peter Howiit (1998), *Endogenous Economic Growth*, Cambridge MA: MIT Press.

[12] Alesina, Alberto and Dani Rodrik (1994), "Distributive Politics and Economic Growth," *Quarterly Journal of Economics*, 109 (2): 465-490.

[13] Almond, Douglas and Janet Currie (2011), "Human Capital Development before Age Five," *Handbook of Labor Economics*, 4(B):1315-1486.

[14] Altonji, Joseph and Thomas Dunn (1996), "Using Siblings to Estimate the Effect of School Quality on Wages," *Review of Economics and Statistics*, 78(4):665-671.

[15] Anderson, T. W. and C. Hsiao (1982), "Formulation and Estimation of Dynamic Models Using Panel Data," *Journal of Econometrics*, 18(1):47-82.

[16] Angrist, Joshua and Alan Krueger (1991), "Does Compulsory School Attendance Affect Schooling and Earnings?" *Quarterly Journal of Economics*, 106(4):979-1014.

[17] Angrist, Joshua and Alan Krueger (1999), "Empirical Strategies in Labor Economics," *Handbook of Labor Economics*, 3(A):1277-1366.

[18] Angrist, Joshua and Victor Lavy (1999), "Using Maimonides' Rule to Estimate the Effect of Class Size on Scholastic Achievement," *Quarterly Journal of Economics*, 114(2):553-575.

[19] Angrist, Joshua and Jorn-Steffen Pichke (2009), *Mostly Harmless Econometrics: An Empiricist's Companion*, Princeton: Princeton University Press.

[20] Arellano, Manuel and Stephen Bond (1991), "Some Tests of Specification for Panel Data: Monte Carlo Evidence and an Application to Employment Equations," *Review of Economic Studies*, 58(2): 277-297.

[21] Arellano, Manuel and Olympia Bover (1995), "Another Look at the Instrumental Variable Estimation of Error-Component Models," *Journal of Econometrics*, 68(1): 29-51.

[22] Arrow, Kenneth J. (1962), "The Economic Implications of Learning-by-Doing," *Review of Economic Studies*, 29(1):155-173.

[23] Ashenfelter, Orley A. and Alan B. Krueger (1994), "Estimates of the Economic Return to Schooling from a New Sample of Twins," *American Economic Review*, 84(5):1157-1173.

[24] Au, Chun-Chung and Vernon Henderson (2006a), "Are Chinese Cities Too Small?" *Review of Economic Studies*, 73(3):549-576.

[25] Au, Chun-Chung and Vernon Henderson (2006b), "How Migration Restrictions Limit Agglomeration and Productivity in China," *Journal of Development Economics*, 80(2): 350-388.

[26] Audretsch, David B. and Maryann P. Feldman (2004), "Knowledge Spillovers and the Geography of Innovation", *Handbook of Urban and Regional Economics*, 4: 2713-2739.

[27] Autor, David, Lawrence Katz and Alan Krueger (1998), "Computing Inequality: Have Computers Changed the Labor Market?" *Quarterly Journal of Economics*, 113(4): 1169-1214.

[28] Azariadis, Costas and Allan Drazen (1990), "Threshold Externalities in Economic Development," *Quarterly Journal of Economics*, 105(2):501-526.

[29] Bai, Chong-en, Chang-tai Hsieh and Yingyi Qian (2006), "The Return to Capital in China," *Brookings Papers on Economic Activity* 2: 61-101.

[30] Bao, Shuming, Gene Chang, Jeffery Sachs and Wing Thye Woo (2002), "Geographic Factors and China's Regional Development under Market Reforms, 1978—1998," *China Economic Review*, 13(1):89-111.

[31] Barro, Robert J. (1991), "Economic Growth in a Cross Section of Countries," *Quarterly Journal of Economics*, 106(2):407-444.

[32] Barro, Robert J. (1999), "Determinants of Democracy," *Journal of Political Economy*, 107(S6):158-183.

[33] Barro, Robert J. and Jong-Wha Lee(1993), "International Comparisons of Educational Attainment," *Journal of Monetary Economics*, 32(3): 363-394.

[34] Barro, Robert J. and Jong-Wha Lee (1996), "International Measures of Schooling Years and Schooling Quality," *American Economic Review*, 86(2):218-223.

[35] Barro, Robert J. and Jong-Wha Lee (2001), "International Data on Educational Attainment: Updates and Implications," *Oxford Economic Papers*, 53(3):541-563.

[36] Barro, Robert J. and Jong-Wha Lee (2013), "A New Data Set of Educational Attainment in the World, 1950—2010," *Journal of Development Economics*, 104: 184-198.

[37] Barro, Robert J. and Xavier Sala-i-Martin (1992), "Convergence," *Journal of Political Economy*, 100(2):223-251.

[38] Barro, Robert J. and Xavier Sala-i-Martin (1995), *Economic Growth*, New York: McGraw-Hill Press.

[39] Baumoul, William (1986), "Productivity Growth, Convergence, and Welfare: What the Long-run Data Show?" *American Economic Review*, 76(5):1072-1085.

[40] Becker, Gary (1962), "Investment in Human Capital: A Theoretical Analysis," *Journal of Political Economy*, 70(5):9-49.

[41] Becker, Gary (1964), *Human Capital*, New York: Columbia University Press.

[42] Becker, Gary, Kevin Murphy and Robert Tamura (1990), "Human Capital, Fertility, and Economic Growth," *Journal of Political Economy*, 98(5):12-37.

[43] Becker, Gary and Kevin Murphy (1992), "The Division of Labor, Coordination Costs, and Knowledge," *Quarterly Journal of Economics*, 107(4):1137-1160.

[44] Behrman, Jere and Nancy Birdsall (1983), "The Quality of Schooling: Quantity Alone is Misleading," *American Economic Review*, 73(5): 928-946.

[45] Behrman, Jere, Mark R. Rosenzweig and Paul Taubman (1996), "College Choice and Wages: Estimates Using Data on Female Twins," *Review of Economics and Statistics*, 78(4): 672-685.

[46] Benabou, Roland (1996), "Equity and Efficiency in Human Capital Investment: The Local Connection," *Review of Economic Studies*, 63(2):237-264.

[47] Benhabib, Jess and Mark M. Spiegel (1994), "The Role of Human Capital in Economic Development: Evidence from Aggregate Cross-country Data," *Journal of Monetary Economics*, 34(2):143-173.

[48] Betts, Julian (1995), "Does School Quality Matter? Evidence from

the National Longitudinal Survey of Youth," *Review of Economics and Statistics*, 77(3):231-250.

[49] Bils, Mark and Peter Klenow (2000), "Does Schooling Cause Growth?" *American Economic Review*, 90(5):1160-1183.

[50] Black, Duncan and Vernon Henderson (1999), "A Theory of Urban Growth," *Journal of Political Economy*, 107(2):252-284.

[51] Bloom, David E. and Jocelyn E. Finley (2009), "Demographic Change and Economic Growth in Asia," *Asian Economic Policy Review*, 4(1): 45-64.

[52] Bloom, David E., David Canning and Pia N. Malaney (2000), "Population Dynamics and Economic Growth in Asia," *Population and Development Review*, 26: 257-290.

[53] Bloom, David E., David Canning and Jaypee Sevilla (2003), *The Demographic Dividend: A New Perspective on the Economic Counsequences of Population Change*, Santa Monica: Rand.

[54] Bloom, David E. and Jeffrey D. Sachs (1998), "Geography, Demography, and Economic Growth in Africa," *Brookings Papers on Economic Activity*, 1998(2):207-295.

[55] Bloom, David E. and Jeffrey G. Williamson (1998), "Demographic Transitions and Economic Miracles in Emerging Asia," *World Bank Economic Review*, 12(3):419-455.

[56] Blundell, Richard and Stephen Bond (1998), "Initial Conditions and Moment Restrictions in Dynamic Panel Data Models," *Journal of Econometrics*, 87(1):115-143.

[57] Bond, Stephen, Anke Hoeffler and Jonathan Temple (2001), "GMM Estimation of Empirical Growth Models," CEPR discussion paper No. 3048.

[58] Bonjour, Dorothe, Lynn F. Cherkas, Jonathan E. Haskel, Denise D. Hawkes and Tim D. Spector (2003), "Returns to Education: Evidence from U. K. Twins," *American Economic Review*, 93(5): 1799-1812.

[59] Boserup, East (1965), *The Conditions of Agricultual Growth: The Economics of Agrarian Change under Population Pressure*, Aldine, Allen and Unwin, Chicago, London.

[60] Bratsberg, Bernt and Dek Terrell (2002), "School Quality and Returns to Education of US Immigrants," *Economic Inquiry*, 40(2): 177-198.

[61] Buchinsky, Moshe (1998), "Recent Advances in Quantile Regression Models: A Practical Guideline for Empirical Research," *Journal of Human Resources*, 33(1):88-126.

[62] Buzard, Kristy, Gerald A. Carlino, Robert M. Hunt, Jake K. Carr and Tony E. Smith (2020), "Localized Knowledge Spillovers: Evidence from the Spatial Clustering of R&D Labs and Patent Citations", *Regional Science and Urban Economics*, 71, 103490.

[63] Byron, Raymond and Manaloto Evelyn (1990), "Return to Education in China," *Economic Development and Cultural Change*, 38(4):783-796.

[64] Cai, Fang, Dewen Wang and Yang Du (2002), "Regional Disparity and Economic Growth in China: The Impact of Labour Market Distortions," *China Economic Review*, 13(2-3):197-212.

[65] Cai, Fang and Dewen Wang (2005), "Demographic Transition: Implications for Growth," in Gamaut Ross and Ligang Song eds., *The China Boom and Its Discontents*, Asia-Pacific Press at ANU.

[66] Cancian, Maria and Deborah Reed (1998), "Assessing the Effects of Wives' Earnings on Family Income Inequality," *Review of Economics and Statistics*, 80 (1): 73-79.

[67] Card, David and Alan B. Krueger (1992a), "School Quality and Black-White Relative Earnings: A Direct Assessment," *Quarterly Journal of Economics*, 107(1):151-200.

[68] Card, David and Alan B. Krueger (1992b), "Does School Quality Matter? Return to Education and the Characteristics of Public Schools in the United States," *Journal of Political Economy*, 100 (1):1-40.

[69] Card, David (1999), "The Causal Effect of Education on Earnings", *Handbook of Labor Economics*, 3(A): 1801-1863.

[70] Card, David (2001), "Immigrant Inflows, Native Outflows, and the Local Market Impacts of Higher Immigration," *Journal of Labor*

Economics, 19(1):22-64.

[71] Carlino, Gerald, Satyajit Chatterjee and Robert Hunt (2007), "Urban Density and the Rate of Invention," *Journal of Urban Economics*, 61(3): 389-419.

[72] Carlino, Gerald A. and William R. Kerr (2015), "Agglomeration and Innovation," *Handbook of Regional and Urban Economics*, 5: 349-404.

[73] Case, Anne and Angus Deaton (1999), "School Inputs and Educational Outcomes in South Africa," *Quarterly Journal of Economics*, 114(3): 1047-1084.

[74] Caselli, Francesco (2005), "Accounting for Cross-country Income Differences," *Handbook of Economic Growth*, 1(A):679-741.

[75] Caselli, Francesco, Gerardo Esquivel and Fernando Lefort (1996), "Reopening the Convergence Debate: A New Look at Cross-country Growth Empirics," *Journal of Economic Growth*, 1(3):363-389.

[76] Cervellati, Matteo and Uwe Sunde (2005), "Human Capital Formation, Life Expectancy, and the Process of Development," *American Economic Review*, 95(5): 1653-1672.

[77] Chang, Chun and Yijiang Wang (1996), "Human Capital Investment under Asymmetric Information: The Pigovian Conjecture Revisited," *Journal of Labor Economics*, 16:505-519.

[78] Chen, Baizhu and Yi Feng (2000), "Determinants of Economic Growth in China: Private Enterprise, Education, and Openness," *China Economic Review*, 11:1-15.

[79] Chen, Chung, Lawrence Chang and Yimin Zhang (1995), "The Role of Foreign Direct Investment in China's Post-1978 Economic Development," *World Development*, 23(4):691-703.

[80] Chen, Jian and Belton M. Fleisher (1996), "Regional Income Inequality and Economic Growth," *Journal of Comparative Economics*, 22(2):141-164.

[81] Chen, Shaohua and Martin Ravallion (2007), "Absolute Poverty Measures for the Developing World, 1981—2004," *PNAS*, 104 (43):16757-16762.

[82] Ciccone, Antonio and Robert Hall (1996), "Productivity and the

Density of Economic Activity," *American Economic Review*, 86(1):
54-70.

[83] Ciccone, Antonio and Giovanni Peri (2006), "Identifying Human-Capital Externalities: Theory with Applications," *Review of Economic Studies*, 73(2):381-412.

[84] Coale, Ansley and Edgar Hoover (1958), *Population Growth and Economic Development in Low Income Countries*, Princeton: Princeton University Press.

[85] Cohen, Daniel and Marcelo Soto (2007), "Growth and Human Capital: Good Data, Good Results," *Journal of Economic Growth*, 12(1): 51-76.

[86] Croix, David de la and Matthias Doepke (2003), "Inequality and Growth: Why Differential Fertility Matters," *American Economic Review*, 93(4):1091-1113.

[87] Croix, David de la, Thomas Lindh and Bo Malmberg (2007), "Demographic Change and Economic Growth in Sweden: 1750—2050," *Journal of Macroeconomics*, 31(1): 132-148.

[88] Cunha, Flavio and James Heckman (2006), "The Technology of Skill Formation," *American Economic Review*, 97(2): 31-47.

[89] Cunha, Flavio, James Heckman, Lance Lochner and Dimitriy V. Masterov (2006), "Interpreting the Evidence on Life Cycle Skill Formation," *Handbook of the Economics of Education*, 1: 698-811.

[90] Cunha, Flavio, James Heckman and Susanne M. Schennach (2010), "Estimating the Technology of Cognitive and Noncognitive Skill Formation," *Econometrica*, 78(3): 883-931.

[91] Davidson, Russell and James G. Mackinnon (1981), "Several Tests for Model Specification in the Presence of Alternative Hypotheses," *Econometrica*, 49(3): 781-793.

[92] Deaton, Angus and Christina Paxson (2000), "Growth, Demographic Structure, and National Saving in Taiwan," *Population and Development Review*, 26:141-173.

[93] Démurger, Sylvie (2001), "Infrastructure Development and Economic Growth: An Explanation for Regional Disparities in China?" *Journal of*

Comparative Economics, 29(1):95-117.

[94] Dixit, A. and J. Stiglitz (1977), "Monopolistic Competition and Optimum Product Diversity," *American Economic Review*, 67(3): 297-308.

[95] Dollar, D. and A. Kraay (2003), "Institutions, Trade and Growth," *Journal of Monetary Economics*, 50(1):133-162.

[96] Duflo, Esther (2001), "Schooling and Labor Market Consequences of School Construction in Indonesia: Evidence from an Unusual Policy Experiment," *American Economic Review*, 91(4): 795-813.

[97] Duranton, Gilles and Diego Puga (2004), "Micro-foundations of Urban Agglomeration Economies," *Handbook of Regional and Urban Economics*, 4: 2063-2117.

[98] Durlauf, Steven N., Paul A. Johnson and Jonathan R. W. Temple (2005), "Growth Econometrics," *Handbook of Economic Growth*, 1A:555-677.

[99] Ehrlich, Isaac and Kevin M. Murphy (2007), "Why Does Human Capital Need a Journal?" *Journal of Human Capital*, 1(1): 1-7.

[100] Ellison, Glenn and Edward Glaeser (1997), "Geographic Concentration in U. S. Manufacturing Industries: A Dartboard Approach," *Journal of Political Economy*, 105(5): 889-927.

[101] Emily, Johnson and Gregory Chow (1997), "Rates of Return to Schooling in China," *Pacific Economic Review*, 2(2):101-113.

[102] Evans, Paul (1997), "How Fast Do Economies Converge?" *Review of Economics and Statistics*, 79(2):219-225.

[103] Evans, Paul (1998), "Using Panel Data to Evaluate Growth Theories," *International Economic Review*, 39(2):295-306.

[104] Faggio, Giulia, Olmo Silva and William C. Strange (2017), "Heterogeneous Agglomeration," *Review of Economics and Statistics*, 99(1): 80-94.

[105] Fair, R. C. and K. M. Dominguez (1991), "Effects of the Changing U. S. Age Distribution on Macroeconomic Equations," *American Economic Review*, 81(5):1276-1294.

[106] Feenstra, Robert C., Robert Inklaar and Marcel P. Timmer

(2015)，"The Next Generation of the Penn World Table，" *American Economic Review*，105(10)，3150-3182.

[107] Feyrer，James（2007），"Demographics and Productivity，" *Review of Economics and Statistics*，89(1)：100-109.

[108] Fleisher，Belton and Jian Chen（1997），"The Coast-Noncoast Income Gap，Productivity，and Regional Economic Policy in China，" *Journal of Comparative Economics*，25(2)：220-236.

[109] Fleisher，Belton，Haizheng Li and Minqiang Zhao（2010），"Human Capital，Economic Growth，and Regional Inequality in China，" *Journal of Development Economics*，92(2)：215-231.

[110] Forrester，Jay W.（1971），World Dynamics，Cambridge：Wrint-Allen Press.

[111] Fredriksson，Peter，Bjorn Ockert and Hessel Oosterbeek（2013），"Long-Term Effects of Class Size，" *Quarterly Journal of Economics*，128(1)：249-285.

[112] Friedberg，Rachel M.（2001），"The Impact of Mass Migration on the Israeli Labor Market，" *Quarterly Journal of Economics*，116(4)：1373-1408.

[113] Fu，Shihe（2007），"Smart Café Cities：Testing Human Capital Externalities in the Boston Metropolitan Area，" *Journal of Urban Economics*，61(1)：86-111.

[114] Fujita，M. and Paul Krugman（2004），"The New Economic Geography：Past，Present and the Future，" *Papers in Regional Science*，83(1)：139-164.

[115] Galor，Oded（1996），"Convergence? Inferences from Theoretical Models，" *Economic Journal*，106(437)：1056-1069.

[116] Ge，Suqin，Dennis T. Yang and Junsen Zhang（2012），"Population Policies，Demographic Structural Changes，and the Chinese Household Saving Puzzle，" IZA Discussion Papers 7026.

[117] Gill，Indermis S. and Homi J. Kharas（2007），*An East Asian Renaissance：Ideas for Economic Growth*，Washington：World Bank Publications.

[118] Glaeser，Edward L.，Hedi D. Kallal，Jose A. Scheinkman and

Andrei Shleifer (1992), "Growth in Cities," *Journal of Political Economy*, 100(6): 1126-1152.

[119] Glaeser, Edward, Rafael la Porta and Andrei Shleifer (2004), "Do Institutions Cause Growth?" *Journal of Economic Growth*, 9:271-303.

[120] Glaeser, Edward, Bruce Sacerdote and Jose Scheinkman (2003), "The Social Multiplier," *Journal of the European Economic Association*, 1(2/3): 345-353.

[121] Glaeser, Edward and Ming Lu (2014), "Human Capital Externalities in China," Working Paper.

[122] Gómez, Rafael amd Pablo Hernánadez de Cos (2008), "The Importance of Being Mature: The Effect of Demographic Maturation on Global per capita GDP," *Journal of Population Economics*, 21: 589-608.

[123] Greenstone, Michael, Richard Hornbeck and Enrico Moretti (2010), "Identifying Agglomeration Spillovers: Evidence from Winners and Losers of Large Plant Openings," *Journal of Political Economy*, 118(3): 536-598.

[124] Griliches, Zvi (1977), "Estimating the Return to Schooling: Some Econometric Problems," *Econometrica*, 45(1):1-22.

[125] Griliches, Zvi (1997), "Education, Human Capital, and Growth: A Personal Perspective," *Journal of Labor Economics*, 15 (1): S330-S344.

[126] Grogger, Jeff (1996), "Does School Quality Explain the Recent Black-White Wage Trend?" *Journal of Labor Economics*, 14(2): 231-253.

[127] Grossman, and Helpman (1991), *Innovation and Growth in the Global Economy*, Cambridge MA: MIT Press.

[128] Hall, Robert and Charles Jones (1999), "Why do Some Countries Produce So Much More Output per Worker than Others?" *Quarterly Journal of Economics*, 114(1):83-116.

[129] Han, Jun, Runjuan Liu and Junsen Zhang (2012), "Globalization and Wage Inequality: Evidence from Urban China," *Journal of International Economics*, 87(2): 288-297.

[130] Han, Jun and Wing Suen (2011), "Age Structure of the Workforce in Growing and Declining Industris: Evidence from Hong Kong," *Journal of Population Economics*, 24: 167-189.

[131] Hanushek, Eric A. (1986), "The Economics of Schooling: Producation and Efficiency in Public Schools," *Journal of Economic Literature*, 24(3):1141-1177.

[132] Hanushek, Eric A. (2006), "School Resources," *Handbook of the Economics of Education*, 2: 865-908.

[133] Hanushek, Eric A. (2011), "The Economic Value of Higher Teacher Quality," *Economics of Education Review*, 30(3): 466-479.

[134] Hanushek, Eric A. (2013), "Economic Growth in Developing Countries: The Role of Human Capital," *Economics of Education Review*, 37: 204-212.

[135] Hanushek, Eric A. and Kimko Dennis D. (2000), "Schooling, Labor-Force Quality, and the Growth of Nations," *American Economic Review*, 90(5):1184-1208.

[136] Hanushek, Eric A. and Ludger Woessmann (2008), "The Role of Cognitive Skills in Economic Development," *Journal of Economic Literature*, 46(3): 607-668.

[137] Hanushek, Eric A. and Ludger Woessmann (2012), "Do Better Schools Lead to More Growth? Cognitive Skills, Economic Outcomes, and Causation," *Journal of Economic Growth*, 17(4): 267-321.

[138] Hanushek, Eric A. and Ludger Woessmann (2016), "Knowledge Capital, Growth, and the East Asian Miracle," *Science*, 351(6271): 344-345.

[139] Hanushek, Eric A., Jens Ruhose, and Ludger Woessmann (2017), "Knowledge Capital and Aggregate Income Differences: Development Accounting for U. S. States," *American Economic Journal: Macroeconomics*, 9(4):184-224.

[140] Hart, Oliver and John Moore (1988), "Incomplete Contracts and Renegotiation," *Econometrica*, 56(4):755-785.

[141] Hart, Oliver and John Moore (1999), "Foundations of Incomplete Contracts," *Review of Economic Studies*, 66(1):115-138.

[142] He, Qing, Jack W. Hou, Boqun Wang, and Ning Zhang (2014), "Time-varying Volatility in the Chinese Economy: A Regional Perspective," *Papers in Regional Science*, 93(2):249-269.

[143] Heckman, James (2003), "China's Investment in Human Capital," *Economic Development and Cultural Change*, 51(4): 795-804.

[144] Heckman, James (2005), "China's Human Capital Investment," *China Economic Review*, 16(1): 50-70.

[145] Heckman, James (2006), "Skill Formation and the Economics of Investing in Disadvantaged Children," *Science*, 312(5782): 1900-1902.

[146] Heckman James and Peter J. Klenow (1998), "Human Capital Policy," in M. Boskin, ed., *Policies to Promote Capital Formation*.

[147] Heckman, James, Rodrigo Pinto and Peter Savelyev (2013), "Understanding the Mechanisms through Which an Influential Early Childhood Program Boosted Adult Outcomes," *American Economic Review*, 103(6): 2052-2086.

[148] Heckman, James, Jora Stixrud and Sergio Urzua (2006), "The Effects of Cognitive and Noncognitive Abilities On Labor Market Outcomes and Social Behavior," *Journal of Labor Economics*, 24(3):411-482.

[149] Heckman, James and Stefano Mosso (2014), "The Economics of Human Development and Social Mobility," *Annual Review of Economics*, 6(1): 689-733.

[150] Heckman, James and Chase O. Corbin (2016), "Capabilities and Skills," NBER Working Paper No. 22339.

[151] Henderson, Vernon, Ari Kuncoro and Matt Turner (1995), "Industrial Development in Cities," *Journal of Political Economy*, 103(5): 1067-1090.

[152] Henderson, Vernon (2003), "Marshall's Scale Economies," *Journal of Urban Economics*, 53(1):1-28.

[153] Hendricks, Lutz (2002), "How Important Is Human Capital for Development? Evidence from Immigrant Earnings," *American Economic Review*, 92(1):198-219.

[154] Heston, Alan, Robert Summers and Bettina Aten (2006), *Penn*

World Table Version 6. 2, Center for International Comparisons of Production, Income and Prices at the University of Pennsylvania.

[155] Higgins, Matthew (1998), "Demoraphy, National Savings, and International Capital Flows," *International Economic Review*, 39 (2):343-369.

[156] Higgins, Matthew and Jeffrey G. Williamson (1997), "Age Structure Dynamics in Asia and Dependence on Foreign Capital," *Population and Development Review*, 23(2):261-293.

[157] Holz, Carsten (2006), "New Capital Estimates for China," *China Economic Review*, 17(2): 142-185.

[158] Hsieh, Chang-Tai and Peter J. Klenow (2010), "Development Accounting," *American Economic Journal: Macroeconomics*, 2(1): 207-223.

[159] Iranzo, Susana and Giovanni Peri (2009), "Schooling Externalities, Technology and Productivity: Theory and Evidence from U. S. States," *Review of Economics and Statistics*, 91(2):420-431.

[160] Islam, Nazrul (1995), "Growth Empirics: A Panel Data Approach," *Quarterly Journal of Economics*, 110(4):1127-1170.

[161] Jacobs, Jane (1969), *The Economy of Cities*, London:Vintage.

[162] Jaimovich, Nir and Henry Siu (2009), "The Young, the Old and the Restless: Demographics and Business Cycle Volatility," *American Economic Review*, 99(3): 804-826.

[163] Jamison, Eliot A. , Dean T. Jamison and Eric A. Hanushek (2007), "The Effects of Education Quality on Income Growth and Mortality Decline," *Economics of Education Review*, 26 (6): 771-788.

[164] Jeong, Byeongju (2002), "Measurement of Human Capital Input across Countries: A Method Based on the Laborer's Income," *Journal of Development Economics*, 67(2): 333-349.

[165] Jia, Ruixue and Hongbin Li (2021), "Just above the Exam Cutoff Score: Elite College Admission and Wages in China", *Journal of Public Economics*, 196: 104371.

[166] Johnson, D. Gale (1999), "Population and Economic

Development," *China Economic Review*, 10(1):1-16.

[167] Jones, Benjamin F. (2014), "The Human Capital Stock: A Generalized Approach," *American Economic Review*, 104(1): 3752-3777.

[168] Jones, Charles (1995), "R&D Based Models of Economic Growth," *Journal of Political Economy*, 103(4):759-784.

[169] Jorgenson, Dale W. and Barbara M. Fraumeni (1989), "The Accumulation of Human and Nonhuman Capital, 1948-84," in R. E. Lipsey and H. S. Tice eds., *The Measurement of Saving, Investment, and Wealth*, Chicago: University of Chicago Press.

[170] Jorgenson, Dale W. and Barbara M. Fraumeni (1992), "The Output of the Education Sector," in Zvi Griliches ed., *Output Measurement in the Services Sector*, Chicago: University of Chicago Press.

[171] Juhn, Chinhui, Kevin Murphy and Brooks Pierce (1993), "Wage Inequality and the Rise in Returns to Skill," *Journal of Political Economy*, 101(3):410-442.

[172] Katz, Eliakim and Adrian Ziderman (1990), "Investing in General Training: The Role of Information and Labour Mobility," *Economic Journal*, 100(403): 1147-1158.

[173] Katz, Lawrence and Kevin Murphy (1992), "Changes in Relative Wages, 1963—1987: Supply and Demand Factors," *Quarterly Journal of Economics*, 107(1):35-78.

[174] Katz, Lawrence and David Autor (1999), "Changes in the Structure and Earnings Inequality," *Handbook of Labor Economics*, 3A: 1463-1555.

[175] Keefer, Philip and Stephen Knack (1997), "Why Don't Poor Countries Catch Up? A Cross-National Test of an Institutional Explanation," *Economic Inquiry*, 35(3):590-602.

[176] Keller, Wolfgang (2002), "Geographic Localization of International Technology Diffusion," *American Economic Review*, 92 (1): 120-142.

[177] Kelly, Allen (1988), "Economic Consequences of Population Change in the Thrid World," *Journal of Economic Literature*, 26 (4): 1685-1728.

[178] Kelley, A. C. and R. M. Schmidt (2005), "Evolution of Recent Economic-Demographic Modeling: A Synthesis," *Journal of Population Economics*, 18:275-300.

[179] Klenow, Peter and Andres Rodríguez-Clare (1997a), "Economic Growth: A Review Essay," *Journal of Monetary Economic*, 40: 597-617.

[180] Klenow, Peter and Andres Rodríguez-Clare (1997b), "The Neoclassical Revival in Growth Economics: Has It Gone Too Far?" *NBER Macroeconomics Annual*, 12:73-103.

[181] Klenow, Peter and Andres Rodríguez-Clare (2005), "Externalities and Growth," *Handbook of Economic Growth*, 1(A):817-861

[182] Knack, Stephen and Philip Keefer (1995), "Institutions and Economic Performance: Cross-Country Tests Using Alternative Institutional Measures," *Economics and Politics*, 7(3):207-227.

[183] Knack, Stephen and Philip Keefer (1997), "Does Social Capital Have an Economic Payoff? A Cross-Country Investigation," *Quarterly Journal of Economics*, 112(4):1251-1288.

[184] Koenker, Roger (2005), *Quantile Regression*, Cambridge University Press.

[185] Koenker, Roger and Gilbert Bassett (1978), "Regression Quantiles," *Econometrica*, 46(1): 33-50.

[186] Kogel, Tomas (2005), "Youth Dependency and Total Factor Productivity," *Journal of Development Economics*, 76 (1): 147-173.

[187] Krueger, Alan B. (1999), "Experimental Estimates of Education Production Functions," *Quarterly Journal of Economics*, 114(2): 497-532.

[188] Krueger, Alan B. and Mikael Lindahl (2001), "Education for Growth: Why and for Whom?" *Journal of Economic Literature*, 39 (4):1101-1136.

[189] Krugman, Paul R. (1991), "Increasing Returns and Economic Geography," *Journal of Political Economy*, 99(3): 483-499.

[190] Kuznets, Simon (1955), "Economic Growth and Income Inequality,"

American Economic Review, 45:1-28.

[191] Kyriacou, George A. (1991), "Level and Growth Effects of Human Capital: A Cross-Country Study of the Convergence Hypothesis," *mimo*, New York Unversity.

[192] Lange, Fabian and Robert Topel (2006), "The Social Value of Education and Human Capital," *Handbook of the Economics of Education*, 1: 460-508.

[193] Lee, R. (2003), "The Demographic Transition: Three Centuries of Fundamental Change," *Journal of Economic Perspectives*, 17(4): 167-190.

[194] Lee, Ronald, Andrew Mason and Timothy Miller (2000), "Life Cycle Saving and Demographic Transition: The Case of Taiwan," *Population and Development Review*, 26: 194-222.

[195] Li, Haizheng, Qinyi Liu, Bo Li, Barbara Fraumeni, and Xiaobei Zhang (2014), "Human Capital Estimates in China: New Panel Data 1985—2010," *China Economic Review*, 30: 397-418.

[196] Li, Hongbin and Junsen Zhang (2007), "Do High Birth Rates Hamper Economic Growth?" *Review of Economic and Statistics*, 89(1):110-117.

[197] Li, Hongbin, Lei Li, Binzhen Wu and Yanyan Xiong (2012), "The End of Cheap Labor," *Journal of Economic Perspectives*, 26(4): 57-74.

[198] Li, Hongbin, Prashant Loyalka, Scott Rozelle and Binzhen Wu (2016), "Human Capital and China's Future Growth," *Journal of Economic Perspectives*, 31(1): 25-48.

[199] Li, Hongbin, Lingsheng Meng, Xinzheng Shi and Binzhen, Wu (2012), "Does Attending Elite Colleges Pay in China?" *Journal of Comparative Economics*, 40(1): 78-88.

[200] Li, Hongbin, Zheyu Yang, Xianguo Yao, Haifeng Zhang and Junsen Zhang (2012), "Entrepreneurship, Private Economy and Growth: Evidence from China," *China Economic Review*, 23(4): 948-961.

[201] Lin, Chen, Ping Lin, Frank M. Song and Chuntao Li (2011),

"Managerial Incentives, CEO Characteristics and Corporate Innovation in China's Private Sector," *Journal of Comparative Economics*, 39(2):176-190.

[202] Lindh, Thomas and Bo Malmberg (1999), "Age Structure Effects and Growth in the OECD, 1950-90," *Journal of Population Economics*, 12(3):431-449.

[203] Lindh, Thomas and Bo Malmberg (2009), "European Union Economic Growth and the Age Structure of the Population," *Economic Change and Restructuring*, 42(3): 159-187.

[204] Lipset, S. M. (1960), *Political Man: The Social Basis of Modern Politics*, New York: Doubleday.

[205] Liu, Zhiqiang (2007), "The External Returns to Education: Evidence from Chinese Cities," *Journal of Urban Economics*, 61(3): 542-564.

[206] Liu, Zhiqiang (2014), "Human Capital Externalities in Cities: Evidence from Chinese Manufacturing Firms," *Journal of Economics Geography*, 14(3): 621-649.

[207] Lu, Jiangyong and Zhigang Tao (2008), "Trends and Determinants of China's Industrial Agglomeration," *Journal of Urban Economics*, 65(2):167-180.

[208] Lucas, Robert (1988), "On the Mechanics of Economic Development," *Journal of Monetary Economics*, 22(1):3-42.

[209] Lucas, Robert (1990), "Why Doesn't Capital Flow from Rich to Poor Countries?" *American Economic Review*, 80(2):92-96.

[210] Lugauer, Steven (2012), "Estimating the Effect of the Age Distribution on Cyclical Output Volatility across the United States," *Review of Economics and Statistics*, 94(4):896-902.

[211] Macunovich, Diane J. (2012), "The Role of Demographics in Precipitating Economic Downtruns," *Journal of Population Economics*, 25(3): 783-807.

[212] Malthus, Thomas (1993), *An Essay on the Principle of Population*, London UK: Oxford University Press.

[213] Mankiw, Gregory, David Romer and David Weil (1992), "A

Contribution to the Empirics of Economic Growth," *Quarterly Journal of Economics*, 107(2):407-437.

[214] Mankiw, Gregory (1995), "The Growth of Nations," *Brookings Papers on Economic Activity*, 1995(1):275-326.

[215] Mason, Andrew (1988), "Saving, Economic Growth, and Demographic Change," *Population and Development Review*, 14(1):113-44.

[216] Mauro, P. (1995), "Corruption and Growth," *Quarterly Journal of Economics*, 110(3):681-712.

[217] Meadows, Donella H., Dennis L. Meadows, Jorgen Randers and Wolliam W. Behrens III (1972), *The Limits to Growth*, New York: Universe Books.

[218] Mincer, Jacob (1958), "Investment in Human Capital and Personal Income Distribution," *Journal of Political Economy*, 66(4): 281-302.

[219] Mincer, Jacob (1974), *Schooling, Experience and Earnings*, New York: National Bureau of Economic Research.

[220] Modigliani, Franco (1986), "Life Cycle, Individual Thrift, and the Wealth of Nations," *American Economic Review*, 76(3):297-313.

[221] Moretti, Enrico (2004a), "Estimating the Social Return to Higher Education: Evidence from Longitudinal and Repeated Cross-sectional Data," *Journal of Econometrics*, 121(1-2):175-212.

[222] Moretti, Enrico (2004b), "Workers' Education, Spillovers and Productivity: Evidence from Plant-level Production Functions," *American Economic Review*, 94(3):656-690.

[223] Moretti, Enrico (2004c), "Human Capital Externalities in Cities," *Handbook of Regional and Urban Economics*, 4:2243-2291.

[224] Moretti, Enrico (2011), "Local Labor Market," *Handbook of Labor Economics*, 4(B):1237-1314.

[225] Moretti, Enrico (2021), "The Effect of High-Tech Clusters on the Productivity of Top Inventors," *American Economic Review*, 111(10): 3328-3375.

[226] Mulligan, Casey B. and Xavier Sara-i-Martin (1997), "A Labor-Income Based Measure of the value of Human Capital: An Application to the

States of the united states," *Japan and the World Economy*, 9(2): 159-191.

[227] Mulligan, Casey B. and Xavier Sala-i-Martin (2000), "Measuring Aggregate Human Capital," *Journal of Economic Growth*, 5(3): 215-252.

[228] Nelson, Richard and Edmund Phelps (1966), "Investment in Humans, Technological Diffusion and Economic Growth," *American Economic Review*, *Papers and Proceedings*, 56(1/2):69-75.

[229] Perotti, Roberto (1993), "Political Equilibrium, Income Distribution, and Growth," *Review of Economic Studies*, 60(4):755-776.

[230] Persson, Torsten and Guido Tabellini (1994), "Is Inequality Harmful for Growth?" *American Economic Review*, 84(3): 600-621.

[231] Persson, Joakim (2004), "The Population Age Distribution, Human Capital, and Economic Growth: The U. S. States 1930—2000," *ESI Working Paper No.7*, Sweden.

[232] Prichett, Lant (2001), "Where Has All the Education Gone?" *World Bank Economic Review*, 15(3):367-391.

[233] Prescott, Edward C. (1998), "Needed: A Theory of Total Factor Productivity," *International Economic Review*, 39(3):525-551.

[234] Psacharopoulos, G. and H. A. Patrinos (2004), "Returns to Investment in Education: A Further Update," *Educaiton Economics*, 12(2): 111-134.

[235] Quigley, John (1998), "Urban Diversity and Economic Growth," *Journal of Economic Perspectives*, 12(2): 127-138.

[236] Rauch, James (1993), "Productivity Gains from Geographic Concentration of Human Capital: Evidence from the Cities," *Journal of Urban Economics*, 34(3): 380-400.

[237] Ran, Jimmy, Jan P. Voon and Guangzhong Li (2007), "How Does FDI Affect China? Evidence from Industries and Provinces," *Journal of Comparative Economics*, 35(4):774-799.

[238] Rebelo, Sergio (1991), "Long-Run Policy Analysis and Long-Run

Growth," *Journal of Political Economy*, 99(3):500-521.

[239] Reynolds, Lloyd G. (1983), "The Spread of Economic Growth to the Third World: 1850—1980," *Journal of Economic Literature*, 21(3):941-980.

[240] Rivkin, Steven G., Eric A. Hanushek and John F. Kain (2005), "Teachers, Schools, and Academic Achievement," *Econometrica*, 73(2): 417-458.

[241] Romer, Paul (1986), "Increasing Returns and Long-Run Growth," *Journal of Political Economy*, 94(5):1002-1037.

[242] Romer, Paul (1987), "Growth Based on Increasing Returns Due to Specialization," *American Economic Review*, 77(2):56-72.

[243] Romer, Paul (1990), "Endogenous Technological Change," *Journal of Political Economy*, 98(5):71-102.

[244] Roodman, David (2009), "How to Do Xtabond2: An Introduction to 'Difference' and 'System' GMM in Stata," *Stata Journal*, 9(1):86-136.

[245] Rosenthal, Stuart S. and William C. Strange (2004), "Evidence on the Nature and Sources of Agglomeration Economies," *Handbook of Regional and Urban Economics*, 4: 2119-2171.

[246] Sachts Jeffrey D. (2003), "Institutions Don't Rule: Direct Effects of Geography on per capita Income," NBER Working Paper No. 9490.

[247] Schumpeter J. A. (1934), *The Theory of Economic Development*, Cambridge MA: Harvard University Press.

[248] Schulz Paul (2004), "Demographic Determinants of Savings: Estimating and Interpreting the Aggregate Association in Asia," Yale University, Economic Growth Center Discussion Paper.

[249] Schultz, Theodore W. (1960), "Capital Formation by Education," *Journal of Political Economy*, 68(6): 571-583.

[250] Schultz, Theodore W. (1961), "Investment in Human Capital," *American Economic Review*, 51(1):1-17.

[251] Schultz, Theodore (1965), "Investment in Poor People: An Economist's View," *American Economic Review*, 55:510-520.

[252] Schultz, Theodore (1972), "The Increasing Economic Value of

Human Time," *American Journal of Agricultural Economics*, 54 (5):843-850.

[253] Schultz, Theodore (1975), "The Value of the Ability to Deal with Disequilibria," *Journal of Economic Literature*, 13(3):827-846.

[254] Shorrocks, A. F. (1982), "Inequality Decomposition by Factor Components," *Econometrica*, 50(1):193-211.

[255] Smit, Martijn J., Maria A. Abreu and Henri L. F. de Groot (2015), "Micro-evidence on the Determinants of Innovation in the Netherlands: The Relative Importance of Absorptive Capacity and Agglomeration Externalities," *Papers in Regional Science*, 94(2):249-272.

[256] Simon, Julian (1981), *The Ultimate Resource*, Princeton: Princeton University Press.

[257] Solow, Robert M. (1956), "A Contribution to the Theory of Economic Growth," *Quarterly Journal of Economics*, 70 (1): 65-94.

[258] Spence, Michael (1973), "Job Market Signaling," *Quarterly Journal of Economics*, 87(3): 355-374.

[259] Strayer, Wayne (2002), "The Returns to School Quality: College Choice and Earnings," *Journal of Labor Economics*, 20 (3): 475-503.

[260] Temple, Jonathan (1999a), "The New Growth Evidence," *Journal of Economic Literature*, 37(1):112-156.

[261] Temple, Jonathan (1999b), "A Positive Effect of Human Capital on Growth," *Economics Letters*, 65(1):131-134.

[262] Topel, Robert (1999), "Labor Market and Economic Growth," *Handbook of Labor Economics*,3(C):2943-2984.

[263] Tsui, Kai-Yuen (1993), "Decomposition of China's Regional Inequalities," *Journal of Comparative Economics*, 17(3):600-627.

[264] Tsui, Kai-Yuen (2007), "Forces Shaping China's Interprovincial Inequality," *Review of Income and Wealth*, 53(1):60-92.

[265] UNDP (2005). *Human Development Report* 2005. New York, USA.

[266] United Nations Population Division (2011), World Population

Prospects: The 2010 Revision, CD-Rom Edition.

[267] Uzawa, Hirofumi (1965), "Optimum Technical Change in an Aggregative Model of Economic Growth," *International Economic Review*, 6 (1): 18-31.

[268] Wang, Feng and Andrew Mason (2008), "The Demographic Factor in China's Transiton," in Loren Brandt and Thomas G. Rawski eds. , *China's Great Economic Transformation*, Cambridge : Cambridge University Press.

[269] Wachtel, Paul (1997), "A Labor-Income Based Measure of the Value of Human Captial: An Application to the States of the US: Comments," *Japan and the World Economy*, 9: 193-196.

[270] Wei, Zheng and Rui Hao (2010), "Demographic Structure and Economic Growth: Evidence from China," *Journal of Comparative Economics*, 38(4): 472-491.

[271] Wheaton, W. and M. Lewis (2002), "Urban Wages and Labor Market Agglomeration," *Journal of Urban Economics*, 51(3):542-562.

[272] Wooldridge, Jeffrey M. (2020), *Introductory Econometrics: A Modern Approach*, 7e, Cengage Learning.

[273] World Bank (2006), *World Development Report* 2006: *Equity and Development*, New York: Oxford University Press.

[274] World Bank (2016), World Bank Indicator, Database available at http://data. worldbank. org/indicator.

[275] Yang, Xiaokai and Jeff Borland (1991), "A Microeconomic Mechanism for Economic Growth," *Journal of Political Economy*, 99(3):460-482.

[276] Yao, Shujie and Kailei Wei (2007), "Economic Growth in the Presence of FDI: The Perspective of Newly Insudtrialising Economies," *Journal of Comparative Economics*, 35(1):211-234.

[277] Young, Allyn (1928), "Increasing Returns and Economic Progress," *Economic Journal*, 38:527-542.

[278] Young, Alwyn (1994), "Lessons from the East Asian NICs: A Contrarian View," *European Economic Review*, 38(3/4):964-973.

[279] Young, Alwyn (1995), "The Tyranny of Numbers: Confronting

the Statistical Realities of the East Asian Growth Experience," *Quarterly Journal of Economics*, 110(3):641-680.

[280] Zhang, Haifeng, Hongliang Zhang and Junsen Zhang (2015), "Demographic Age Structure and Economic Development: Evidence from Chinese Provinces," *Journal of Comparative Economics*, 43 (1): 170-185.

[281] Zhang, Haifeng and Junsen Zhang (2016), "Does School Quality Matter? Estimating the Effects of Key High Schooling," Chinese University of Hong Kong, Working Paper.

[282] Zhang, Junsen, Yaohui Zhao, Albert Park and Xiaoqing Song (2005), "Economic Returns to Schooling in Urban China, 1988—2001," *Journal of Comparative Economics*, 33(4):730-752.

[283] Zhang, Junsen, Pak-Wai Liu and Linda Yung (2007), "The Cultural Revolution and Returns to Schooling in China: Estimates Based on Twins," *Journal of Development Economics*, 84(2): 631-639.

[284] Zhang, Xiaobo (2006), "Fiscal Decentralization and Political Centralization in China: Implications fro Growth and Inequality," *Journal of Comparative Economics*, 34(4): 713-726.

[285] Zhang, Xiaobo and Kevin H. Zhang (2003), "How Does Globalization Affect Regional Inequality within a Developing Country? Evidence from China," *Journal of Development Economics*, 39(4):47-67.

[286] 安同良、施浩和 Alcorta Ludovico (2006),"中国制造业企业 R&D 行为模式的观测与实证——基于江苏省制造业企业问卷调查的实证分析",《经济研究》第 2 期。

[287] 阿尔弗雷德·马歇尔(1890),《经济学原理》,中译本,北京:商务印书馆。

[288] 白重恩、杜颖娟、陶志刚和全月婷(2004),"地方保护主义及产业地区集中度的决定因素和变动趋势",《经济研究》第 4 期。

[289] 白重恩(2005),"中国的经济增长与发展",北京:中信出版社,《比较》第 21 辑。

[290] 白重恩、谢长泰和钱颖一(2007),"中国的资本回报率",北京:中信出版社,《比较》第 28 辑。

[291] 白俊红、蒋伏心(2015)，"协调创新、空间关联与区域创新绩效"，《经济研究》第 7 期。

[292] 蔡昉(2013)，"中国经济增长如何转向全要素生产率驱动型"，《中国社会科学》第 1 期。

[293] 蔡昉(2004)，"人口转变、人口红利与经济增长可持续性—兼论充分就业如何促进经济增长"，《人口研究》第 2 期。

[294] 蔡昉、杨涛(2000)，"城乡收入差异的政治经济学"，《中国社会科学》第 4 期。

[295] 蔡昉、都阳(2000)，"中国地区经济增长的趋同与差异——对西部开发战略的启示"，《经济研究》第 10 期。

[296] 蔡昉、都阳(2003)，"'文化大革命'对物质资本和人力资本的破坏"，《经济学》(季刊)第 4 期。

[297] 蔡昉、王美艳(2004)，"中国城镇劳动参与率的变化及其政策含义"，《中国社会科学》第 4 期。

[298] 陈昌兵、张平、刘霞辉和张自然(2009)，"城市化、产业效率和经济增长"，《经济研究》第 10 期。

[299] 陈继勇、盛杨怿(2008)，"外商直接投资的知识溢出与中国区域经济增长"，《经济研究》第 12 期。

[300] 陈建军、崔春梅和陈菁菁(2011)，"集聚经济、空间连续性与企业区位选择——基于中国 265 个设区城市数据的实证研究"，《管理世界》第 6 期。

[301] 陈良文、杨开忠、沈体雁和王伟(2009)，"经济集聚密度与劳动生产率差异——基于北京市微观数据的实证研究"，《经济学》(季刊)第 1 期。

[302] 陈凌、姚先国(1997)，"论人力资本中的资源配置能力"，《经济科学》第 4 期。

[303] 陈爽英、井润田、龙小宁和邵云飞(2010)，"民营企业家社会关系资本对研发投资决策影响的实证研究"，《管理世界》第 1 期。

[304] 陈晓光(2005)，"人力资本向下兼容性及其对跨国收入水平核算的意义"，《经济研究》第 4 期。

[305] 陈钊、陆铭和金煜(2004)，"中国人力资本和教育发展的区域差异：对于面板数据的估算"，《世界经济》第 12 期。

[306] 陈钊、万广华和陆铭(2010)，"行业间不平等：日益重要的城镇收入差

距成因——基于回归方程的分解",《中国社会科学》第 3 期。

[307] 钞小静、沈坤荣(2014),"城乡收入差距、劳动力质量和中国经济增长",《经济研究》第 6 期。

[308] 董先安(2004),"浅释中国地区收入差距:1952—2002",《经济研究》第 9 期。

[309] 诺斯(1990),《制度、制度变迁与经济绩效》,中译本,上海:格致出版社、上海人民出版社。

[310] 诺斯、托马斯(1973),《西方世界的兴起》,中译本,北京:华夏出版社,。

[311] Démurger Sylvie、Jeffrey Sarchs、胡永泰、鲍曙明和张欣(2002),"地理位置与优惠政策对中国地区经济发展的相关贡献",《经济研究》第 9 期。

[312] 范剑勇(2006),"产业集聚与地区劳动生产率差异",《经济研究》第 11 期。

[313] 樊纲、王小鲁和马光荣(2011),"中国市场化进程对经济增长的贡献",《经济研究》第 11 期。

[314] 菲利普·阿吉翁、彼得·霍依特(2004),《内生增长理论》,中译本,北京:北京大学出版社。

[315] 付明卫、叶静怡、孟俣希和雷震(2015),"国产化率保护对自主创新的影响——来自中国风电制造业的证据",《经济研究》第 2 期。

[316] 傅十和、洪俊杰(2008),"企业规模、城市规模与集聚经济——对中国制造业企业普查数据的实证分析",《经济研究》第 11 期。

[317] 傅元海、唐未兵和王展祥(2010),"FDI 溢出机制、技术进步路径与经济增长绩效",《经济研究》第 6 期。

[318] 高翔、龙小宁和杨广亮(2015),"交通基础设施与服务业发展——来自县级高速公路和第二次经济普查企业数据的证据",《管理世界》第 8 期。

[319] 郭剑雄(2005),"人力资本、生育率与城乡收入差距的收敛",《中国社会科学》第 3 期。

[320] 郭庆旺、贾俊雪(2009),"公共教育政策、经济增长和人力资本溢价",《经济研究》第 10 期。

[321] 国家统计局人口和就业统计司(2016),《2015 年全国 1‰人口抽样调查资料》,北京:中国统计出版社。

［322］韩峰、柯善咨(2012)，"追踪我国制造业集聚的空间来源：基于马歇尔外部性与新经济地理的综合视角"，《管理世界》第 10 期。

［323］黄玖立、李坤望(2006)，"出口开放、地区市场规模和经济增长"，《经济研究》第 6 期。

［324］黄燕萍、刘榆、吴一群和李文溥(2013)，"中国地区经济增长差异：基于分级教育的效应"，《经济研究》第 4 期。

［325］胡永刚、石崇(2016)，"扭曲、企业家精神与中国经济增长"，《经济研究》第 7 期。

［326］江小涓、李辉(2005)，"我国地区之间实际收入差距小于名义收入差距"，《经济研究》第 9 期。

［327］焦斌龙、焦志明(2010)，"中国人力资本存量估算：1978—2007"，《经济学家》第 9 期。

［328］金煜、陈钊和陆铭(2006)，"中国的地区工业集聚：经济地理、新经济地理与经济政策"，《经济研究》第 4 期。

［329］鞠晓生、卢获、虞义华(2013)，"融资约束、营运资本管理与企业创新可持续性"，《经济研究》第 1 期。

［330］赖明勇、张新、彭水军和包群(2005)，"经济增长的源泉：人力资本、研究开发与技术外溢"，《中国社会科学》第 2 期。

［331］李海峥、梁赟玲、Barbara Fraumeni、刘智强和王小军(2010)，"中国人力资本测度与指数构建"，《经济研究》第 8 期。

［332］李海峥、贾娜、张晓蓓和 Barbara Fraumeni(2013)，"中国人力资本的区域分布及发展动态"，《经济研究》第 7 期。

［333］李国平、范红忠(2003)，"生产集中、人口分布与地区经济差异"，《经济研究》第 11 期。

［334］李宏彬、李杏、姚先国、张海峰和张俊森(2009)，"企业家的创业与创新精神对中国经济增长的影响"，《经济研究》第 10 期。

［335］李金滟、宋德勇(2008)，"新经济地理视角中的城市集聚理论述评"，《经济学动态》第 11 期。

［336］李金滟、宋德勇(2008)，"专业化、多样化与城市集聚经济——基于中国地级市单位面板数据的实证研究"，《管理世界》第 2 期。

［337］李实(2003)，"中国个人收入差距的近期变动"，中国劳动力市场理论与政策高级论坛参会论文。

［338］李实、丁赛(2003)，"中国城镇教育收益率的长期变动趋势"，《中国社

会科学》第 6 期。

[339] 李实、高霞(2015),"居民收入差距的测量及其合理判断",《统计与决策》第 10 期。

[340] 李世刚、尹恒(2017),"政府—企业间人才配置与经济增长——基于中国地级市数据的经验研究",《经济研究》第 4 期。

[341] 李世杰、胡国柳和高健(2014),"转轨期中国的产业集聚演化:理论回顾、研究进展及探索性思考",《管理世界》第 4 期。

[342] 李晓曼、曾湘泉(2012),"新人力资本理论——基于能力的人力资本理论研究动态",《经济学动态》第 11 期。

[343] 李晓萍、李平、吕大国和江飞涛(2015),"经济集聚、选择效应与企业生产率",《管理世界》第 4 期。

[344] 梁文泉、陆铭(2016),"后工业化时代的城市:城市规模影响服务业人力资本外部性的微观证据",《经济研究》第 12 期。

[345] 林炜(2013),"企业创新激励:来自中国劳动力成本上升的解释",《管理世界》第 10 期。

[346] 林毅夫(2002),"发展战略、自生能力和经济收敛",《经济学》(季刊)第 2 期。

[347] 林毅夫、蔡昉和李周(1998),"中国经济转型时期的地区差距分析",《经济研究》第 6 期。

[348] 林毅夫、蔡昉和李周(1999),《中国的奇迹:发展战略和经济收敛》,上海:上海三联书店和上海人民出版社。

[349] 林毅夫、刘明兴(2003),"中国的经济增长收敛与收入分配",《世界经济》第 8 期。

[350] 林毅夫、刘培林(2003),"中国的经济发展战略与地区收入差距",《经济研究》第 3 期。

[351] 刘剑雄(2008),"企业家人力资本与中国民营企业制度选择和创新",《经济研究》第 6 期。

[352] 刘生龙、胡鞍钢(2010),"基础设施的外部性在中国的检验:1988—2007",《经济研究》第 3 期。

[353] 刘生龙、胡鞍钢(2011),"交通基础设施与中国区域经济一体化",《经济研究》第 3 期。

[354] 刘夏明、魏英琪和李国平(2004),"收敛还是发散?——中国区域经济发展争论的文献综述",《经济研究》第 7 期。

[355] 刘修岩、殷醒民(2008),"空间外部性与地区工资差异:基于动态面板数据的实证研究",《经济学》(季刊)第 1 期。

[356] 楼继伟(2010),"中国经济的未来 15 年:风险、动力和政策挑战",《比较》第 6 期。

[357] 罗植、赵安平(2014),"中国省际人力资本估算 1978—2010",《劳动经济研究》第 4 期。

[358] 吕朝凤、朱丹丹(2016),"市场化改革如何影响长期经济增长?——基于市场潜力视角的分析",《管理世界》第 2 期。

[359] 路江涌、陶志刚(2007),"我国制造业区域集聚程度决定因素的研究",《经济学》(季刊)第 3 期。

[360] 陆铭(2022),《向心城市:迈向未来的活力、宜居与和谐》,上海:上海人民出版社。

[361] 陆铭、陈钊(2004),"城市化、城市倾向的经济政策与城乡收入差距",《经济研究》第 6 期。

[362] 陆铭、陈钊和万广华(2005),"因患寡,而患不均——中国的收入差距、投资、教育和增长的相互影响",《经济研究》第 12 期。

[363] 马拴友、于红霞(2003),"转移支付与地区经济收敛",《经济研究》第 3 期。

[364] 孟望生、王询(2014),"中国省级人力资本水平测度——基于成本法下的永续盘存技术",《劳动经济研究》第 4 期。

[365] 潘士远、史晋川(2002),"内生经济增长理论:一个文献综述",《经济学》(季刊)第 4 期。

[366] 潘越、潘健平和戴亦一(2015),"公司诉讼风险、司法地方保护主义与企业创新",《经济研究》第 3 期。

[367] 彭国华(2005),"中国地区收入差距、全要素生产率及其收敛分析",《经济研究》第 9 期。

[368] 彭国华(2015),"技术能力匹配、劳动力流动与中国地区差距",《经济研究》第 1 期。

[369] 彭文慧(2013),"社会资本、产业集聚与区域工业劳动生产率空间差异",《经济学动态》第 11 期。

[370] 钱雪亚、刘杰(2004),"中国人力资本水平实证研究",《统计研究》第 3 期。

[371] 钱雪亚、王秋实和刘辉(2008),"中国人力资本水平再估算:1995—

2005",《统计研究》第 12 期。

[372] 钱雪亚(2011),《人力资本水平:方法与实证》,北京:商务印书馆。

[373] 钱雪亚(2012),"人力资本水平统计估算",《统计研究》第 8 期。

[374] 沈坤荣、马俊(2002),"中国经济增长的'俱乐部收敛'特征及其成因研究",《经济研究》第 1 期。

[375] 沈坤荣、耿强(2001),"外国直接投资、技术外溢与内生经济增长——中国数据的计量检验与实证分析",《中国社会科学》第 5 期。

[376] 沈坤荣、李剑(2003),"中国贸易发展与经济增长影响机制的经验研究",《经济研究》第 5 期。

[377] 沈凌、田国强(2009),"贫富差别、城市化与经济增长——一个基于需求因素的经济学分析",《经济研究》第 1 期。

[378] 石庆焱、李伟(2014),"教育年限总和法人力资本测算——基于 2010 年全国人口普查数据的修订结果",《中国人口科学》第 3 期。

[379] 孙浦阳、韩帅和许启钦(2013),"产业集聚对劳动生产率的动态影响",《世界经济》第 3 期。

[380] 徐现祥、舒元(2004),"中国省区经济增长分布的演进(1978—1998)",《经济学》(季刊)第 3 期。

[381] 万广华、陆铭和陈钊(2005),"全球化与地区间收入差距:来自中国的证据",《中国社会科学》第 3 期。

[382] 王成岐、张建华和安辉(2002),"外商直接投资、地区差异与中国经济增长",《世界经济》第 4 期。

[383] 王海港、李实和刘京军(2007),"城镇居民教育收益率的地区差异及其解释",《经济研究》第 8 期。

[384] 王小鲁(2007),"我国的灰色收入与居民收入差距",北京:中信出版社,《比较》第 31 辑第 33—70 页。

[385] 王小鲁、樊纲(2004),"中国地区差距的变动趋势和影响因素",《经济研究》第 1 期。

[386] 王小鲁、樊纲(2005),"中国收入差距的走势和影响因素分析",《经济研究》第 10 期。

[387] 王晓东、邓丹萱和赵忠秀(2014),"交通基础设施对经济增长的影响——基于省际面板数据与 Feder 模型的实证检验",《管理世界》第 4 期。

[388] 王永进、张国峰(2016),"开发区生产率优势的来源:集聚效应还是选

择效应”,《经济研究》第 7 期。

[389] 万广华、陆铭和陈钊(2005),"全球化与地区间收入差距:来自中国的证据",《中国社会科学》第 3 期。

[390] 魏后凯(2002),"外商直接投资对中国区域经济增长的影响",《经济研究》第 4 期。

[391] 温军、冯根福(2012),"异质机构、企业性质与自主创新",《经济研究》第 3 期。

[392] 文东伟、冼国明(2014a),"中国制造业产业集聚的程度及其演变趋势:1998—2009",《世界经济》第 3 期。

[393] 文东伟、冼国明(2014b),"中国制造业的空间集聚与出口:基于企业层面的研究",《管理世界》第 10 期。

[394] 伍山林(2016),"农业劳动力流动对中国经济增长的贡献",《经济研究》第 2 期。

[395] 武剑(2002),"外国直接投资的区域分布及其经济增长效应",《经济研究》第 4 期。

[396] 舒尔茨(1990),《论人力资本投资》,中译本,北京:北京经济学院出版社。

[397] 许召元、李善同(2006),"近年来中国地区差距的变化趋势",《经济研究》第 7 期。

[398] 斯密(1997),《国民财富的性质和原因的研究》,中译本,北京:商务印书馆。

[399] 明塞尔(2001),《劳动供给研究》,中译本,北京:中国经济出版社。

[400] 严成樑(2012),"社会资本、创新与经济增长",《经济研究》第 11 期。

[401] 杨建芳、龚六堂和张庆华(2006),"人力资本形成及其对经济增长的影响——一个包括教育和健康投入的内生增长模型及其建议",《管理世界》第 5 期。

[402] 姚先国、赖普清(2004),"中国劳资关系的城乡户籍差异",《经济研究》第 7 期。

[403] 姚先国、谭岚(2005),"家庭收入与中国城镇已婚妇女劳动参与决策分析",《经济研究》第 7 期。

[404] 姚先国、张海峰(2004),"中国教育回报率估计及其城乡差异分析——以浙江、广东、湖南、安徽等省的调查数据为基础",《财经论丛》第 6 期。

［405］姚先国、张海峰(2008),"教育、人力资本与地区经济差异",《经济研究》第 5 期。

［406］余佩、孙永平(2011),"集聚效应对跨国公司在华区位选择的影响",《经济研究》第 1 期。

［407］余泳泽、刘大勇(2013),"我国区域创新效率的空间外溢效应与价值链外溢效应——创新价值链视角下的多维空间面板模型研究",《管理世界》第 7 期。

［408］岳书敬、刘朝明(2006),"人力资本与区域全要素生产率分析",《经济研究》第 4 期。

［409］张德荣(2013),"'中等收入陷阱'发生机理和中国经济增长的阶段性动力",《经济研究》第 9 期。

［410］张帆(2000),"中国的物质资本与人力资本估算",《经济研究》第 8 期。

［411］张海峰(2016),"人力资本集聚与区域创新绩效",《浙江社会科学》第 2 期。

［412］张海峰、姚先国和张俊森(2010),"教育质量对地区劳动生产率的影响",《经济研究》第 7 期。

［413］张海峰、姚先国(2010),"经济集聚、外部性与企业劳动生产率",《管理世界》第 12 期。

［414］张杰、刘志彪和郑江淮(2007),"中国制造业企业创新活动的关键影响因素研究——基于江苏省制造业企业问卷的分析",《管理世界》第 6 期。

［415］张车伟、吴要武(2003),"城镇就业、失业和劳动参与:现状、问题和对策",《中国人口科学》第 6 期。

［416］张车伟(2006),"人力资本回报率变化与收入差距:'马太效应'及其政策含义",《经济研究》第 12 期。

［417］张军、吴桂英和张吉鹏(2004),"中国省际资本存量估算:1952—2000",《经济研究》第 10 期。

［418］张平、刘霞辉(2011),"城市化、财政扩展与经济增长",《经济研究》第 11 期。

［419］张学良(2012),"中国交通基础设施促进了区域经济增长吗——兼论交通基础设施的空间溢出效应",《中国社会科学》第 3 期。

［420］张勇(2020),"人力资本贡献与中国经济增长的可持续性",《世界经

济》第 4 期。

[421] 赵履宽、杨体仁、姚先国和王建新(1988)，《劳动经济学》，北京：中国劳动出版社。

[422] 赵伟、隋月红(2015)，"集聚类型、劳动力市场特征与工资—生产率差异"，《经济研究》第 6 期。

[423] 郑江淮、高彦彦和胡小文(2008)，"企业'扎堆'、技术升级与经济绩效——开发区集聚效应的实证分析"，《经济研究》第 5 期。

[424] 郑世林、周黎安和何维达(2014)，"电信基础设施与中国经济增长"，《经济研究》第 5 期。

[425] 周其仁(1996)，"市场里的企业：一个人力资本与非人力资本的特别合约"，《经济研究》第 6 期。

[426] 朱平芳、徐大丰(2007)，"中国城市人力资本的估算"，《经济研究》第 9 期。

[427] 邹薇、张芬(2006)，"农村地区收入差异与人力资本积累"，《中国社会科学》第 2 期。

[428] 邹薇、周浩(2007)，"中国省际增长差异的源泉的测算与分析，1978—2002"，《管理世界》第 7 期。

附录 A

附表 A1　教育和经验的回报率

解释变量	因变量:年收入对数				
	1990 (1)	1995 (2)	2000 (3)	2005 (4)	2010 (5)
教育年限	0.0468***	0.0672***	0.1008***	0.0929***	0.1165***
	(0.0019)	(0.0027)	(0.0035)	(0.0016)	(0.0015)
工作经验年限	0.0480***	0.0321***	0.0241***	0.0336***	0.0450***
	(0.0019)	(0.0026)	(0.0031)	(0.0015)	(0.0013)
工作经验 年限的平方	−0.0007***	−0.0004***	−0.0003***	−0.0005***	−0.0007***
	(0.0000)	(0.0001)	(0.0001)	(0.0000)	(0.0000)
N	6194	6830	6197	20191	29331
R^2	0.4373	0.5169	0.4591	0.3733	0.3758

　　注:第(1)～(3)列数据来自 Zhang et al.(2005)的附表 A1,第(4)和(5)列是笔者利用的 Zhang et al.(2005)的方法,结合 2005 年和 2009 年中国城镇住户调查数据估计获得的结果。劳动力的工作经验根据年龄推算,即工作经验年限＝年龄−教育年限−6。所有回归均包括性别和城市虚拟变量。括号内为标准误。

　　*** 表示 1%统计显著。

附表 A2　各地区平均人力资本数据(1990—2010 年)

地区	1990	1995	2000	2005	2010	年均增长率/%
北京	2.90	3.16	4.27	4.49	6.11	3.72
天津	2.76	2.97	3.92	4.05	5.69	3.62
河北	2.57	2.66	3.38	3.54	5.18	3.50
山西	2.55	2.74	3.46	3.67	5.37	3.74
内蒙古	2.57	2.65	3.40	3.70	5.29	3.61
辽宁	2.67	2.79	3.65	3.82	5.52	3.63
吉林	2.59	2.80	3.55	3.68	5.43	3.69
黑龙江	2.59	2.72	3.53	3.70	5.41	3.68
上海	2.86	3.15	4.08	4.24	5.83	3.56
江苏	2.59	2.72	3.46	3.66	5.30	3.58
浙江	2.52	2.60	3.25	3.42	5.03	3.45
安徽	2.47	2.55	3.17	3.37	4.83	3.35
福建	2.49	2.51	3.21	3.37	4.95	3.43
江西	2.46	2.51	3.24	3.40	5.00	3.55
山东	2.55	2.66	3.35	3.53	5.24	3.61
河南	2.52	2.63	3.37	3.57	5.15	3.56
湖北	2.55	2.65	3.41	3.56	5.21	3.57
湖南	2.52	2.62	3.32	3.52	5.22	3.63
广东	2.55	2.69	3.38	3.56	5.18	3.54
广西	2.50	2.57	3.25	3.44	4.96	3.42
四川	2.48	2.57	3.14	3.27	4.89	3.39
贵州	2.42	2.49	2.94	3.17	4.44	3.02
云南	2.45	2.42	2.93	3.06	4.46	3.00
陕西	2.57	2.70	3.42	3.65	5.22	3.55
甘肃	2.48	2.55	3.13	3.33	4.70	3.20
青海	2.43	2.50	3.09	3.35	4.54	3.12
宁夏	2.48	2.58	3.23	3.47	4.96	3.46
新疆	2.54	2.64	3.37	3.58	5.14	3.53

注:本表数据根据历年人口普查微观数据和明塞尔人力资本方程估算。附表 A1 提供了相关的主要参数。最后一列为 1990—2010 年的地区平均人力资本的年均增长率。

附表 A3　普通中学各种教育质量指标的相关系数

	师生比率	班级规模（人/班）	生均体育场面积（米²/人）	生均计算机（台/人）	生均图书（册/人）	生均仪器设备价值（元/人）	本科及以上学历教师比率（%）	高级职称教师比率（%）
指标均值	5.903	53.615	7.097	0.050	13.913	463.860	39.498	7.148
标准差	1.074	7.315	2.989	0.028	5.743	390.118	14.605	4.633
师生比率	1.000							
班级规模	−0.880 (0.000)	1.000						
生均体育场面积	0.654 (0.000)	−0.555 (0.001)	1.000					
生均计算机	0.642 (0.000)	−0.699 (0.000)	0.371 (0.040)	1.000				
生均图书	0.616 (0.000)	−0.531 (0.002)	0.389 (0.030)	0.813 (0.000)	1.000			
生均仪器设备价值	0.457 (0.010)	−0.572 (0.001)	0.218 (0.239)	0.923 (0.000)	0.737 (0.000)	1.000		
本科及以上学历教师比例	0.628 (0.000)	−0.740 (0.000)	0.455 (0.010)	0.802 (0.000)	0.624 (0.000)	0.712 (0.000)	1.000	
高级职称教师比例	0.531 (0.002)	−0.403 (0.025)	0.622 (0.000)	0.275 (0.135)	0.158 (0.397)	0.125 (0.504)	0.325 (0.074)	1.000

注：表中数据系笔者根据《中国教育统计年鉴 2005》计算求得。括号内为相应显著性检验的 p 值。

附表 A4　固定效应—工具变量估计第一阶段估计结果

	因变量						
	log working-age ratio (1)	Prime-wage share (2)	Elderly share (3)	log working-age ratio (4)	Young working-age share (5)	Old working-age share (6)	Elderly share (7)
log (projected working-age ratio)	0.578*** (0.145)	0.120 (0.083)	0.077 (0.067)	0.479*** (0.148)	−0.228* (0.127)	0.014 (0.054)	0.041 (0.061)
Projected prime-age share	−0.202* (0.109)	0.911*** (0.059)	−0.050 (0.103)	—	—	—	—
Projected elderly share	0.088 (0.087)	−0.258** (0.93)	0.821*** (0.053)	0.081 (0.095)	0.303*** (0.104)	−0.052 (0.030)	0.818*** (0.046)
Projected young working-age share	—	—	—	0.218* (0.118)	0.950*** (0.110)	−0.024 (0.046)	0.056 (0.098)
Projected old working-age share	—	—	—	−0.405 (0.299)	−0.680** (0.278)	1.014*** (0.105)	−0.166 (0.145)
First-stage F statistics	16.57 ($p<0.01$)	185.08 ($p<0.01$)	349.33 ($p<0.01$)	14.34 ($p<0.01$)	48.66 ($p<0.01$)	73.36 ($p<0.01$)	353.85 ($p<0.01$)
R^2	0.792	0.964	0.982	0.809	0.961	0.895	0.982
N	112	112	112	112	112	112	112

注：第（1）～（3）列对应表 8.4 的第（3）列，第（4）～（7）列对应表 8.4 的第（6）列。各列回归均控制贸易开放度对数、公路密度对数、省份固定效应和年份固定效应。F 统计量汇报的是第一阶段回归方程的 F 值（Angrist and Pischke, 2009）。括号内为省级聚类矫正后的标准误。

*，** 和 *** 分别表示 10%，5% 和 1% 统计显著。

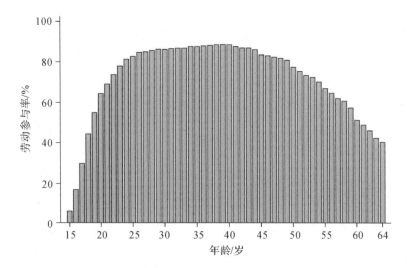

附图 A1　劳动年龄人口的劳动参与率（2005 年）

资料来源：笔者根据 2005 年全国 1‰人口抽样调查微观数据计算得出。

附录 B　明塞尔工资方程

假设 E_t 表示 t 期的预期收入，t 期的人力资本投资 C_t 为预期收入的一个比例 k_t，即 $C_t = k_t * E_t$，ρ_t 表示 t 期的人力资本投资的回报率。于是，

$$E_{t+1} = E_t + \rho_t \cdot C_t \tag{B1}$$

重复迭代，得

$$E_t = \prod_{i=0}^{t-1} (1 + \rho_i k_i) \cdot E_0 \tag{B2}$$

一个人一生可分为两个阶段，学校受教育阶段与工作阶段。假定学校受教育阶段是全日制的，那么投资比例 $k_t = 1$。假设各年学校教育是无差异的，则学校期间受教育的回报率 ρ_t 为常数，记为 ρ_s，工作期间（T）的人力资本投资的回报率也为常数 ρ_0。对式（B2）两边取对数得到下式，

$$\log(E_t) = \log(E_0) + \log(1 + \rho_s)^s + \rho_0 \cdot \sum_{i=s}^{t-1} k_i$$
$$\approx \log(E_0) + \rho_s s + \rho_0 \cdot \sum_{i=s}^{t-1} k_i \tag{B3}$$

进一步地，明塞尔考察了收入与工作经验之间的关系。随着年龄的增加，剩余的工作时间减少，从而对投资的激励和投资的大小在整个工作期内逐步下降。也就是说，在生命周期内，人力资本投资率呈先上升后逐渐下降的趋势。

假设毕业后第 x 年的人力资本投资率呈线性下降趋势，

$$k_{s+x} = k \cdot \left(1 - \frac{x}{T}\right) \tag{B4}$$

由式（B4）可得

$$\rho_0 \cdot \sum_{i=s}^{t-1} k_i = \rho_0 \cdot \sum_{i=s}^{t-1} \left(k - k \cdot \frac{x}{T}\right) = \rho_0 k(x-1) - \frac{\rho_0 k}{T} \cdot \sum_{i=0}^{x-1} x$$
$$= \rho_0 kx - \rho_0 k - \frac{\rho_0 k}{2T} \cdot (x^2 - x) \tag{B5}$$
$$= -\rho_0 k + \left(\rho_0 k + \frac{\rho_0 k}{2T}\right) \cdot x - \frac{\rho_0 k}{2T} \cdot x^2$$

将式(B5)代入(B3)得

$$\log(E_{s+x}) \approx \log(E_0) - \rho_0 k + \rho_s s + (\rho_0 k + \frac{\rho_0 k}{2T}) \cdot x - \frac{\rho_0 k}{2T} \cdot x^2 \qquad (B6)$$

对于给定的受教育年限 s 和工作年限 x，净收入 $w(s,x) = E_{s+x} \cdot (1 - k_{s+x})$，取对数后得下式：

$$\log[w(s,x)] \approx \log(E_{s+x}) - k \cdot (1 - \frac{x}{T}) \qquad (B7)$$

由式(B6)和(B7)即可得到明塞尔工资决定方程，

$$\log[w(s,x)] \approx \alpha + \rho_s s + \beta_1 x + \beta_2 x^2 \qquad (B8)$$

式(B8)即为明塞尔工资方程，其中，参数 ρ_s 就是教育投资的私人回报率，β_1 和 β_2 决定了工作经验的私人回报率。一般而言，$\beta_2 < 0$，也就是说工作经验的回报率是边际递减的。

附录 C 各地区分年龄组死亡率估计

M_t^c 代表全国 c 岁的人在 t 年的死亡率，$m_{i,t}^c$ 代表 i 省 c 岁的人在 t 年的死亡率。在 1982—2005 年，每个普查年都统计了全国各年龄的死亡率，而只有 2000 年统计了各省各年龄的死亡率。所以，我们在这一部分估计了其他年份各省各年龄的死亡率。

假设各省各年龄死亡率 $m_{i,t}^c$ 的下降速度和全国各年龄死亡率 M_t^c 的下降速度保持一致，则其他普查年份各省各年龄的死亡率可以通过下式计算，

$$\hat{m}_{i,t}^c = \frac{M_t^c}{M_{2000}^c} \cdot m_{i,2000}^c, t=1982,1990,1995 \text{ 和 } 2005$$

然后，我们对样本期间非普查年份各省各年龄的死亡率进行估计。令 $r_{T_k, T_{k+1}}^c$ 为两个相邻普查年份 T_k 和 T_{k+1} 之间全国 c 岁死亡率的年增长率。两个相邻普查年份全国 c 岁死亡率分别是 $M_{T_k}^c$ 和 $M_{T_{k+1}}^c$，所以它们和 $r_{Tk, T_{k+1}}^c$ 之间有以下关系，

$$M_{T_{k+1}}^c = M_{T_k}^c \cdot e^{r_{T_k, T_{k+1}}^c (T_{k+1} - T_k)}$$

所以，$r_{T_k, T_{k+1}}^c$ 的计算方法如下：

$$r_{T_k, T_{k+1}}^c = \frac{\ln M_{T_k}^c - \ln M_{T_{k+1}}^c}{T_{k+1} - T_k}$$

基于我们的假设，两个相邻普查年份 T_k 和 T_{k+1} 之间各省 c 岁死亡率的年增长率和全国水平一样，即为 $r_{T_k, T_{k+1}}^c$，所以每年各省各年龄的死亡率计算方法如下，

$$\hat{m}_{i,t}^c = \hat{m}_{i,T_k}^c \cdot e^{-r_{T_k, T_{k+1}}^c (t - T_k)}, T_k < t < T_{k+1}$$

附录 D　式(8.3)到式(8.4)的推导过程

式(8.3)两边同时除以 Y_{it}^{α} ，得

$$Y_{it}^{1-\alpha} = \left(\frac{K_{it}}{Y_{it}}\right)^{\alpha}(A_{it}H_{it})^{1-\alpha} \tag{D1}$$

式(D1)两边同时除以 $N_{it}^{1-\alpha}$ ， N_{it} 表示人口总数，可以得

$$\left(\frac{Y_{it}}{N_{it}}\right)^{1-\alpha} = \left(\frac{K_{it}}{Y_{it}}\right)^{\alpha}\left(A_{it}\frac{H_{it}}{N_{it}}\right)^{1-\alpha} \tag{D2}$$

式(D2)两边开根号可得

$$\frac{Y_{it}}{N_{it}} = \left(\frac{K_{it}}{Y_{it}}\right)^{\frac{\alpha}{1-\alpha}}A_{it}\frac{H_{it}}{L_{it}}\frac{L_{it}}{N_{it}} \tag{8.4}$$

后 记

　　本书是以我的博士学位论文为基础修订拓展而成的。我于 2008 年完成了博士论文的写作,但总觉得不甚满意,博士毕业后又断断续续对其进行修改和完善。其间,以修订后的研究成果为基础申报了国家社会科学基金后期资助项目并有幸获得批准立项。本书是该项目的最终成果,也是对我过去 20 余年在人力资本与经济发展领域学习和研究的一个阶段性回顾和总结。回首自己的经济学研习之路,我很荣幸遇到了多位良师益友,本书能够最终得以成稿出版,也得益于他们的鼓励和支持。我想借此机会对他们表示我由衷的感谢。

　　特别感谢我的授业恩师,也是我心中的大先生——浙江大学文科资深教授姚先国老师。2002 年秋,我有幸加入姚门大家庭攻读经济学硕士,后又于 2005 年春开始攻读经济学博士。研究生入学后,我参加了姚老师主持的国家自然科学基金重点项目"中国人力资本投资与劳动力市场管理研究"的课题助研工作,初次听闻了"人力资本"这个概念。在协助课题组整理数据和梳理文献的过程中,我研读了西奥多·舒尔茨的《论人力资本投资》、雅格布·明塞尔的《人力资本研究》和加里·贝克尔的《人力资本》等经典名作,对这一领域的兴趣日渐浓厚。在一次日常交流中,姚老师提到一个他称之为"浙江—陕西之谜"的现象,即陕西省的教育程度和科技水平高于浙江,但浙江省的经济发展明显优于陕西省。这似乎是说人力资本对经济发展而言并不重要?如若不然,如何解释呢?这种现象是否具有普遍性?受这些疑问启发,我进一步阅读和梳理国内外相关文献,搜集整理了改革开放以来我国各地区人口教育和经济发展相关的数据,尝试着写了一篇习作《教育、人力资本与地区经济差异》。这篇小文章后经姚老师的指导和修改,最终刊发于《经济研究》杂志,它也构成了本书第六章的部分内容。

　　感谢我的合作导师——浙江大学文科资深教授张俊森老师。2003 年暑期,张俊森老师(彼时任教于香港中文大学)应姚老师之邀来浙江大学给课题组开设了计量经济学理论和应用的短期培训课程,使我有机会了解并学习前沿的微观计量经济学分析方法,初次接触了 Stata 这个统计软件。在那次培训课程后,我在姚老师和张老师的指导下,利用课题组的调研数据撰写了《中国教育回报率估计及其城乡差异分析》，后顺利刊发在《财经论丛》杂志，并被全文收录在《中国社会科学文摘》。这篇小文章尽管非常简单粗浅，但它的公开发表于我而言是莫大的鼓励，使我有信心在人力资本这一领域继续耕耘。从浙大博士毕业后不久，我前往香港中文大学，在张老师的指导下从事博士后研究，本书部分内容是彼时完成的，其中第四章、第七章和第八章的部分内容经过多轮修改和完善后，最终有幸分别刊发于《管理世界》、《经济研究》和《比较经济学》(*Journal of Comparative Economics*)杂志。

感谢原北京师范大学李实教授（现任浙江大学文科资深教授）和赖德胜教授（现任中央党校教授）、原香港中文大学李宏彬教授（现任斯坦福大学教授）、原浙江省劳动保障科学研究院院长陈诗达研究员，以及浙江大学的郭继强教授、钱雪亚教授、陈凌教授、何文炯教授、许庆明教授、蒋岳祥教授、朱柏铭教授等老师，他们作为主要成员参加了姚老师主持的国家自然科学基金重点项目研究，使我有机会多次现场聆听他们的演讲和发言，本书的部分内容直接或间接地受到他们的启发。本书的部分工作是在清华大学博士后期间完成的，感谢合作导师清华大学巫永平教授对我的宽容和支持。

感谢研究生期间的同学和同门。他们有的分享自己积累的研究数据或经验体会，有的帮助我将部分原始的纸质版数据电子化，有的在我研究受挫时给予我鼓励，有的在生活上提供了诸多帮助。学贵得师，亦贵得友。同窗学友的这些无私支持，于我而言弥足珍贵。

感谢国家社会科学基金的支持，使得本书最终得以面世。感谢五位匿名评审专家对本书初稿提出的建设性意见和建议，使得本书最终出版时得到了丰富和完善。感谢我的博士生臧丽君、陈鹏举和郭瑞恬在书稿完善过程中提供出色的数据补充和助研工作。

感谢浙江大学出版社姚嘉博士（现任教于江西师范大学）和徐婵女士在本书申报国家社科基金后期资助项目过程中提供的帮助。感谢浙江大学出版社汪淑芳女士，她细致的审稿和校稿工作使得书稿中不少纰漏在出版前得以纠正。

中国改革开放以来的经济发展波澜壮阔，为经济学理论研究和创新提供了一座金矿，本书旨在抛砖引玉。限于本人学识、能力和水平，本书内容难免存在不足和疏漏之处，敬请学界前辈、同仁批评指正！

张海峰

2024 年 8 月于紫金西苑